그리스도와 고난을 같이 나누고

그리스도와
고난을 같이 나누고

ⓒ 김상진, 2025

초판 1쇄 발행 2025년 9월 15일

지은이	김상진
펴낸이	이기봉
편집	좋은땅 편집팀
펴낸곳	도서출판 좋은땅
주소	서울특별시 마포구 양화로12길 26 지월드빌딩 (서교동 395-7)
전화	02)374-8616~7
팩스	02)374-8614
이메일	gworldbook@naver.com
홈페이지	www.g-world.co.kr

ISBN 979-11-388-4702-5 (03230)

- 가격은 뒤표지에 있습니다.
- 이 책은 저작권법에 의하여 보호를 받는 저작물이므로 무단 전재와 복제를 금합니다.
- 파본은 구입하신 서점에서 교환해 드립니다.

사랑으로 건강한 그리스도의 몸을 세우도록

김상진 지음

그리스도와
고난을 같이 나누고

좋은땅

글을 열며

저자는 오늘날 그리스도의 모든 형제에게 아래의 말씀을 알림으로 이 글을 열고 싶습니다.

"여러분은 아무한테도 허황한 이론에 속아 넘어가지 마십시오.

이런 일 때문에 하나님의 진노가 당신을 거역하는 자들에게 내리는 것입니다. 그러므로 여러분은 그런 사람들과 상종하지 마십시오. 여러분이 전에는 어둠의 세계에 살았지만, 지금은 주님을 믿고 빛의 세계에서 살고 있습니다.

그러니 빛의 자녀답게 살아야 합니다. **빛**은 모든 **선**과 **정의**와 **진실**을 **열매 맺습니다.** 주님을 기쁘시게 하여 드리는 일이 무엇인지 가려내십시오.

그래서 열매 맺지 못하는 어둠의 행위에 끼어들지 말고, 오히려 그런 일을 **폭로하십시오.** 사람들은 그런 일을 숨어서 하는데, 그것들은 말하기조차 부끄러운 일입니다.

모든 것은 **폭로되면** 빛을 받아 드러나고, 빛을 받아 드러나면 빛의 세계에 속하게 됩니다.

'잠에서 깨어나라.

죽음에서 일어나라.

그리스도께서 너에게 빛을 비추어 주시리라.'는 말씀이 이 뜻입니다."(엡5:6-14; 공동번역) 하고 성경에 그와 같이 기록된 말씀으로 말입니다. 그런데요, 많은 사람은 이렇게 "어둠의 일을 폭로하는 그것을" "비판"한다고 생각하는 사람들이 참으로 많습니다.

어둠의 일이 폭로되지 않으면, 그리스도께서 그에게 빛을 비추시지도 못하는데도 말입니다. 그러므로 여러분은 잠자는 사람들에게, 죽음에 머물러 있는 사람들에게 그리스도께서 빛을 비추시도록 어둠의 일을 폭로하십시오. 그리하여 그리스도에게로 돌아온 이들을 여러분의 진심 어린 사랑으로 보살펴 주십시오. 그렇게 돌아온 그들과 그리고 하나님의 백성과 함께 고통을 당하는 그런 일이 바로 그리스도와 고난을 같이 나누는 일이라는 것을 아십시오.

그러는 의미에서 어둠의 일을 폭로합니다.

예수님께서는 바리새파 사람들에게 이렇게 말씀하셨습니다.

"지금 너희 바리새파 사람들은 잔과 접시의 겉은 깨끗하게 하지만, 너희 속에는 탐욕과 악이 가득하다. 어리석은 사람들아, 겉을 만드신 분이 속도 만들지 아니하셨느냐? 그 속에 있는 것으로 자선을 베풀어라. 그리하면 모든 것이 너희에게 깨끗해질 것이다." 하고 말입니다. 그렇습니다.

위의 말씀은 오늘날 교회를 대변하는 듯합니다. 그것은 오늘날 교회도 자신의 잔과 접시 안에 있는 것으로 자선을 베풀지 못하고 있기 때문입니다. 그렇게 바리새파 사람들처럼 움켜쥐고 있기에 깨끗해지지 않고 그대로 남아 있는 것입니다. 탐욕과 악은 이렇게 어둠의 일(엡5:11-12)인 것입니다. 그러므로 그와 같은 어둠의 일들을 여러분은 폭로하십시오. 밖으로 드러내십시오. "그리스도께서 너에게 빛을 비추시리라."(엡5:14) 하고 말씀하셨습니다.

그리고 성경에 **"불 속에 있는 사람들을 끄집어내어 구원하십시오."** (유1:23; 현대인의 성경) 하고 기록되어 있지 않습니까? 이처럼 어둠과 불 속에 있는 사람들이 많은 것입니다.

그러므로 여러분은 그런 어둠의 일들을 지금 폭로하십시오.

그리스도께서 그들에게 빛을 비추시도록 밖으로 드러내십시오. 모든 것은 폭로되면 빛을 받아 드러나고, 빛을 받아 드러나면 빛의 세계에 속하게 됩니다.

그와 같이하여 사랑으로 건강한 그리스도의 몸을 세우도록 하십시오.

주님의 은혜가 여러분 모두와 함께하시기를 예수님의 이름으로 기도합니다.

하나님의 나팔소리 김상진 드림

차례

글을 열며 — 5

너희 자신을 위해 세상 재물로 친구를 사귀라

지금 우리가 받는 고난은 장차 우리에게 나타날 영광과 — 35
그리스도와 고난을 같이 나누는 사람들
(믿음으로 이집트 공주의 아들이 되는 것을 거절함) — 55
일시적인 죄의 쾌락을 즐기려는 사람들 — 71
부자와 거지 나사로 비유 — 78

하늘에 보물을 쌓아 두는 사람들

어떻게 하면 자신을 위해 보물을 하늘에 쌓을 수 있을까요? — 97
행복한 구원 고통스러운 구원 — 100
반석 위에 세우는 사람, 모래 위에 세우는 사람 — 104
완전한 구원으로 향해가는 비유 — 109
자기 얼굴에 누워서 침 뱉기 — 124
하나님께 대하여 부요한 사람(율법의 의 믿음의 의) — 128

성경에 "미리" 기록된 것은	— 142
우리가 그의 몸과 그의 살과 그의 뼈의 지체임이라	— 148
사랑으로 함께 나누는 잔치 자리	— 162
의를 행하는 사람, 의를 행하지 않는 사람	— 182
그리스도께서 사신 대로 우리도	— 190
성경에서 가난한 사람들은 누구를 가리키는 말씀일까요?	— 199
약속된 메시아를 위해 받는 고난	— 210
심고 거둠의 법칙	— 232
유대인 가난한 형제들을 도울 의무	— 238
가난한 사람을 도와주는 것은 여호와께 빌려주는 것	— 250
자신의 육신에 심는 사람, 성령에 심는 사람 (잔과 접시의 겉은 깨끗이 닦아 놓지만 속에는)	— 254

가부장제도 하나님께서 세우셨습니다

가부장적 관점으로 성경을 해석하는 오류?	— 287
여성들의 가르치는 일에 대하여	— 295
주님의 이름으로 말하는 것이 그대로 이루어지지 않으면	— 304

너희 자신을 위해
세상 재물로 친구를 사귀라

혹시, 그리스도와 고난을 같이 나누는 데에 있어서, 세상 재물로 친구를 사귀라는 제목을 보고, 그리스도와 고난을 나누는 일과, 세상 재물로 친구를 사귀는 것이, 그리스도의 고난과 무슨 연관성이 있을까? 하고 의문스럽게 생각하는 사람도 있을 것입니다. 그렇게 생각하는 사람은 예수님의 고난과 세상 재물을 다루는 데 그 연관성을 잘 모르기 때문에 그럴 수 있습니다. 그러므로 여러분이 예수님의 고난과 세상 재물을 다루는 데 그 연관성을 알게 되면, 세상 재물로 친구를 사귀라고 예수님께서 말씀하신 그 말씀의 뜻을 조금은 이해가 될 것입니다.

그러므로 예수님께서 세상 재물로 친구를 사귀라는, 말씀의 뜻풀이를 이제부터 시작해 보겠습니다. 예수님께서는 제자들에게 세상 제물로 친구를 사귀라고 이렇게 가르치셨습니다.

"내가 너희에게 말한다. **'너희는 자신을 위해 세상 재물로 친구를 사귀라. 그러면 그것이 없어질 때 그들이 너희를 영원한 집으로 맞아들일 것이다.'**"(눅16:9; 현대인의 성경) 하고 말입니다.

그런데요, 예수님께서는 바로 이어서 이렇게도 하셨습니다.

"**작은 일**'에 성실한 사람은 '**큰일**'에도 성실하고 '**작은 일**'에 정직하지 못한 사람은 '**큰일**'에도 정직하지 못하다."(눅16:10; 현대인의 성경) 하고 말입니다. 이렇게 예수님께서는 대구법을 사용하셔서 "작은 일에 성실한 사람은 큰일에도 성실하고 작은 일에 정직하지 못한 사람은 큰일에도 정직하지 못하다고 말씀"하셨습니다.

그렇다면 여러분, 예수님의 말씀 중에서, "작은 일"에 대한 말씀은 무슨 말씀이고, "큰일"에 대한 말씀은 무슨 말씀일까요? 주님께서는 그 말씀에 대한 대답을 달란트 비유로 이렇게 하셨습니다.

"어떤 사람이 먼 길을 떠나면서, 자기 종들을 불러, **자기의 재산을 맡기었다.** 그는 **각자의 능력에 따라,** 한 사람에게는 돈 다섯 달란트를 주고, 한 사람에게는 두 달란트를 주고, 또 한 사람에게는 한 달란트를 주고 떠났다. 다섯 달란트를 받은 사람은 곧 가서, 그 돈을 활용하여, 다섯 달란트를 더 벌었다. 두 달란트를 받은 사람도 그와 같이하여, 두 달란트를 더 벌었다. 그러나 한 달란트를 받은 사람은 가서, 그 돈을 땅에 묻어 두었다. 얼마 뒤에, 주인이 와서, 그 종들과 함께 셈을 하게 되었다. 다섯 달란트를 받은 사람은 다섯 달란트를 더 가지고 와서 '주인님, 주인님께서 저에게 다섯 달란트를 맡기셨는데, 보십시오. 다섯 달란트를 더 벌었습니다.' 하고 말하였다. 그러자 주인이 그에게 '잘하였다. 너는 과연 착하고 충성스러운 종이다. 네가 **작은 일에 충성**을 다하였으니, 이제 **내가 큰일**을 너에게 맡기겠다. 자, 와서 네 주인과 함께 기쁨을 나누어라.' 하고 말하였다. 그다음 두 달란트를 받은 사람도 와서 '주인님, 두 달란트를 저에게 맡기셨는데, 보십시오. 두 달란트를 더 벌었습니다.' 하고 말하였다. 그래서 주인은 그에게도 '잘하였다. 너는 과연 착하고 충성스러운 종이다. 네가 **작은 일에 충성**을 다하였으니, 이제 **내가 큰일**을 너에게 맡기겠다. 자, 와서 네 주인과 함께 기쁨을 나누어라.' 하고 말하였다."(마25:14-23; 공동번역) 이렇게 말입니다. 그렇습니다.

"작은 일"은 그리스도께서 하늘로 올라가실 때, 다시 말한다면 "우리의 주인이신 그리스도께서 먼 길을 떠나실 때, '**자기 종들을 불러, 각자 능력에 따라 자기의 재산을 맡기신 일**'을 뜻하신 말씀인 것"입니다. 그렇다면 우리 주님께서 먼 길을 떠나실 때, 우리에게 무엇을 맡기셨습니까? 그 대답을 주님은 사도 바울을 통해 이렇게 기록하셨습니다.

"**그가 높은 곳으로 오르실 때**' 사로잡은 자들을 이끌고 가시며 '**사람들에게 선물을 주셨다.**"(엡4:8; 현대인의 성경) 하고 말입니다. 그렇습니다.

예수님께서 위로 올라가실 때 사람들에게 선물을 나누어 주신 것입니다. 그렇다면 이렇게 예수님께서 먼 길을 떠나실 때 우리에게 무슨 선물을 나누어 주셨습니까? 그 대답도 주님께서는 사도 바울을 통해 이렇게 하셨습니다.

"바로 그분(위로 올라가신 바로 그분이)이 사람들에게 각각 다른 직분을 주셔서, 어떤 사람은 사도가 되게 하시고, 어떤 사람은 예언자, 어떤 사람은 전도자, 어떤 사람은 목사(목자), 또 어떤 사람은 교사가 되게 하셨습니다."(엡4:11) 그렇습니다.

그리스도께서는 자기를 믿는 사람들에게 각각 사도로, 예언자로, 전도자로, 목사(목자)로 교사 등등으로 나누어 주셨습니다.

로마서에는 "하나님께서 주신 은혜에 대하여" 이렇게 기록되어 있습니다.

"우리에게 주신 은혜에 따라 우리가 받은 선물이 각각 다릅니다. 우리는 이것을 분수에 맞게 사용해야 합니다. 만일 그 선물이 예언이라면 믿음의 정도에 맞게 하고, 섬기는 일이면 봉사함으로, 교사는 잘 가르침으로 하십시오. 권면하는 사람은 격려의 말로, 남(롬12:13; 형제를)을 구제하는 사람은 후하게, 지도자는 열심히, 자선을 베푸는 사람은 기쁨으로 하십시오."(롬12:6-8; 현대인의 성경) 하고 말입니다. 그렇습니다.

성령님께서는 그리스도 안에서 한 몸이 되어, 서로서로 지체된 사람들에게 예언하는 일로, 섬기는 일로, 교사로, 권면하는 사람으로, 남(형제)을 구제하는 사람으로, 지도자로, 자선을 베푸는 사람 등등으로 나누어 주셨습니다.

고린도전서에는 "성령님께서 자기가 원하시는 대로 각 사람에게 은혜의 신물을 나누어 주심에 대하여" 이렇게 기록되어 있습니다.

"어떤 사람에게는 성령님이 지혜의 말씀을 주시고, 어떤 사람에게는 같은 성령님이 지식의 말씀을, 어떤 사람에게는 믿음을, 어떤 사람에게는 병 고치는 능력을, 어떤 사람에게는 기적 행하는 능력을, 어떤 사람에게는 예언하는 능력을, 어떤 사람에게는 영들 분별하는 능력을, 어떤 사람에게는 방언 통역하는 능력을 주십니다."(고전12:8-10; 현대인의 성경) 하고 말입니다. 그렇습니다.

성령님께서는 자기가 원하시는 대로 각 사람에게 지혜의 말씀을, 지식의 말씀을, 믿음을, 병 고치는 능력을, 기적 행하는 능력을, 예언하는 능력을, 영들 분별하는 능력을, 방언 통역하는 능력을 은혜의 선물로 나누어 주셨습니다.

베드로전서에는 "성령님으로부터 저마다 받은 은사에 대하여" 이렇게 기록되어 있습니다.

"각자가 받은 은사의 선물이 무엇이든지, 그것을 가지고 서로를 위하여 봉사하십시오. 그리하여 '하나님의 여러 가지 은혜를 맡은 선한 관리인'이 되십시오. 설교의 직분을 맡은 사람은 하나님의 말씀을 전파하는 사람답게 하고, 봉사하는 사람은 하나님께서 주시는 힘으로 봉사하는 사람답게 하십시오."(벧전4:10-11; 새 번역 성경, 공동번역) 하고 말입니다. 그렇습니다.

하나님께서는 우리에게 여러 가지 은혜의 선물을 주셨고, 그중에는 설교의 직분을, 봉사의 직분을 주셨습니다.

"이렇게 **'부활하신 예수님께서는 하늘로 올라가시면서,'** 다시 말해서 **'먼 길을 떠나시면서,' '자기의 종들에게 은혜의 선물'**(마25:14; '자기의 재산을 맡기셨습니다.' 고전4:7; 공동번역; '여러분이 가지고 있는 것은 모두 하나님에게서 받은 것이 아닙니까?' 말씀과 같이)을 나누어 주셨습니다."

위와 같이 이렇게 우리 주님께서는 "여러분 각자의 능력에 따라," 한 사람에게는 다섯 달란트를 주고, 한 사람에게는 두 달란트를 주고, 또 다른 한 사람에게는 한 달란트를 주고 먼 길을 떠나신 것(마25:15)입니다. 이렇게 "여러분이 주님에게서 받은 달란트가 **'네가 작은 일에 충성하였으니'** 말씀처럼 **'작은 일'**에 속한 것"(마25:21,23)입니다. 그러므로 여러분은 자신이 받은 달란트 직분을 잊지 마십시오.

위의 말씀과 같이 주님께서 하나님의 아들 예수 그리스도를 믿는 모든 사람에게 "각자의 능력에 따라"(마25:15) 달란트 직분을 주셨다는 사실을 말입니다.

그렇다면 주님께서는 왜 자기를 믿는 각각의 사람에게 달란트 직분을 주시는 것일까요? 그 이유에 대하여 성경에는 아래와 같이 기록되어 있습니다.

"이렇게 여러 가지 직분을 주신 것은, 성도들을 온전하게 하여 봉사의 일을 하게 하고, 그리스도의 몸 된 교회를 자라게 하기 위한 것입니다."(엡4:12; 현대인의 성경) 하고 말입니다. 같은 구절을 공동번역은 이렇게 해석합니다.

"그것은 성도들을 준비시켜서, 봉사활동을 하게 하여, 그리스도의 몸을 자라게 하시려는 것입니다."(엡4:12) 하고 말입니다. 그렇습니다.

각자 능력에 따라 달란트 직분을 주신 것은, "'성도들을 준비시켜서 봉사활동을 하게 하여, 그리스도의 몸을 자라게 하시려고,' 각 사람에게 달란트 직분을 주신 것"입니다. 주님의 말씀이 그렇다면 성도들을 준비시켜서 봉사활동을 하게 하여, 그리스도의 몸을 어떻게 자라게 할 수 있을까요? 그 대답을 주님께서는 사도 바울을 통해서 이렇게 하셨습니다.

"그리스도의 지도를 통하여 온몸이 완전하게 서로 조화되고 **각 지체가 그 기능대로 다른 지체를 도와서 온몸이 건강하게 자라고** 사랑으로 그 몸을 세우게 됩니다."(엡4:16; 현대인의 성경) 하고 말입니다. 그렇습니다.

그리스도의 지도를 통하여 각 지체가 그 맡은 분량대로 다른 지체를 도와서 그리스도의 몸이 건강하게 자라게 하시는 것입니다. 그렇습니다.

그리스도의 지도를 통하여 각 사람이 받은 분량대로 다른 성도들을 도와서 그리스도의 몸이 자라나게 되는 것입니다. 그렇습니다.

앞에 말씀과 같이 그리스도의 몸이 자라나는 것은, 아래의 말씀처럼 성도들의 봉사활동으로 형제들의 궁핍을 채워줌으로써, 그와 같이 영양분을 공급받아 그리스도의 몸이 자라나는 것입니다.

"하나님께서 여러분을 모든 일에 부요하게 하시므로, 여러분이 후하게 헌금하게 될 것입니다. 우리가 여러분의 헌금을 전달하면, 많은 사람이 하나님께 감사를 드리게 될 것입니다. '**여러분이 수행하는 이 봉사의 일은**' '성도들의 궁핍을 채워줄 뿐만 아니라 많은 사람들로 하여금 하나님께 감사를 드리게 할 것'입니다. '**여러분의 이 봉사의 결과로,**' '그들은 하나님께 영광을 돌릴 것입니다.'"(고후9:11-13; 새 번역 성경) 이렇게 말입니다. 그렇습니다.

하나님께서는 여러분을 준비시켜서 봉사활동을 하게 하여 그리스도의 몸을 자라게 하시는 것입니다.

"그와 같이하여" "성도들의 궁핍을 채워 주시는 것"입니다.

"그와 같이하여" "많은 성도들이 하나님께 감사를 드리게 하시는 것"입니다.

"그와 같이하여" "예루살렘 성도들처럼, 여러분도 하나님께 영광을 돌리게 하시는 것"입니다.

"그와 같이하여" "여러분에게 주신 하나님의 넘치는 은혜를 보고, 여러분을 그리워하며 여러분을 위하여 기도하게 하시는 것"입니다.

"그와 같이하여" "그리스도의 몸을 자라게 하시는 것"입니다.

그러므로 **말로 다 할 수 없는 선물을 주시는 우리 주 전지전능하신 하나님께 감사를 드립시다.** 그리고 형제 여러분, 위와 같이 성도들을 준비시켜서 봉사활동을 하게 하여, 그리스도의 몸이 자라나면 어떻게 된다고 하셨습니까? 그 대답을 주님께서는 이렇게 하셨습니다.

"그리하여 우리가 다 하나님의 아들을 믿는 일과 아는 일에 하나가 되고, 온전한 사람이 되어서, 그리스도의 완전하신 충만에까지 이르게 될 것입니다."(엡4:13) 하고 말입니다. 같은 구절을 공동번역은 이렇게 해석합니다.

"마침내 우리 모두가 하나님의 아드님에 대한 믿음과 지식에 있어서 하나가 되어, 성숙한 인간으로서, **그리스도의 완전성에 도달하게 되는 것입니다.**"(엡4:13) 하고 말입니다. 무슨 말씀입니까? 그 말씀은 우리가 서로 하나님의 계명을 지킴으로써, 예수님처럼 살게 된다는 말씀입니다.

"**누구든지 하나님의 말씀을 지키면,**' 하나님의 사랑이 그에게서 완전해집니다. '**이것으로**' 우리는 그분 안에 있다는 것을 알게 됩니다. '**하나님 안에서 산다고 하는 사람은 예수님이 사신 것과 똑같이 살아야 합니다.**'"(요일2:5; 현대인의 성경) 이렇게 말입니다. 또 이렇게도 말입니다.

"하나님은 사랑이십니다. '사랑 안에 있는 사람은 하나님 안에 있으며' '하나님께서는 그 사람 안에 계십니다.' 이 세상에서 '**우리가 그리스도처럼 살게 되었으니, 사랑이 우리 안에서 완성된 것이 분명합니다.**'"(요일4:16-17; 공동번역)

이렇게 하나님께서는 여러분을 준비시켜서 봉사활동을 하게 하심으로써, 마침내 여러분 모두가 성숙한 사람으로서, 그리스도의 완전성에 도달하게 하여, 이 세상에서 그리스도처럼 살게 하시는 것입니다.

하나님의 말씀이 위의 말씀과 같다면 왜, 우리가 이 세상에서 예수님처럼 살아야만 할까요? 그것은 우리가 이 세상에서 예수님처럼 살아감으로써, 떳떳하게 심판 날을 맞이할 수 있도록 하시려는 것이기 때문입니다.

"이 세상에서 우리가 그리스도처럼 살게 되었으니, 사랑이 우리 안에서 완성된 것이 분명합니다. **이제 우리는 자신을 가지고 '심판 날'을 맞을 수 있게 되었습니다.**"(요일4:17; 공동번역) 이렇게 말입니다. 그렇습니다.

우리가 그리스도 최후의 심판 날을 자신을 가지고 맞이하려면, 이 세상에서 그리스도처럼 살아야만 하는 것입니다. 이렇게 우리가 이 세상에서 그리스도처럼 살아감으로써, 믿음의 하나 됨과 하나님의 아들을 아는 지식에 하나 됨에 도달하게 하고, 온전한 사람이 되어 그리스도의 충만하심의 장성한 분량에까지 이르게 되는 것(엡4:13)입니다. 그렇습니다.

이렇게 그리스도의 지도를 통하여 각 지체가 그 맡은 바 분량대로 활동함을 따라 몸이 자라나며 사랑 안에서 몸이 건설되는 것(엡4:16)입니다. 그렇습니다.

이렇게 하나님께서는 성도들을 준비시켜서 봉사활동을 하게 하여, 그리스도의 몸이 자라나게 하시는 것입니다.

이처럼 그리스도의 몸인 공동체 교회는, 그리스도의 몸이 신체장애이거나, 절뚝거리지 않는 그러한 건강한 몸으로 자라나게 해야만 하는 책임이, 그리스도인인 저자와 여러분 모두에게 있는 것입니다. 이것이 바로 하나님께서 각 사람의 능력에 따라 여러분에게 은혜로 주신 "달란트 직분"인 것입니다.

그러므로 사랑하는 형제 여러분, "각자 능력에 따라 달란트 직분을 주심에 대하여" 이렇게도 성경에 기록하셨습니다.

"각 사람에게 성령을 나타내 주시는 것은 공동이익을 위한 것입니다."(고전12:7; 새 번역 성경) 하고 말입니다. 그렇습니다.

각 사람에게 성령을 나타내 주시는 것은 공동이익을 위한 것입니다. 이렇게 자기가 가진 것을 팔아 가난한 성도들에게 나누어 주게 하시는 이가 바로, 각 사람 안에 계신 성령님이셨던 것입니다.

그러므로 "여러분이 자비를 베풀어 성도들의 궁핍을 채워 주었다면," "그것이 바로," "여러분 안에서 성령님이 일하신다는 증거인 것"입니다. 그것을 증명하는 말씀이 바로, 여러분이 잘 알고 있는 아나니아와 삽비라에 대한 말씀인 것입니다. 그러므로 여러분은 아나니아와 삽비라에 대한 말씀을 보시겠습니다.

"그런데 아나니아라는 사람이 그의 아내 삽비라와 함께 소유를 팔아서, 그 값의 얼마를 따로 떼어 놓았는데, 그의 아내도 이것을 알고 있었습니다. 그는 떼어 놓고 난 나머지를 가져다가, 사도들 발 앞에 놓았습니다. 그때 베드로가 이렇게 말하였습니다. '아나니아는 들으시오. 어찌하여 그대의 마음이 사탄에게 홀려서, **그대가 성령을 속이고 땅값의 얼마를 몰래 떼어 놓았소?** 그 땅은 팔리기 전에도 그대의 것이 아니었소? 또 팔린 뒤에도 그대 마음대로 할 수 있었던 것이 아니었소? **그대는 사람을 속인 것이 아니라 하나님을 속인 것이오.**' 아나니아는 이 말을 듣고, 그 자리에서 쓰러져서 숨졌습니다. 이 소문을 듣는 사람은 모두 크게 두려워하였습니다. 젊은이들이 일어나, 그 시체를 싸서 메고 나가서, 장사를 지냈습니다. 세 시간쯤 지나서, 아나니아의 아내가 그동안에 일어난 일을 알지 못하고 들어왔습니다. 베드로가 그 여자에게 물었습니다. '그대들이 판 땅 값이 이것뿐이오? 어디 말해 보시오?' 그 여자가 대답하였습니다. '예, 그것뿐입니다.' 베드로가 그 여자에게 말하였습니다. '**왜 그대들 내외는 서로 공모해서 주님의 영을 시험하려고 하였소?** 보시오. 그대의 남편을 묻은 사람들의 발이 막 문 앞에 다다랐으니 그들이 또 그대를 메고 갈 것이오.' 그러자 그 여자는 그 자리에서 베드로의 발 앞에 쓰러져 숨졌습니다. 젊은이들이 들어와서, 그 여자가 죽은 것을 보고서, 메어다가 그 남편 곁에 묻었습니다. 온 교회와 이 사건을 듣는 사람들은, 모두 크게 두려워하였습니다."(행5:1-11; 새 번역 성경) 여러분은 잘 보셨나요?

이렇듯 성령님은 여러분 안에서 일하시는 것입니다. 그러므로 아나니아와 삽비라처럼 여러분 안에서 역사하시는 성령님을 속이려고 하지 마십시오. 그분을 시험하려고 하지 마십시오.

성경에도 "**주 예수 그리스도로 옷 입고**,' 정욕을 위해 육신의 일을 추구하지 마십시오."(롬13:14; 현대인의 성경)라고 기록되어 있습니다. 그리고 또한 "**주님의 이름을 받들어 부르는 사람은**' 모두 불의를 멀리해야 한다는 말씀이 봉인처럼 새겨져 있습니다."(딤후2:19; 카톨릭 성경) 하고 성경에 그렇게도 기록되어 있습니다.

이렇게 "각자 능력에 따라 달란트 직분을 주심은 공동이익을 위한 것입니다."(고전12:7; 새 번역 성경) 초대 교회와 같이 말입니다.

"많은 신도가 다 한마음과 한뜻이 되어서, 아무도 자기 소유를 자기 것이라고 하지 않고, '모든 것을 공동으로 사용하였다.' 사도들은 큰 능력으로 주 예수의 부활을 증언하였고, 사람들은 모두 큰 은혜를 받았다. '그들 가운데는 한 사람도 가난한 사람이 없었다.' 땅이나 집을 가진 사람들이 그것을 팔아서, 그 돈을 사도들 앞에 가져다 놓고 저마다 쓸 만큼 나누어 받았기 때문이다."(행4:32-35; 새 번역 성경, 공동번역) 이렇게 말입니다.

이렇게 "초대 교회는" "각자 받은 은혜의 선물로 하나님의 여러 가지 은혜를 맡은 선한 관리인답게 **'서로를 섬기는 데 그것**(달란트 직분) **을 사용'**하게 된 것"(벧전4:10; 현대인의 성경)입니다.

그와 같이 초대 교회 성도들이 자신들이 받은 달란트 직분을 사용하여, 그날에 제자의 수가 3,000명(행2:41) 그리고 5,000명(행4:4)으로 늘어나는 열매가 맺어졌다고 하지 않았습니까? 주님께서 구원받는 사람이 날마다 많아지게 하셨다고(행2:47) 하지 않았습니까?

그렇게 초대 교회는 의의 열매를 맺었고, 자신들을 위하여 하늘에 보물을 쌓아 놓았던 것입니다.

이렇게 초대 교회 그리스도의 제자들은 "작은 일에 충성을 다하였던 것"입니다. 이렇게 "작은 일"은 "이 세상에서 예수님이 사신 것처럼, 우리도 이 세상에서 예수님과 같이 사는 것이 바로 '작은 일'"인 것입니다. 그러므로 주님께서 제자들에게 하신 말씀을 다시 들어 보시겠습니다.

"**작은 일**'에 성실한 사람은 '**큰일**'에도 성실하고, '**작은 일**'에 정직하지 못한 사람은 '**큰일**'에도 정직하지 못하다."(눅16:10) 하고 말씀하셨습니다. 그리고 위와 같이 예수님께서 하신 말씀을 달란트 비유로 주님은 이렇게 풀어 주셨습니다.

"그러자 주인이 그에게 '잘하였다. 과연 너는 착하고 충성스러운 종이다. 네가 **작은 일에 충성**을 다하였으니 이제 내가 **큰일을 맡기겠다.** 자, 와서 주인과 함께 기쁨을 나누어라.'"(마25:21; 공동번역) 하고 말입니다. 그리고 이런 말씀으로도 풀어 주셨습니다.

"너희가 '세상 재물을 취급하는 데 성실하지 못하면,' 누가 '**하늘에 참된 재물**'을 너희에게 맡기겠느냐? 또 너희가 '남의 것에 성실하지 못하다면,' 누가 '**너희 것**'을 너희에게 주겠느냐?"(눅16:11-12; 현대인의 성경) 하고 말입니다. 그렇습니다.

이 세상에서 사용하라고 주님께서 맡겨 주신 여러 가지 은혜의 선물로 우리는 충성을 다해야만 하는 것입니다. 그래야 주인은 "큰일"을 우리에게 맡기시는 것입니다. "하늘의 참된 재물"을 우리에게 맡기시는 것입니다. "우리의 것"을 우리에게 주시는 것입니다.

그러므로 여러분이 세상에 있는 여러분의 것을 자기의 가난한 성도들에게 다 팔아 나누어 준다고 해도, 그런 일들은 모두가 다 "작은 일에 속한 것"입니다.

이렇게 작은 일에 속한 일과는 반대로 **"큰일에 대하여"**는 거룩한 사도들을 통하여 이렇게 성경에 기록하셨습니다.

"하나님은 우리가 말하는 장차 오는 세상을 천사들이 통치하도록 맡기시지 않으셨습니다."(히2:5; 현대인의 성경) 하고 말입니다. 그리고 주님은 이렇게도 사도 바울을 통해서 말씀하셨습니다.

"내려오신 그분은 온 우주를 가득 채우시기 위해 다시 하늘로 올라가셨습니다."(엡4:10; 현대인의 성경) 하고 말입니다. 그리고 이렇게도 성경에 기록하셨습니다.

"우리가 참고 견디어 내면 **'그분과 함께 다스릴 것이며'**"(딤후2:12; 카톨릭 성경) 하고 말입니다. 그렇습니다.

열 므나의 비유(눅11-27)처럼 우리는 왕이 되어 오시는 예수님과 함께 온 우주를 다스리게 되는 것입니다. 이렇게 그 누구도 "상상할 수도 없는 어마어마하게 큰일"을 주님께서는 "작은 일에 충성"한 자기의 종들에게 맡기시는 것입니다.

그러므로 여러분은 또 보십시오. 우리 "주님에 대하여" 성경에 이렇게 기록되어 있습니다.

"하나님께서는 '당신의 아들을 통해서 온 세상을 창조'하셨으며 '**그 아들에게 만물을 물려주기로 하셨습니다.**' 그 아들은 '하나님의 영광을 드러내는 찬란한 빛'이시오. '하나님의 본질을 그대로 간직한 분'이시며 '그의 능력의 말씀으로 만물을 보존하시는 분'이십니다. '그분은 인간의 죄를 깨끗이 씻어 주셨고' '지극히 높은 곳에 계신 분'이십니다. 그리고 **'천사의 호칭보다 더 높은 아들이라는 칭호를 받으심으로써, 천사들보다 더 높은 분이 되셨습니다.'**(히1:3-4; 공동번역) 하고 말입니다. 그렇습니다.

그리스도께서는 천사의 호칭보다 더 높은 아들이라는 칭호를 받으심으로써, 천사들보다 더 높은 분이 되셨습니다. 이러하신 분의 형제(히2:11-12)인 우리는 이렇게 그리스도와 함께 하나님의 자녀(롬8:29)가 되었고, 하나님은 우리의 아버지가 되심(고후6:18)으로써, **"우리도 주의 천사라는 칭호보다 더 높은 자녀라는 칭호"**(요1:12, 고후6:18)를 받았습니다.

이렇게 여러분은 하나님의 은혜로 존귀한 분의 자녀가 됨으로써, 천사들보다 더 높은 사람들이 되는 것입니다. 이렇게 여러분은 큰일을 맡게 되는 것입니다. 아니, 다섯 달란트 남긴 종과 두 달란트를 남긴 종과 같이 **"주님께서 큰일을 맡기시는 것"**(마25:14-30)입니다.

이제 여러분이 부활하면 하나님께서 약속하신 약속의 말씀은 사실이 되는 것입니다. 그러면 여러분은 빛나는 세마포 옷을 입게 될 것(계19:8)이고, 죽은 사람도 불멸의 몸으로 살아날 것이며, 살아 있는 여러분은 여러분의 죽을 몸이 불멸의 몸을 입게 될 것(고전15:52-53)입니다.

장차 오는 세상이 이러하니, 여러분은 믿음으로 살아가십시오. 보는 것에 의지하여 살아가지 마십시오.

저자는 하나님의 나라를 생각하면 마음이 든든합니다. 그러므로 몸 안에 머물러 있든지 몸을 떠나서 있든지 언제나 주님을 기쁘게 해 드리는 사람이 되는 것입니다.

저자가 "영혼에도 감각이 살아 있어서"라는 책에서도 소개하였듯이, 저자의 몸 안에 속사람이 분명히 존재해 있다는 것입니다. 그러므로 누구든지 사람이 죽으면, 그 속사람이 육체를 벗어나서 죽은 사람들 가운데서 그들과 함께 잠드는 사람이 있는가 하면, 어떤 사람은 지옥 불에 들어가 영혼에도 감각이 살아 있어서 한 부자처럼, 심판 날까지(벧후2:9-10) 처절하게 고통을 당하는 사람도 있을 것입니다.

그러기에 우리는 육체에 머물러 있는 동안에 믿음에 굳게 서서 흔들리지 말고, 주님의 일을 더욱 많이 해야만 하는 것입니다. 여러분이 아는 대로, 여러분의 수고가 주님 안에서 헛되지 않기 때문입니다.

그러므로 여러분은 이것만 알아 두십시오. 우리 주님은, 말씀 그대로 우리의 주인이십니다. 그러하기에 주인의 것은 내 것이 아니라 남(하나님)의 것입니다. 그래서 주님께서는 제자들에게 이렇게 말씀하시지 않았습니까?

"또 너희가 남의 것에 성실하지 못하다면 누가 너희 몫을 너희에게 주겠느냐?"(눅16:12) 하고 말입니다. 그러므로 하늘의 참된 재물을 맡으려면 세상 재물을 취급하는 데 성실하게 하십시오. 그러면 하늘의 참된 재물을 주님께서 여러분에게 맡기실 것(눅16:11)입니다.

그러므로 이제부터 "너희는 자신을 위해 세상 재물로 친구를 사귀

라. 그러면 그것이 없어질 때 그들이 너희를 영원한 집으로 맞아들일 것이다."라는 말씀을 다시 시작하겠습니다.

예수님께서는 제자들에게 이렇게 말씀하셨습니다.

"내가 너희에게 말한다. **'너희는 자신을 위해 세상 재물로 친구를 사귀라. 그러면 그것이 없어질 때 그들이 너희를 영원한 집으로 맞아들일 것이다.'**"(눅16:9; 현대인의 성경) 하고 말입니다. 그렇습니다.

자신을 위해 세상 재물로 친구를 사귀는 것입니다. 그러면 그것이 없어질 때 그 친구들이 세상 재물로 친구를 사귄 그들을 영원한 집으로 맞아들이게 된다는 것입니다.

주님의 말씀이 그렇다면 "자신을 위해 세상 재물로 친구를 사귀라는 말씀의 뜻"은 무엇일까요?

밑에 가서 "세상 재물로 친구 사귀는 법"에 대하여 말씀을 드리겠지만, 결론부터 말씀을 드린다면 그 말씀의 뜻은 "세상 재물로 궁핍한 자기의 형제들(그리스도의 형제들)을 구제하라는 뜻"입니다. 그것은 왜냐하면, 만일 여러분이 자기의 궁핍한 형제를 구제한다면, 여러분이 그와 같이 자기의 형제를 사랑함으로써, 그 형제들을 통해서 자신이 진리에 속해 있다는 것을 알 수 있을 뿐만 아니라, 하나님 앞에서도 마음을 편하게 가질 수 있기 때문입니다. 그 말씀을 주님께서는 사도 요한을 통해서 이렇게 하셨습니다.

"누구든지 **'세상 재물을 가지고 있으면서, 자기 형제가 궁핍한 것을 보고도, 마음의 문을 닫고 도와주지 않는다면,'** 어떻게 그에게 **'하나님**

을 사랑하는 마음'이 있다고 하겠습니까? 사랑하는 자들이여, 우리는 말로나 혀끝으로 사랑하지 말고, **'행동으로 진실하게 사랑합시다. 우리는 이렇게 사랑함으로써, 우리가 진리에서 났음을 알게 될 것입니다. 또 하나님 앞에서 확신을 가지게 될 것입니다.'"**(요일3:17-19; 새 번역 성경 공동번역) 하고 말입니다. 그렇습니다.

위의 말씀과 같이, 그렇게 여러분이 자기의 궁핍한 형제를 행동으로 진실하게 사랑함으로써, 여러분은 진리에서 났음을 알게 될 뿐만 아니라, 또 하나님 앞에서 확신을 가질 수 있게 되는 것입니다.

이렇게 여러분이 가진 세상 재물로 친구를 사귐으로써, 여러분들은 그 친구들을 통해서 자신이 진리에서 났음을 알게 되는 것입니다.

이렇게 여러분이 가진 세상 재물로 사귄 그 친구들이, 여러분이 더 이상 세상 재물을 사용할 수 없을 때, 다시 말씀을 드린다면 여러분이 죽을 때, 그들이 여러분을 영원한 집으로 맞아들이게 되는 것입니다.

그리고 또한 이렇게 여러분이 형제를 사랑함으로써, 하나님 앞에서도 마음을 편안하게 가질 수 있게 되는 것(요일3:19)입니다.

위의 말씀과 같이 세상 재물로 친구를 사귄 여러분은, 하늘에서 상상할 수도 없는 엄청난 보물을, 여러분 모두가 차지하게 되는 것(마19:21)입니다. 여러분은 그리스도와 함께 다스리게 되는 것(딤후2:12)입니다. 이렇게 "성경에서 가난한 사람들은 바로 여러분의 형제 곧 그리스도의 형제를 두고 하신 말씀인 것"입니다. 그러므로 여러분은 잘 보십시오.

그리스도께서는 자기 제자들에게 사도들처럼 주님의 제자이든지, 주님께서 보내신 예언자이든지, 주님의 의로운 일을 하는 의로운 사람이든지, 예수님의 이름을 믿는 사람이든지 간에 "그들을 영접하거나 대접하는 사람에 대하여" 아래와 같이 말씀하시지 않았습니까?

"너희를 영접하는 사람은 나를 영접하는 것이며, 나를 영접하는 사람은 나를 보내신 하나님을 영접하는 것이다. 누구든지 예언자를 영접하면, 예언자가 받을 상을 받을 것이며, 의로운 사람을 영접하면, 의로운 사람이 받는 상을 받을 것이다. 내가 분명히 말해 둔다. 아주 보잘것없는 사람이지만, 그가 내 제자라는 이유로 그에게 냉수 한 그릇이라도 대접하는 사람은, 반드시 상을 받을 것이다."(마10:40-42; 현대인의 성경) 하고 말입니다. 이렇게 주님의 제자들이든지, 주님의 예언자들이든지, 주님의 의로운 사람들이든지, 주님을 믿는 사람들이든지 간에 그들을 대접함에는 반드시 상이 따르기 마련인 것입니다.

이렇게 성경에 주님께서 가난한 사람들에게 나누어 주라고 명령을 내리시거나, 가난한 사람을 도와주라고 말씀하신 가난한 사람들은, **"세상 어려운 이웃이 아니라, 사회적 약자가 아니라, 바로 여러분의 가난한 형제들을 두고 하신 말씀인 것"**입니다. 그래야만 위의 말씀과 같이 "여러분을 통해서 예수님을 영접하게 되고 예수님을 통해서 예수님을 보내신 하나님을 영접하게 되는 것"입니다.

우리 그리스도인들이 그러하기에, "누구든지 예언자를 영접하면, **'예언자가 받을 상'**을 받을 것이며, 의로운 사람을 영접하면, **'의로운**

사람이 받는 상'을 받을 것이다. 내가 분명히 말해 둔다. 아주 보잘것없는 사람이지만, 그가 내 제자라는 이유로 그에게 냉수 한 그릇이라도 대접하는 사람은, '**반드시 상**'을 받을 것이다." 이렇게 말씀하시지 않았습니까? 그렇습니다.

누구든지 예언자를 영접하면, '**예언자가 받을 상**'을 받을 것이며, 의로운 사람을 영접하면, '**의로운 사람이 받는 상**'을 받을 것입니다. 그리고 아주 보잘것없는 사람이지만, 그가 그리스도의 제자라는 이유로 그에게 냉수 한 그릇이라도 대접하는 사람은, '**반드시 상**'을 받게 되는 것입니다. 이렇게 "**성령에 심는 사람**'은 성령으로부터 '**영원한 생명**'을 거두게 되는 것"(갈6:8)입니다.

그러므로 "여러분을 사랑하지도 않으면서," 세상 어려운 이웃을 사랑하라는 그런 말에, 그리고 사회적 약자를 도와줄 책임이 여러분에게 있다는 그런 말에, 그리고 또한 선교적 삶을 살아야 한다는 그러한 달콤한 말에 여러분은 더는 속지 마십시오.

누구든지 위와 같이 "여러분을 사랑하지 않으면서도," 달콤하고 비위에 맞는 그럴듯한 말로 순박한 사람들의 마음을 속인다면, 그런 사람들은 "하나님에게서 오는 의는 알지 못한 채 자기의 의를 내세우려고, 하나님의 의에 그것도 힘을 쓰면서 복종하지 않는 사람인 것"(롬10:3)입니다.

그러므로 하나님의 아들 예수 그리스도의 이름을 믿지 않는, "사회적 약자뿐만 아니라, 그 어떤 어려운 이웃들"을 여러분이 힘닿는 대로 영접하였다 하였을지라도, "그들을 통해서는" **"절대로"** "우리 주님도, 우리 하나님 아버지도 영접할 수는 없는 것"(마10:40)입니다. 그리고 "그들을 통해서는" **"절대로"** "보이지 않는 하나님을 사랑할 수도 없는 것"(요일4:20, 요일5:3)입니다.

그러므로 하나님을 사랑한다고 하는 사람들은 눈에 보이는 형제를 사랑하십시오. 그 형제들에게 여러분 속에 있는 자비를 베푸십시오.

이렇게 궁핍한 자기 형제에게 자비를 베풀게 되는 사람이, "자신의 마음속에 하나님의 사랑이 머물러 있다는 것"을, "그렇게 은연중에 나타내고 있는 것"(요일3:17-19)입니다.

그러므로 여러분은 보십시오. "하나님을 사랑한다고 하면서 자기 형제를 미워(자기 형제를 사랑하지 않으면)하면, 거짓말쟁"이라고 하지 않았습니까?

"하나님을 사랑한다고 하면서 자기 형제를 미워하면(자기 형제를 사랑하지 않으면) **거짓말쟁이입니다."**(요일4:20; 현대인의 성경) 이렇게 말입니다. 그리고 또 "눈에 보이는 형제를 사랑하지 못하는 사람이 보이지 않는 하나님을 사랑할 수 없다고" 하지 않았습니까?

"눈에 보이는 형제를 사랑하지 못하는 사람이 보이지 않는 하나님을 사랑할 수는 없습니다."(요일4:20) 이렇게 말입니다. 그래서 사도 요한은 "하나님을 사랑하는 사람은 형제도 사랑해야 한다는 이 계명을 예수님에게서 받았다고" 하나님의 자녀들에게 그렇게 편지를 쓰지 않았습니까?

"하나님을 사랑하는 사람은 자기의 형제도 사랑해야 한다는 이 계명을 우리는 그리스도에게서 받았습니다."(요일4:21; 공동번역) 하고 말입니다. 이렇게 형제들이 그리스도께서 명령하신 대로, 눈에 보이는 자기의 형제를 사랑하는 것이, 그리스도의 명령을 실천하는 사람인 것입니다. 그리고 또한 이렇게 그리스도께서 명령하신 대로, 실천하는 사람이 바로, 그리스도의 친구가 되는 것입니다. 그러므로 자기가 가진 세상 재물로 가난한 형제를 구제하고, 자기 자신을 위해 낡아지지 않는 주머니를 만드는 일(눅12:33)이 바로, "자기를 위하여 세상 재물로 친구를 사귀는 일인 것"(눅16:9)입니다. 그리고 진실로 그와 같이 서로 사랑하는 형제들이 바로, 주님께서 명령하신 말씀과 같이 주님의 친구가 되는 것(요15:14, 17)입니다.

지금 우리가 받는 고난은
장차 우리에게 나타날 영광과

그러므로 여러분은 주님의 말씀을 들어 보십시오. 주님께서는 "세상 재물로 친구 사귀는 법"에 대하여 자기의 제자들에게 이렇게 말씀하시지 않았습니까?

"내가 '명령하는 것'을 너희가 실천하면 너희는 바로 내 친구이다."
(요15:14) 하고 말입니다. 그렇습니다. 주님께서는 자기 제자들에게 "내가 '명령하는 것'을 너희가 실천하면 너희는 바로 내 친구이다."(요15:14) 하고 그렇게 말씀하셨습니다. 그렇다면 위의 말씀에서 주님께서 제자들에게 "내(예수님께서)가 명령하는 말씀은 무엇이었습니까?" 사랑하는 형제 여러분, 주님께서 제자들에게 "내(예수님께서)가 명령하는 말씀"은 바로 아래의 말씀이셨습니다.

"내가 너희에게 '명령하는 것'은 이것이다. 너희는 서로 사랑하여라."

(요15:17) 그렇습니다.

"주님의 명령"은 바로 그리스도의 제자들이 서로 사랑하는 것이었습니다. 이렇게 "주님께서 명령하는 것을 실천하는 사람들"이, 다시 말씀을 드린다면 이렇게 "주님의 지체들인 제자들끼리 서로 사랑하는 사람들'이 바로, **'주님의 친구'가 되는 것**"이었습니다. 이렇게 하나님의 아들 예수 그리스도의 이름을 믿는, 모든 궁핍한 자기의 형제들을 사랑하는 사람들이, 바로 주님의 친구가 되는 것이었습니다.

그러므로 "자신을 위하여 세상 재물로 친구를 사귀라는 말씀"은 바로 "그리스도의 형제들 가운데 궁핍한 형제들을 도와주라는 말씀"이셨음을 우리는 알 수 있습니다. "그러면 그것이 없어질 때 그들이 영원한 집으로 맞아들일 것이라고" 말입니다.

"너희는 자신을 위해 세상 재물로 친구를 사귀라. **'그러면' '그것이 없어질 때' '그들이 너희를 영원한 집으로 맞아들일 것이다.'**"(눅16:9; 현대인의 성경) 이렇게 말입니다. 같은 구절을 킹 제임스 성경은 이렇게 해석하고 있습니다.

"내가 너희에게 말하노니 불의의 재물로 친구를 사귀라. **'그러면' 너희가 죽을 때,' '그들이 너희를 영원한 거처들로 영접하리라.**"(눅16:9) 하고 말입니다. 그렇습니다. 세상 재물로 궁핍한 형제를 도와주면 우리가 죽을 때, 주님의 친구인 형제들이 우리를 영원한 집으로 맞아들인다는 말씀인 것입니다.

그렇다면 세상 재물로 궁핍한 형제를 도와주면 우리가 죽을 때, 주님의 친구인 형제들이 우리를 영원한 집으로 맞아들인다는 말씀은 무슨 뜻일까요? 위에서도 말씀을 드렸었지만, 여기에서도 말씀을 드리겠습니다. 그 대답을 주님께서는 사도 요한을 통해 이렇게 말씀하셨습니다.

"누구든지 '**세상 재물을 가지고 있으면서 자기 형제가 궁핍한 것을 보고도 마음의 문을 닫고 도와주지 않는다면**' 어떻게 그에게 '**하나님을 사랑하는 마음**'이 있다고 하겠습니까? 사랑하는 자들이여, 우리는 '**말로나 혀끝으로 사랑하지 말고,**' '**행동으로 진실하게 사랑합시다.**' '**우리는 이렇게 사랑함으로써,**' '**우리가 진리에 속해 있다는 것을 알게 되고,**' '**하나님 앞에서 마음을 편안하게 가질 수 있을 것입니다.**"(요일 3:17-19) 하고 말입니다. 그렇습니다.

우리가 세상 재물로 궁핍한 자기의 형제들을 도와주는 것입니다. 우리는 이렇게 형제를 행동으로 진실하게 사랑함으로써, 우리가 진리에 속해 있다는 것을 알게 되는 것입니다. 그리고 우리는 이렇게 형제를 행동으로 진실하게 사랑함으로써, 하나님 앞에서도 마음을 편안하게 가질 수 있게 되는 것입니다.

이렇게 "세상 재물로 주님의 친구인 형제를 행동으로 진실하게 사랑함으로써," "우리가 진리에 속해 있다는 알게 되는 것"이며, "하나님 앞에서도 마음을 편하게 가질 수 있는 것이라면," 그러면 재물이 없어질 때, 다시 말해서 킹 제임스 성경 해석처럼, "우리가 죽을 때,"(눅16:9) 그들이 곧 "주님의 친구인 형제들이 결과적으로 영원한 집으로 우리를 맞아들이는 그런 결과를 낳게 되는 것"입니다.

"예언자를 예언자로 맞아들이는 사람은, 예언자가 받을 상을 받을 것"(마10:41)이라는 말씀처럼 말입니다. "의인의 이름으로 의인을 영접한 사람은, 의인의 상을 받을 것"(마10:41)이라는 말씀처럼 말입니다. "그리스도의 제자라는 이유로 소자 중 한 사람에게 냉수 한 그릇이라도 대접하는 사람은, 절대로 상을 잃지 않을 것"(마10:42)이라는 말씀처럼 말입니다.

우리가 이렇게 궁핍한 자기의 형제들을 사랑함으로써, 그러한 일들이 일어나게 되는 것입니다. 그러니 그들이 우리를 그렇게 영원한 집으로 맞아들이게 되는 일이 생기게 되는 것입니다. 그러나 우리가 궁핍한 형제를 보고도 도와주지 않는다면, 그래도 그들이 우리를 그렇게 영원한 집으로 맞아들이게 될까요?

그것은 "절대로" 어림없는 소리인 것입니다.

그러므로 여러분은 잘 보십시오. 형제를 사랑하는 사람과, 형제를 사랑하지 않는 사람의 차이가 어떻게 나는지를 보십시오. 주님께서는 사도 요한을 통해 형제를 사랑하는 사람과, 형제를 사랑하지 않는 사람의 차이에 대하여 이렇게 말씀하셨습니다.

"옳은 일을 하지 않거나, 자기 형제를 사랑하지 않는 자는, 하나님에게서 난 자가 아닙니다. 이와 같이 **하나님의 자녀와 악마의 자식은 분명히 구별됩니다.**"(요일3:10; 공동번역) 하고 말입니다. 이렇게 형제를 사랑하는 사람과, 형제를 사랑하지 않는 사람의 차이는 **"하나님의 자**

녀"와 **"악마의 자식"**의 엄청난 차이가 나는 것입니다. 말씀이 이러하니 세상 재물로 궁핍한 자기의 형제를 사랑한다는 것은, 그들을 통해 자신이 "하나님의 자녀"라는 것이 확실하게 입증하는 것이 됨으로써, 결과적으로 그들이 영원한 집으로 맞아들이는 것이 되는 것입니다.

그래서 주님께서는 사도 요한을 통해 "하나님의 자녀 됨을 입증하는 사람들"에 대하여 아래와 같이 말씀하시지 않았습니까?

"아버지를 사랑하는 사람은 누구나 그분의 자녀를 사랑합니다. 우리가 하나님을 사랑하고 또 하나님의 계명을 지키면, 우리가 하나님의 자녀를 사랑하고 있다는 것을 알게 됩니다."(요일5:1-2; 공동번역) 하고 말입니다. 이렇게 하나님을 사랑하는 사람은 하나님의 자녀를 사랑하게 되고, 하나님의 자녀를 사랑하는 사람은, 그렇게 하나님의 자녀를 사랑하는 그것으로 바로 하나님을 사랑하는 사람이 되는 것입니다. 위와 같은 말씀을 주님께서는 사도 요한을 통해서 이렇게 말씀하셨습니다.

"하나님의 계명을 지키는 것이 곧 하나님을 사랑하는 일입니다."(요일5:3) 하고 말입니다. 말씀이 그렇다면 하나님의 계명은 무엇이었습니까? 하나님의 계명은 바로 아래 구절의 말씀이셨습니다.

"하나님의 계명은 이것이니 곧 그 아들 예수 그리스도의 이름을 믿고 그리스도께서 우리에게 명하신 대로 서로 사랑하라는 것입니다."(요일3:23; 새 번역 성경) 그렇습니다.

하나님의 계명은 그리스도께서 **"너희는 서로 사랑하여라."**(요15:17)

하고 명령하신 그 계명이 곧 하나님의 계명이셨던 것입니다. 이렇게 그리스도의 형제들이 서로 사랑하라고 하는 것이 하나님의 계명인 것입니다. 그리고 이렇게 그리스도의 형제들이 서로 사랑함으로써, 하나님의 계명을 지키는 것이, 곧 하나님을 사랑하는 사람이라고 말입니다.

그래서 주님께서는 사도 요한을 통해서 "하나님의 계명을 지키는 것이 곧 하나님을 사랑하는 일입니다."(요일5:3) 하고 말씀하신 것입니다.

주님의 말씀이 이러함으로 그래서 성경은 이렇게 "하나님을 사랑한다고 하면서 형제를 미워하면(하나님의 자녀를 사랑하지 않으면) 거짓말쟁이"(요일4:20)라고 한 것입니다.

그것은 왜냐하면 "눈에 보이는 형제를 사랑하지 못하는 사람이 보이지 않는 하나님을 사랑할 수는 없다고"(요일4:20) 말씀하셨기 때문입니다.

그러므로 여러분은 그리스도의 형제를 사랑하십시오. 그리하여 그리스도의 형제와 고난을 같이 나누십시오. "그것이 곧" "그리스도와 고난을 같이 나누는 사람이 되는 것"입니다. 그리스도의 형제와 고난을 나누는 것이, 왜 그리스도와 고난을 같이 나누는 사람이 되는 것일까요?

그것은 그리스도의 형제는 그리스도의 몸의 지체들이기 때문입니다. 아래의 말씀과 같이 말입니다.

"우리는 그리스도의 몸의 지체들입니다."(엡5:30; 현대인의 성경) 이렇게 말입니다. 그리고 이미 위에서 말씀드린 바와 같이 "눈에 보이는 형제를 사랑하는 일이 곧 보이지 않는 하나님을 사랑하는 일"(요일4:20)이 되듯이, "눈에 보이는 형제와 고난을 같이 나누는 그런 일이, 또한 보이지 않는 하나님과 고난을 같이 나누는 일"(요일4:20-21)이 되기 때문입니다.

위의 해석이 확실한 것은, 우리 주님께서 제자들을 전도의 일을 보내시면서, 그들에게 말씀하셨던 말씀에다 형제들의 고난을 대신하여 풀어 보면, 위의 말씀에 대한 뜻을 금방 깨닫게 될 것입니다. 주님께서는 제자들에게 이렇게 말씀하셨습니다.

"너희를 **영접**하는 자는 나를 **영접**하는 것이요, 나를 **영접**하는 자는 나를 보내신 이를 **영접**하는 것이다."(마10:40) 하고 말입니다. 그러므로 "**영접**" 자리에 "**고난받게**"라는 말을 대신하여 넣으면 이런 말씀이 되는 것입니다.

"너희를 **고난받게** 하는 자는 나를 **고난받게** 하는 것이요, 나를 **고난받게** 하는 자는 나를 보내신 이를 **고난받게** 하는 것이다."(마10:40)라고 말입니다. 그래서 의원 누가는 같은 뜻의 말씀을 이렇게 기록하지 않았습니까?

"너희를 **배척**하면 나를 **배척**하는 것이요, 나를 **배척**하면 나를 보내신 분을 **배척**하는 것이다."(눅10:16; 현대인의 성경) 하고 말입니다. 이렇게 "그리스도의 형제들'은 '그리스도'와 '하나님에게까지 그분의 신경이 연결'이 되어 있는 것"입니다.

그러므로 "**배척**" 자리에 "**사랑**"이라는 말을 집어넣으면 이런 말씀이 되는 것입니다.

"너희를 **사랑**하면 나를 **사랑**하는 것이요, 나를 **사랑**하면 나를 보내신 분을 **사랑**하는 것이다."(눅10:16) 하는 말씀이 말입니다. 그래서 주님께서는 사도 요한을 통해 "하나님을 사랑한다고 하는 사람은 자기의 형제도 사랑해야 한다."라고 하시지 않았습니까? 이렇게 하나님을 사랑한다고 하는 사람은 자기의 형제도 사랑해야 한다는 이 계명을 사도 요한은 그리스도에게서 받았습니다. 하고 아래와 같이 편지하지 않았습니까?

"**하나님을 사랑하는 사람**'은 '자기의 형제도 사랑해야 한다는 이 계명'을 '우리는 그리스도에게서 받았습니다.'"(요일4:21; 공동번역) 이렇게 말입니다. 그러므로 하나님의 자녀를 사랑하는 사람들은 하나님을 사랑하는 사람들(요일5:1-3)이며, 형제끼리 서로 사랑하는 사람들(벧후1:7)이고, 그리스도와 고난을 같이 나누는 사람들(빌3:10)이며, 형제를 위해 목숨을 버리는 사람들(요일3:16)인 것입니다.

이런 사람들이 하나님을 사랑하는 사람이며, 곧 하나님의 뜻대로 (계획에 따라) 부르심을 받은 사람들(롬8:28)인 것입니다. 그러므로 성경은 이렇게 하나님을 사랑하는 사람들이, 그리고 이렇게 하나님의 계획에 따라 부르심을 받은 사람들이, 모든 일이 서로 작용해서 좋은 결과를 이루는 것이라고 하지 않았습니까?

"**하나님을 사랑하는 사람들** 곧 하나님의 계획에 따라 부르심을 받은 사람들에게는 모든 일이 서로 작용(합력 또는 협력)해서 좋은 결과를 이룬다는 것을 우리는 압니다."(롬8:28; 공동번역) 하고 말입니다. 그래서 주님께서는 사도 베드로를 통해 "각 사람은 은사를 받은 대로 하나님의 여러 가지 은혜를 맡은 선한 관리인으로서 서로 봉사하라고" 하시지 않았습니까?

"각 사람은 은사를 받은 대로, 하나님의 여러 가지 은혜를 맡은 선한 관리인으로서 '서로 봉사하십시오.'"(벧전4:10; 새 번역 성경) 이렇게 말입니다. 카톨릭 성경은 같은 구절을 이렇게 해석합니다.

"저마다 받은 은사에 따라, 하나님의 다양한 은총의 훌륭한 관리자로서 **'서로를 위하여 봉사하십시오.'**"(벧전4:10) 하고 말입니다. 킹 제임스 성경은 같은 구절을 이렇게 해석합니다.

"각 사람이 받은 은사대로, 하나님의 다양한 은혜를 맡은 선한 청지기같이 **'서로 섬기라.'**"(벧전4:10) 하고 말입니다. 이렇게 "하나님을 사랑하는 사람들, 곧 하나님의 계획에 따라 부르심을 받은 사람들"은, "각 사람이 받은 은사대로, 하나님의 다양한 은혜를 맡은 선한 청지기같이 **'그것을 가지고' '서로를 위하여 봉사하고 섬기는 것**"입니다. 그와 같이 "모든 일이 서로 작용(합력 또는 협력)해서 **'좋은 결과'** 곧 **'선'**을 이룬다는 것을 아는 것"입니다.

그러므로 "각자가 받은 은총의 선물"이 무엇이든지, "그것을 가지고 남을 위해서" 곧 "형제를 위해서 봉사하고 서로 섬겨야만 하는 것"입니다. 그와 같이하여 "각 사람은 은사를 받은 대로 하나님의 여러 가지 은혜를 맡은 선한 관리인"이 되어야만 하는 것입니다.

그러므로 주님께서는 사도 베드로를 통해서 "각 사람이 받은 은혜의 선물이 무엇이든 간에 하나님의 여러 가지 은혜를 맡은 선한 관리인"에 대하여 아래와 같이 말씀하시지 않았습니까?

"설교 직분을 맡은 사람은 하나님의 말씀을 전해야 하고, 남(형제)을 도와주는 사람은 하나님에게서 힘을 받은 사람답게 봉사해야 합니다."(벧전4:11; 공동번역) 하고 말입니다. 그렇습니다. 각자가 받은 은혜의 선물이 무엇이든 간에 설교 직분을 맡은 사람이라면, 하나님의 말씀을 전파하는 사람답게 하고, 형제를 도와주는 사람은, 하나님이 주시는 힘으로 하는 것처럼 해야만 하는 것입니다.

그러므로 각 사람은 자기가 받은 은혜의 선물이 무엇이든지 간에, 그것을 가지고 봉사하는 것에 대하여, 새 번역 성경은 이렇게 "하나님의 여러 가지 은혜를 맡은 **'선한 관리인으로서 서로 봉사하십시오.'**"(벧전4:11) 하고 기록하였고, 카톨릭 성경은 이렇게 "하나님의 다양한 은총의 **'훌륭한 관리자로서 서로를 위하여 봉사하십시오.'**"(벧전4:11) 하고 기록하였으며, 킹 제임스 성경은 이렇게 "하나님의 다양한 은혜를 맡은 **'선한 청지기같이 서로 섬기라.'**"(벧전4:11) 하고 기록하고 있는 것입니다.

이렇게 "하나님의 여러 가지 은혜를 맡은 선한 관리자로서" "하나님의 다양한 은총의 훌륭한 관리자로서" "하나님의 다양한 은혜를 맡은 선한 청지기같이" 서로 섬기고, 서로를 위하여 봉사하라고 말입니다. 이렇게 서로 봉사하면, 모든 일에 예수 그리스도를 통해 하나님이 영광을 받을 것이라고 말입니다.

"그리하면 하나님께서 무슨 일에서든지 예수 그리스도를 통하여 영광을 받으실 것입니다."(벧전4:11; 카톨릭 성경) 하고 말입니다. 그렇습니다.

이렇게 "하나님의 여러 가지 은혜를 맡은 선한 관리자로서" "하나님의 다양한 은총의 훌륭한 관리자로서" "하나님의 다양한 은혜를 맡은 선한 청지기같이" **"서로 섬기고, 서로를 위하여 봉사하고, 서로 사랑하는 이러한 일을 함으로써, 무슨 일에든지 하나님께서 예수그리스도를 통해서 영광을 받으시게 되는 것이며, 여러분의 몸을 하나님이 기뻐하시는 산 제물로, 예수 그리스도를 통해 드리는 일이 되는 것"**입니다. 그래서 성경에 여러분의 몸을 하나님이 기뻐하시는 산 제물로 드리십시오. 하지 않았습니까?

"여러분의 몸을 하나님이 기뻐하시는 산 제물로 드리십시오."(롬 12:1) 하고 말입니다. 이렇게 "하나님의 여러 가지 은혜를 맡은 선한 관리자로서" "하나님의 다양한 은총의 훌륭한 관리자로서" "하나님의 다양한 은혜를 맡은 선한 청지기같이" 서로 섬기고, 서로를 위하여 봉사하고, 형제를 위해 서로 사랑하는 이러한 일들이 바로, 여러분이 드릴 영적 예배라고 말입니다.

"여러분의 몸을 하나님이 기뻐하시는 산 제물로 드리십시오. 이것은 여러분이 드릴 영적 예배입니다."(롬12:1; 현대인의 성경) 하고 말입니다. 그래서 다시 말씀을 드리지만, 성경에 아래와 같이 말씀하시지 않았습니까?

"설교 직분을 맡은 사람은 하나님의 말씀을 전파하는 사람답게 하고, 봉사하는 사람은 하나님께서 주시는 힘으로 봉사하는 사람답게 하십시오."(벧전4:11; 새 번역 성경, 공동번역) 하고 말입니다. 이렇게 설교 직분을 맡은 사람은 하나님의 말씀을 전파하는 사람답게 하고, 봉사하는 사람은 하나님께서 주시는 힘으로 봉사하는 사람답게 하면, 하나님이 모든 일에 예수 그리스도를 통하여 영광을 받으실 것이라고 하지 않았습니까?

"**그리하면**' 하나님께서 무슨 일에서든지 예수 그리스도를 통하여 영광을 받으실 것입니다."(벧전4:11; 카톨릭 성경) 하고 말입니다. 그렇습니다.

설교 직분을 맡은 사람은 하나님의 말씀을 전파하는 사람답게 하고, 봉사하는 사람은 하나님께서 주시는 힘으로 봉사하는 사람답게 해야만 하는 것입니다. 그래서 성경에 우리에게 주신 은혜에 따라 우리가 받은 선물이 각각 다르다고 하지 않았습니까?

"우리에게 주신 은혜에 따라 우리가 받은 선물이 각각 다릅니다."(롬12:6) 하고 말입니다. 그래서 우리는 하나님께서 우리에게 주신 은혜를 분수에 맞게 사용해야 한다고 말입니다.

"우리는 이것을 분수에 맞게 사용해야 합니다."(롬12:6) 이렇게 말입니다. 각 사람은 자기가 받은 은혜의 선물이 무엇이든지 간에 그것을 가지고, 분수에 맞게 아래와 같이 사용하라고 말입니다.

"만일 그 선물이 예언이라면 믿음의 정도에 맞게 하고, 섬기는 일이면 봉사함으로, 교사는 잘 가르침으로 하십시오. 권면하는 사람은 격려의 말로, 남(형제)을 구제하는 사람은 후하게, 지도자는 열심히, 자선을 베푸는 사람은 기쁨으로 하십시오."(롬12:6-8; 현대인의 성경) 이렇게 말입니다. 그렇습니다.

위의 말씀과 같이 "이렇게" 하나님이 기뻐하시는 예배를, 예수 그리스도를 통하여 드리는 일이 바로, 여러분이 드릴 영적 예배인 것입니다. 그러므로 여러분은 보십시오.

그래서 위의 말씀처럼 여러분이 형제들에게 선을 행하는 일과, 서로 나누어 주는 그러한 예배를 하나님께서는 기뻐하신다고 하지 않았습니까?

"선을 행하는 일과 서로 나누어 주는 것을 잊지 마십시오. 이런 제사는 하나님이 기뻐하십니다."(히13:16; 현대인의 성경) 하고 말입니다. 이렇게 하나님이 기뻐하시는 일하는 사람이 바로, 자신의 몸을 하나님이 기뻐하시는 거룩한 산 제물로 드리는 사람인 것입니다. 그리고 이렇게 자신의 몸을 하나님이 기뻐하시는 거룩한 산 제물로 드리는 이러한 일이 바로, 여러분이 드릴 영적 예배인 것(롬12:1)입니다.

이렇게 자신의 몸을 하나님께서 기뻐하시는 거룩한 산 제물로 드리는, 이러한 진실한 사람들을 하나님께서는 찾으시는 것(요4:23; "아버지게 진정으로 예배하는 사람들이 영적인 진실한 예배를 드릴 때가 오는데, 바로 이 때이다. '**아버지께서는 이렇게 예배하는 사람들을 찾으신다.**' 하나님은 영이시다. 그래서 예배하는 사람은 '**영적인 진실한 예배**(거룩한 산 제사)**를 드려야만 하는 것이다.**")입니다.

그래서 주님께서는 사도 바울을 통해서 영적인 진실한 예배를 드린 마케도니아 교회에 대하여 이렇게 고린도 교회에 편지하지 않았습니까?

"그들은 예루살렘에 있는 성도들을 구제하는 일에 참여하는 특전을 달라고, 자진해서 간청해 왔습니다. '**그들은 먼저 주님께 그들 자신을 바치고,**' '**하나님의 뜻을 따라서 우리에게도 바쳤습니다.**" 이렇게 말입니다. 이렇게 마케도니아 교인들은 먼저 그들의 몸을 하나님이 기뻐하시는 산 제물로 바치고, 사도 바울과 그 일행들에게도 바친 것입니다. 그리고 또 여러분은 고린도 교회를 보십시오. 그들도 마케도니아 교회와 같이 영적인 진실한 예배를 하나님께 이렇게 드리지 않았습니까?

"농부에게 뿌릴 씨와 먹을 양식을 주시는 하나님께서는 여러분에게도 뿌릴 씨를 주시고 자라게 하셔서 여러분이 의의 열매를 더 많이 맺게 하실 것입니다. '**이와 같이 돕는 일은 성도들의 부족한 것을 채워 줄 뿐만 아니라 하나님께 대한 감사도 넘치게 합니다.**' 여러분이 하고 있는 이 봉사의 직무는 여러분의 고백처럼 여러분이 그리스도의 복음에 순종하고 있다는 것과 그들뿐만 아니라 모든 사람에게 '여러분이 후한 헌금을 한다는 증거'가 되어 '**그들이 하나님을 찬양하게 될 것입니다.**' 그리고 그들은 여러분에게 주신 하나님의 넘치는 은혜를 보고 깊은 애정을 가지고 '**여러분을 위해 기도할 것입니다.**' '말로 다 할 수 없는 선물을 주시는 하나님께 감사를 드립니다.'"(고후9:10-15; 현대인의 성경) 하고 말입니다.

이렇게 마케도니아 교인들과 같이, 그리고 고린도 교회와 같이 여러분의 몸을 하나님이 기뻐하시는 산 제물로 바치는 예배가 바로, 여러분이 드릴 영적 예배인 것입니다. 이렇게 영적인 진실한 예배를 드리는 사람의 예배를, 하나님께서는 예수 그리스도를 통해서 받으시는 것입니다.

그래서 성경에 그리하면(영적인 진실한 예배를 하나님께 드리면) 하나님께서 무슨 일에서든지 예수 그리스도를 통하여 영광을 받으실 것이라고 하시지 않았습니까?

"'그리하면' **하나님께서 무슨 일에서든지** '**예수 그리스도를 통하여 영광을 받으실 것입니다.**'"(벧전4:11; 카톨릭 성경) 하고 말입니다. 이렇게 각 사람은 은사를 받은 대로 하나님의 여러 가지 은혜를 맡은 선한 관리인으로서, 영적인 진실한 예배를 드리는 그러한 예배를, 예수 그리스도를 통하여 하나님께서는 받으시는 것입니다.

그런데요, 오늘날 대형교회 목사들 대부분은, "자기가 받은 설교 직분으로 '**서로를 위해**' 봉사하는 것이 아니라," 아예 "그 직분으로 '**자기를 위해**' 누구는 수억 원씩, 누구는 수십억 원씩 성도들의 주머니를 털어가는 데에, 그 거룩한 직분을 이용하는 사람들"이 있는 것입니다.

주님께서는 사도 베드로를 통해서 "양 떼를 먹이고, 돌보는 사람"에 대하여 아래와 같이 권면하셨는데도 말입니다.

"너희 가운데 있는 하나님의 양무리를 치고 돌보되 **'억지로'** 할 것이 아니라, **'자원함'**으로 하며, **'부정한 이익을 탐내서'** 할 것이 아니라, **'기쁜 마음'**으로 하며, 하나님께서 맡겨 주신 자들을 **'지배하려 하지 말고,'** 오직 **'양무리의 모범'**이 되십시오."(벧전5:2-3; 킹 제임스 성경, 공동번역) 하고 말입니다. 말씀이 이러한데도 어떤 목사들은 부정한 이익을 탐내고 있는 것이며, 하나님께서 맡겨주신 양 떼를 지배하려고 하는 것이며, 그와 같이 저들은 양 떼에 모범이 되지 않고 있는 것입니다.

그렇게 저들은 그리스도의 종으로서 섬기려 하지 않고, 오히려 그리스도의 상전으로서 섬김을 받으려 하는 것이며, 그리스도의 종으로서 낮아지려 하지 않고, 그리스도의 상전으로서 높아지려 하는 것입니다. 성도들 곧 그리스도의 형제에게 하는 모든 일은, 바로 그리스도에게 하는 일(마25:40; "너희가 여기 **'내 형제 중에 지극히 작은 자'** 하나에게 한 것이, 곧 **'나에게 한 것'**이니라.")이라고 예수님께서 말씀하셨건만, 그와 같이 알아듣지 못하고, 오히려 그리스도의 위에 군림하려고 하고, 그렇게 군림하고 있는 것입니다.

주님께서는 이 땅에 오신 목적에 대하여, 섬김을 받으려고 온 것이 아니라 섬기러 왔고, 또 자기 목숨을 많은 사람의 대속물로 주려고 왔다고 말씀하셨는데도 말입니다.

"인자도 섬김을 받으러 온 것이 아니요 **'섬기러 왔고,'** 또 **'많은 사람을 위하여 자기 생명을 몸값으로 주려고 온 것이다.'**"(막10:45; 킹 제임스 성경) 이렇게 말입니다. 그리고 또 주님께서는 세상 사람들처럼 높아지고 싶은, 그런 욕망이 있는 제자들을 아래와 같이 가르쳤는데도 말입니다.

"**이 세상의 왕들은 강제로 백성을 다스린다.'** 그리고 백성들에게 권력을 휘두르는 사람들은 백성의 은인으로 생각한다. 그러나 너희는 그래서는 안 된다. 오히려 너희 중에서 가장 높은 사람은 **'가장 낮은 사람'**처럼 처신해야 하고, 지도자는 **'종'**과 같아야 한다. 식탁에 앉은 사람과 심부름하는 사람 중에 어느 편이 더 높은 사람이냐? 높은 사람은 식탁에 앉은 사람이 아니냐? **'그러나' '나는 섬기는 자'**로 너희 가운데 있다."(눅22:25-27; 현대인의 성경, 공동번역) 이렇게 말입니다.

이렇게 "주님은 식탁에 앉은 사람"이시건만, "가장 낮은 사람"으로, "종"으로, "섬기는 자"로 우리 가운데 있다고 말씀하셨는데도 말입니다. 이러한데도 주님의 말씀에 불순종하는 사람이 많은 것입니다. 그렇게 주님을 사랑하지 않는 사람(요14:24)이 많은 것입니다.

"이렇게" "주님과 함께 '가장 낮은 사람'으로, '종'으로, '섬기는 자'로 '하나님의 백성들을 돌보는 그것이 바로 그리스도의 고난에 참여하는 것"인데도 말입니다.

위와 같이 "형제들이 서로 섬기는 그것이 바로 그리스도의 고난에 서로가 참여하는 것"인데도 말입니다. 이렇게 "그리스도의 고난에 참여한 그런 사람들이 그리스도와 함께 영광을 받게 되는 것"인데도 말입니다.

"**너희는 내가 온갖 시련을 겪는 동안 나와 함께 견디어 온 사람들이다.' '내 아버지께서 내게 왕권을 주신 것처럼, 나도 너희에게 왕권을 주겠다.'** 그리하여 너희는 '내 나라에서 내 식탁에 앉아 먹고 마시며,' '옥좌에 앉아 이스라엘의 12지파를 심판하게 하겠다.'"(눅22:28-30; 새 번역 성경, 공동번역) 이렇게 말입니다. 그러면 이방인으로서 그리스도의 고난을 같이 나누는 사람들은 그리스도로부터 왕권을 받아 누구를 심판하게 됩니까? 그렇습니다.

우리는 이 세상과 천사들을 심판하게 되는 것입니다.

"여러분은 성도들이 이 세상을 심판하리라는 것을 모릅니까?"(고전6:2; 카톨릭 성경) 하고 말입니다. 그리고 "우리가 천사들을 심판하리라는 것을 모릅니까?"(고전6:3) 하고 앞의 말씀처럼 말입니다. 이렇게 그리스도로부터 왕권을 받아 이 세상과 천사들을 여러분이 심판하게 되는 것입니다. 이렇게 우리가 심판권을 그리스도로부터 받게 되는 것뿐만 아니라, 하나님의 나라의 영광을 누리게 되는 것입니다. 그러므로 여러분은 보십시오.

"하나님은 우리가 말하는 장차 올 세상을 천사들이 통치하도록 맡기지 않으셨습니다."(히2:5) 하셨습니다. 그리고 "내려오신 그분은 온 우주를 가득 채우시기 위해 다시 하늘로 올라가셨습니다."(엡4:10; 현대인의 성경) 하셨습니다. 이렇게 우리 주님은 여러분에게 왕권(눅22:28-

30)과 심판권(눅22:28-30, 고전6:2-3)을 주시기 위해 하늘로 올라가셨습니다. 그리고 또 여러분은 잘 보십시오.

예수님께서는 위의 말씀이 사실이라는 것을, 증명하는 뜻의 말씀으로 제자들에게 아래와 같이 말씀하시지 않았습니까?

"너희는 마음에 근심하지 말라. 하나님을 믿으니 또 나를 믿어라. 내 아버지 집에 있을 곳이 많다. 그렇지 않으면 내가 너희에게 말해 주었을 것이다. 나는 너희가 있을 곳을 마련하러 간다. 내가 가서 있을 곳을 마련하면, 다시 돌아와 너희를 데리고 가서, 내가 있는 곳에 너희도 함께 있게 하겠다."(요14:1-3; 현대인의 성경) 하고 말입니다. 이렇게 "하늘에서 내려오신 예수님은 온 우주를 가득 채우시기 위해 다시 하늘로 올라가신 것(엡4:10)입니다.

그러므로 여러분은 위의 말씀과 같이 주님과 함께 영광을 받으려면, 그리스도와 함께 고난을 받으십시오. 주님께서는 사도 바울을 통해서 그리스도와 함께 영광을 받으려면 그분과 함께 고난도 받아야 한다고 아래와 같이 말씀하셨습니다.

"**우리가 그리스도와 함께 영광을 받으려면 그분과 함께 고난도 받아야 합니다.**"(롬8:17) 하고 말입니다. 그렇습니다.

"우리가" "서로 섬김으로써" 다시 말씀을 드린다면 "세상 재물로 친구를 사귐으로써," "우리는 그리스도와 함께 고난을 받는 것"입니다. 이렇게 현재 우리가 그리스도와 함께 고난을 받는 것은, 장차 우리에게 나타날 영광과 족히 비교할 수 없는 것입니다. 아래의 말씀과 같이 말입니다.

"지금 우리가 받는 고난은 앞으로 우리에게 나타날 영광과 족히 비교할 수 없도다."(롬8:18) 이렇게 말입니다. 그러므로 여러분은 영광스러운 그리스도의 나라 곧 영적 세계를 갈망하십시오. 그리스도께서는 영광스러운 불꽃에 싸여, 그분의 능력 있는 수많은 천사와 함께 다시 오실 것(살후1:7-8)입니다. 이렇게 "주님께서는 '완전한 구원'을 가져다주시려고 다시 오실 것"(히9:28)이므로, 그와 같이 그리스도께서 다시 오시는 그날에, 여러분이 그리스도와 함께 영광을 받으려면, 그분과 함께 고난(롬8:17)을 받으십시오.

그리스도와 고난을 같이 나누는 사람들
(믿음으로 이집트 공주의 아들이 되는 것을 거절함)

그렇다면 지금 우리가 그리스도와 함께 받는 고난에는 무엇이 있을까요?

그리스도의 이름으로 모욕을 당하는 고난이 있을 것(벧전4:14)이며, 하나님의 뜻에 따라 선한 일을 하면서 고난을 받는 사람도 있을 것(벧전3:17, 4:19)입니다. 옳은 일을 위해 고난을 받는 사람도 있을 것(벧전3:14)입니다. 사도 바울과 같이 그리스도의 남은 고난을 그분의 몸 된 교회를 위해 자신의 육신으로 채워가는 사람도 있을 것(골1:24)입니다. 그리고 세상 재물로 일시적인 죄의 쾌락을 즐기기보다는, 하나님의 백성과 함께 고통을 당하는 고난을 겪는 사람도 있을 것(히11:25-26)입니다. 그리고 서로의 짐을 짐으로써 그리스도의 법을 이루는 고난을 받는 사람도 있을 것(갈6:2)입니다. 하나님의 자녀이기에 영적인 아버지께 징계를 받음으로 오는 고난을 받는 사람도 있을 것(히12:1-13)입니다. 등등 이렇게 여러 가지 고난을 받는 사람이 있을 것입니다. 그렇습니다.

바로 위와 같은 고난들이 지금 우리가 그리스도와 함께 받는 고난에 속한 것입니다.

"그리스도께서 육체의 고통을 겪으신 것"은, 육체의 즐거움을 위해서 그리고 일시적인 죄의 쾌락을 즐기려고, 육체의 고통을 겪으신 것이 아니라, "그리스도께서는 자기 백성들을 구원하기 위하여 육체의 고통을 겪으신 것"입니다. 그렇습니다.

그러므로 우리도 그리스도처럼 하나님의 백성을 위하여, 다시 말씀을 드린다면 그리스도의 몸 된 교회를 위하여, 그리스도의 남은 고난을 자신의 육체로 채워 가며, 그리스도와 함께 육체의 고통을 겪는 사람이, 바로 그리스도와 고난을 같이 나누는 사람인 것입니다.

그러므로 주님께서는 사도 베드로를 통해서 우리에게 아래와 같이 말씀하시지 않았습니까?

"그리스도께서 그때 우리(하나님의 백성)를 위하여 육체로 고난을 받으셨으니 너희도 같은 생각으로 무장하라."(벧전4:1; 킹 제임스 성경) 하고 말입니다. 그러므로 우리도 그리스도와 같은 생각으로 무장을 하여, 사도 바울처럼 그리스도의 남은 고난을, 그분의 몸 된 교회를 위해, 자신의 육신으로 채워 가야만 하는 것(골1:24)입니다.

"그리스도의 남은 고난은" 바로 이 땅에 남아 있는 "그리스도의 몸

된 그분의 지체들이 겪는 고난을 서로 담당하는 것을 말씀하는 것"(고전12:27; 새 번역 성경; 여러분은 그리스도의 몸이요, 따로 따로는 지체들입니다)이며, "그리스도의 몸 된 그분의 교회가, 사랑으로 든든히 세워 나가는 데에 따른 필수적인 고난을 말씀하는 것"입니다. 그러므로 주님께서는 사도 바울을 통해 그리스도의 남은 고난에 대하여 아래와 같이 성경에 기록하시지 않았습니까?

"그래서 나는 '**여러분을 위해 받는 고난**'을 오히려 기뻐하고 있습니다. '**내가 이렇게 그분의 몸인 교회**'를 위하여 '**그리스도의 남은 고난**'을 '**내 몸으로 채우고**'(고후4:8-12; 현대인의 성경; 우리가 모든 일에 괴로움을 당해도, 난처한 일을 당해도, 핍박을 받아도, 맞아서 쓰러져도, 이렇게 언제나 예수님의 죽임 당하심을 몸소 체험하는 것과 예수님을 위해 죽을 위험을 당하는 것 등등 앞과 같이 내(바울의) 몸으로 채우고) 있습니다."(골1:24; 현대인의 성경, 카톨릭 성경, 공동번역) 하고 말입니다.

사도 바울은 위의 말씀과 같이 그리스도의 남은 고난을 자신의 몸으로 채우고 있었습니다. 그렇다면 우리는 그리스도의 남은 고난을 그리스도의 몸 된 교회를 위해서 어떻게 채워 갈 수 있을까요? 그 말씀에 대한 대답을 주님께서는 히브리서 기자를 통해 이렇게 말씀하셨습니다.

"모세는 어른이 되었을 때 '**믿음으로**' '**파라오의 공주의 아들이라 불리는 것을 거부**'하고 '**죄의 일시적인 쾌락을 즐기기보다는**' 오히려 '**하나님의 백성과 함께 학대받는 길을 택했습니다.**' '모세는 메시아를 위

해서 당하는 치욕'을 '이집트의 보물보다 더 값진 것으로 여겼습니다.'"
(히11:24-26; 현대인의 성경, 공동번역) 하고 말입니다. 모세는 이렇게 그 당시의 이집트라는 거대한 국가 파라오 왕의 공주의 아들로서, 막강한 부와 권력을 힘입어서, "일시적인 죄의 쾌락"을 자신을 위하여 마음껏 즐길 수도 있었습니다.

그러나 모세는 믿음으로, 위의 말씀과 같이 막강한 부와 권력을 힘입어서, 일시적인 죄의 쾌락을 마음껏 즐기기보다는, 오히려 그는 엄청난 이집트의 보물과 막강한 파라오 왕국의 권력을 버리고, "하나님의 백성과 함께 고통당하는 것"을 택했습니다.

그런데요. 왜 이렇게 모세는 이집트의 엄청난 보물과 막강한 파라오 왕국의 권력을 버리고, "하나님의 백성과 함께 고통당하는 것"을 택했을까요?

그가 그와 같이 이집트의 엄청난 보물과 막강한 파라오 왕국의 권력을 버리고, 하나님의 백성과 함께 고통당하는 것을 택하게 된 것은, 모세는 "약속된 메시아를 위해 당하는 고통을 이집트의 엄청난 보물과 막강한 파라오 왕국의 권력보다 더 값진 것으로 여겼기 때문"(히11:26)입니다. 모세는 이렇게 약속된 메시아를 위해 받는 고난을, "이집트의 엄청난 보물보다 더 값진 것으로 여겼던 것"입니다. 왜 모세는 위와 같이 약속된 메시아를 받는 고난을, 이집트의 어마어마한 보물보다 더 값진 것으로 여기게 되었을까요?

그 말씀의 답을 주님께서는 히브리서 기자를 통해 또 이렇게 말씀하셨습니다.

"그것은 장차 상 받을 것을 기대하고 있었기 때문입니다."(히11:26:현대인의 성경) 하고 말입니다. 같은 말씀을 새 번역 성경은 이렇게 해석하고 있습니다.

"그는 장차 받을 상을 내다보고 있었던 것입니다."(히11:26) 하고 말입니다. 공동번역은 같은 구절의 말씀을 아래와 같이 해석하고 있습니다.

"그는 앞으로 받을 상을 바라보고 있었던 것입니다."(히11:26) 이렇게 말입니다. 그렇습니다.

이렇게 모세는 이스라엘 백성들과 함께 슬픔과 기쁨으로, 그와 같이 동고동락하면서, 주님에 영광의 나라를 바라보고, 그들을 지도해 나아갔던 것입니다.

그러므로 여러분, 위의 말씀과 같이 하나님의 백성과 함께 고통을 받는 그것이, 바로 약속된 메시아를 위해서 당하는 치욕이라고 여겼던 모세처럼, 우리도 하나님의 아들 예수 그리스도를 믿음으로, 주님의 형제가 된 "그리스도의 형제들과 함께 고통을 당하는 그것"이, 바로 "그리스도를 위해서 당하는 고난"이라고 여겨야만 하는 것입니다. 왜냐하면, 그리스도의 형제들은 다 같이 그리스도의 몸의 지체들이기 때문입니다.

"우리는 그리스도의 몸의 지체들입니다."(엡5:30) 말씀과 같이 말입니다. 이렇게 "그리스도의 몸의 지체들인 하나님의 백성과 함께 고통을 당하는 그것이," 바로 "그리스도의 남은 고난을 자신의 몸에 채우는 사람인 것"입니다. 그래서 사도 바울은 아래와 같이 말씀을 전하고 있지 않습니까?

"이제 **나는 여러분을 위하여 고난을 받는 것**'을 기뻐하고 있습니다. **'내가 이렇게 그리스도의 남은 고난**'을 '그분의 몸 곧 교회를 위하여 **내 육신으로 채워가고 있습니다.**"(골1:24; 새 번역 성경, 카톨릭 성경) 하고 말입니다. 그렇습니다.

"교회는 그리스도의 몸이며"(엡1:23) 말씀처럼 "교회는 그리스도의 몸인 것"입니다. 그리고 "그리스도의 몸인 교회는 그리스도인 모두를 가리키는 것"(고전1:10-13; 여러분이 저마다 "나는 바울파다." "나는 베드로파다." "나는 그리스도파다." 하고 말한다니, **그리스도가 그렇게 나누어졌습니까?** 바울이 여러분을 위해 십자가에 못 박혔습니까? 아니면 여러분이 바울의 이름으로 세례를 받았습니까? 이처럼 성경에 기록된 말씀과 같이, **모든 그리스도인은 한 분이신 그리스도의 몸**이며, 한마음 한뜻으로 온전히 연합하여 세워진 하나의 교회인 것입니다)입니다.

"**여러분은 그리스도의 몸이며 여러분 한 사람 한 사람은 그 몸의 각 지체입니다.**"(고전12:27; 현대인의 성경)라는 말씀과 같이 말입니다. 이렇게 "교회는" "그리스도의 몸의 지체들이 모여 있는 곳이며, 하나님의 모든 백성이 그리스도의 몸으로서 다 함께 그리스도와 고난을 같이 나누는 곳임"을 말씀하시는 것입니다.

그러므로 그리스도의 남은 고난을 "그분의 몸 곧 교회를 위하여 내 육신으로 채워가고 있습니다." 하신 말씀은, 바로 위의 말씀에서 "**나**

는 여러분을 위하여 고난을 받는 것'을, 기뻐하고 있습니다"라는 말씀과 같이, 그렇게 모세처럼 "자신을 위하여 일시적인 죄의 쾌락을 즐길 수 있는, 이집트의 보물을 버리고, 오히려 **'하나님의 백성과 함께 고난을 받는 것임'**"을 말씀하는 것입니다. 그와 같이 하나님의 백성과 함께 고통을 당하는 그것이 바로 그리스도를 위해 받는 고난임을 주님은 모세를 통해 그리고 사도들을 통해 말씀을 선포하시고 있는 것입니다.

그러므로 모세와 같이 여러분도 하나님의 백성과 함께 고통을 당하는 것이, 다시 오실 메시아를 위해 당하는 고난인 줄로 알아야만 하는 것입니다. 이렇게 모세는 그리스도의 능욕을 이집트의 보물보다 더 큰 보물로 여긴 것입니다. 이렇게 모세와 같이 하나님의 백성과 함께 고통을 당하는 일이, 다시 오실 메시아를 위해 당하는 고난으로 여러분은 알아야만 하는 것입니다. 그리고 이렇게 모세처럼 메시아를 위해서 받는 능욕을, 이집트의 보물보다 더 값진 것으로 여김으로써, 그가 장차 받을 상을 내다보고 있었던 것처럼, 성도와 함께 고통을 당함으로써, 모세처럼 여러분도 자신을 위하여 하늘에 보물을 쌓는 일(상 받는 일)이라는 것도, 깨닫기를 바라는 것(히11:26)입니다.

그러므로 우리도 모세처럼 앞으로 받을 상을 바라보고, 하나님의 백성과 함께 학대를 당합시다. 그리하여 우리도 모세처럼, 메시아를 위해서 받는 능욕을 이집트의 보물보다 더 큰 보물로 여깁시다.

이렇게 모세와 마찬가지로, 히브리서 기자는 우리가 "메시아를 위해서 받는 고난에 대하여" 이렇게도 말씀을 기록하여 전하고 있습니다.

"유대인의 대사제는 짐승의 피를 지성소에 가지고 들어가서 속죄의 제물로 바칩니다. 그러나 짐승의 몸은 영문 밖에서 불살라 버립니다. '이와 같이' '예수께서도 당신의 피로 백성을 거룩하게 만드시려고 성문 밖에서 고난을 받으셨습니다.' 그러므로 '우리도 영문 밖에 계신 그분께 나아가서 그분이 겪으신 치욕을 함께 짊어집시다.'"(히13:11-13; 공동번역, 카톨릭 성경) 하고 말입니다. 그렇습니다.

예수님께서도 당신의 피로 백성을 거룩하게 만드시려고 성문 밖에서 고난을 받으신 것처럼, 우리도 영문 밖에 계신 그리스도께 나아가서, 그리스도께서 겪으신 치욕을 함께 짊어져야만 하는 것입니다.

주님의 말씀이 그렇다면, 예수님께서 당신의 피로 백성을 거룩하게 만드시려고 성문 밖에서 고난을 받으신 것처럼, 우리도 영문 밖에 계신 그리스도께 나아가서, 그리스도께서 겪으신 치욕을 어떻게 그분과 함께 짊어질 수가 있겠습니까? 그 대답을 우리 주님께서는 히브리서 기자를 통해 아래와 같이 하셨습니다.

"이 땅 위에는 우리가 차지할 영원한 도성이 없습니다. 우리는 앞으로 올 도성을 찾고 있습니다. **'그러므로'** 우리는 예수님을 통하여 언제나 **'찬양의 제물'**을 바칩시다. 그것은 그분의 이름을 찬미하는 입술의 열매입니다. 좋은 일을 하고, 서로 사귀고, 돕는 일을 게을리(새 번역 성경; '**선을 행함과 가진 것을 나누어 주기**를 소홀히 하지 마십시오.')하지 마십시오. 하나님께서는 '**이런 것을, 제물로서 기쁘게 받아 주십니다.**'"(히13:14-16; 공동번역, 카톨릭 성경) 하고 말입니다. 그렇습니다.

"예수님께서 당신의 피로 백성을 거룩하게 만드시려고 성문 밖에서 고난을 받으신 것처럼, '**우리도**' 영문 밖에 계신 그리스도께 나아가서, '**그리스도를 통하여 찬양의 제물을 바치고, 선을 행하고, 세상 재물로 서로 사귀며**'(눅16:9; 세상 재물로 친구를 사귀라는 말씀처럼) **그와 같이 그리스도 형제들을 돕는 일**'을 소홀히 하거나 게을리하지 말아야만 하는 것입니다. 그럼으로써 하나님의 백성과 함께 고통을 당하는 이러한 일을 모세가 '그리스도를 위하여 받는 모욕이라고 여긴 것'(히11:26)처럼, 우리 역시도 그리스도 형제들을 돕는 일을 '**그리스도께서 겪으신 치욕을 함께 짊어지게 되는 것**'(히13:12-13)이라고 여겨야만 하는 것입니다.

이렇게 "그(모세)는 앞으로(장차) 받을 상(영광의 그 나라)을 바라보고 있었던 것입니다."(히11:26) 하고 성경에 기록된 말씀처럼, 모세는 이미 그리스도와 함께 영광을 받을 것을 바라보고 있었던 것입니다. 이렇게 앞과 똑같은 말씀을 주님께서는 사도 바울을 통해서도 우리에게도 하셨습니다.

"**우리가 하나님의 자녀라면,**' 하나님의 상속자로서 그리스도와 공동상속인이 되는 것입니다. 그러므로 '**우리가 그리스도와 함께 영광을 받으려면 그분과 함께 고난도 받아야 합니다. 지금 우리가 받는 고난은 장차 우리에게 나타날 영광과 족히 비교할 수 없도다.**"(롬8:17-18; 킹 제임스 성경, 현대인의 성경) 하고 말입니다.

이렇게 "**그리스도와 함께 고난을 받는다는 것**"은, "**모세처럼 하나님**

의 백성과 함께 능욕을 당하는 것"이며, 위와 같이 **"하나님의 백성들과 함께 능욕을 당하는 것"**을 모세는 **"약속된 메시아를 위해 받는 고난"**이라고 여겼습니다. 이렇게 메시아를 위해 받는 고난을 "이집트의 보물(세상 보물 또는 재물)보다 더 큰 보물로 그는 여겼던 것"입니다.

그와 같이 모세가 "그리스도와 함께 고난을 받는 능욕을 이집트의 '보물'(세상 재물)보다 '더 큰 보물'로 여겼던 것"은, **"장차 우리에게 나타날 영광**(마25:34; 내 아버지의 복을 받은 사람들아. 와서 세상이 창조된 때부터 **너희를 위해 준비된 나라**를 물려받아라.; 이렇게 장차 우리가 받을 **상**)**과 족히 비교할 수 없기 때문**'인 것을 그는 이미 알고 있었던 것"이었습니다.

이처럼 모세는 여러분이 알고 있다시피 물 한 방울, 풀 한 포기 나지 않는 40년 광야 교회에서 하나님께서 주신 물(민20:7-11, 고전10:4; 카톨릭 성경; '그들은 자기들을 따라오는 영적 바위에서 솟는 물을 마셨는데 그 바위가 곧 그리스도이셨습니다.' 말씀과 같이)을 마시고, 하늘에서 내려 주신 만나(신8:3. 고전10:3)를 나누어 먹으며(출16:16-18) 하나님의 백성과 함께 숱한 능욕을 당한 것입니다. 그와 같이 모세는 하나님의 백성과 함께 능욕을 당하는 그것을, 약속된 메시아를 위해 당하는 고난이라고 여긴 것입니다.

그러므로 여러분도 모세처럼, 하나님의 백성과 함께 고난받는 것을, 그와 같이 다시 오실 메시아를 위해 당하는 고난으로 여김으로써, 장차 우리에게 나타날 영광과 족히 비교도 할 수 없는 그와 같은 값진 일이라고 생각하십시오. 그리고 모세와 같이 다시 오실 메시아를 위해 당하는 고난을 이집트의 보물(세상 보물 또는 재물)보다 더 큰 보물로 여기십시오. 그리고 또한 그와 같이 하나님의 백성들과 함께 고통당하는 의로운 행동(마5:3-12)을 자신을 위하여 하늘에 보물을 쌓는 것(눅 12:33)으로 여기십시오. 그렇게 여김으로써 장차 영광의 나라 곧 완전한 구원의 큰 상(마5:12, 히11:26)을 받을 것으로 여기십시오.

위와 같이 행함으로 "모세와 같이 하나님의 백성과 함께 당하는 그와 같은 고난을," "온 세상에 흩어져 있는, 우리의 모든 그리스도 형제들도 같은 고난을 받았다고," 주님께서는 그렇게 사도 베드로를 통해서 아래와 같이 말씀하시지 않았습니까?

"바짝 정신을 차리고 철저하게 깨어 있으십시오. 여러분의 원수인 마귀가(행20:29-30; '사나운 이리떼 같은 거짓 선생들이 여러분 가운데 들어와 양떼를 사정없이 헤칠 것이며, 여러분 중에도 그와 같은 사람들이 일어나 그릇된 것을 가르쳐서 신자들을 꾀어내어 자기들을 따르게 할 것입니다.' 말씀과 같이) 울부짖는 사자처럼 삼킬 자를 찾아 돌아다니고 있습니다. 그러므로 믿음에 굳게 서서 마귀를 대항하십시오. **'온 세상에 흩어져 있는 여러분의 교우들도 같은 고난을 받았습니다.**"(벧전5:8-9; 현대인의 성경, 공동번역) 이렇게 말입니다.

그러므로 그리스도와 고난을 같이 나눈다는 것은, 위와 같이 "온 세상에 흩어져 사는 형제들이, 서로 사랑함으로 '어려운 형제들의 짐을 서로 나누어 짐'으로써 그리스도의 사랑의 법을 실천하는 것"입니다. 그와 같이 서로의 짐을 나누어지는 것이 바로, 그리스도와 함께 고난을 받는 일인 것입니다.

　이렇게 그리스도와 같이 고난을 나누라는 말씀이 바로 "네 이웃(동족, 동포, 형제)을 네 몸처럼 사랑하여라."(레19:18) 하고 하나님의 백성에게 명령하신 하나님 여호와의 말씀이셨던 것입니다. 마귀는 이처럼 하나님의 입에서 나오는 모든 말씀으로 사는 사람(마4:4)을 이기지 못하는 것입니다. 이처럼 마귀는 의를 행하거나 자기 형제를 행동으로 진실하게 사랑하는 사람(요일3:18-19)을 이기지 못하는 것입니다.

　그러므로 성경에도 "자신의 몸을 미워하는 사람은 아무도 없습니다."(엡5:29) 하였고 "그리스도께서 교회를 양육하고 보살피듯이 모두 자기 몸을 양육하고 보살핍니다."(엡5:29; 현대인의 성경) 하였습니다. 그리고 또 "우리는 그리스도의 몸의 지체들입니다."(엡5:30) 하였습니다. 그와 같이 우리가 그리스도의 형제로서, "형제끼리 자신의 몸처럼 서로 도우며 사는 것"을 주님께서는 말씀하시는 것입니다. 위와 같이 그리스도의 지체들인 하나님의 백성과 함께 고난을 나누는 그런 일이, 모세처럼 그리스도와 고난을 같이 나누는 사람들이 되는 것입니다.

　그렇게 형제들과 고난을 같이 나누는 그러한 일이 바로, 믿음에 굳게 서서 악마를 대항하여 이기는 싸움을 하는 것(벧전5:8-9)입니다.

　그와 같이 자신의 육신에 심는 사람과 성령에 심은 사람, 그리고 그리스도의 고난을 같이 나누는 사람과, 그리스도의 고난을 같이 나누지 못하는 사람으로서, 나눔의 법칙을 실행한 사람과, 나눔의 법칙을 실행하지 못하는 사람, 진짜 그리스도인과 그리스도인으로 가장한

적 그리스도인이 바로, 마태복음 25장에 그리스도의 최후 심판에 자리에 등장하여, 심판을 받는 그런 장면의 모습을 주님께서는 미리 보여 주고 계신 것입니다.

그러므로 여러분은 그리스도의 최후 판결을 잘 보십시오. 그날에 의인들에게 재판장이신 주님께서는 이렇게 판결하신다고 하셨습니다.

"왕이 그의 오른편에 있는 사람들에게 말하기를 '**오라, 내 아버지의 복을 받은 자들이여, 나아와 창세로부터 너희를 위하여 준비된 나라를 상속하라.**'"(마25:34) 하고 말입니다. 바로 앞에 말씀에서 의인들에게 내리신 상을, 모세가 하나님의 백성과 함께 학대를 당하는 길을 택함으로써, 그렇게 메시아를 위해서 당하는 치욕을 이집트의 보물보다 더 값진 것으로 여김으로써, 모세가 오매불망 앞으로 받을 상을 기대하고, 바라보고 있었던 바로 그 영광의 상(히11:25-26)이었던 것입니다. 그렇다면 모세는 어떻게 하나님의 나라를 바라보았습니까? 그는 이렇게 하나님의 나라를 바라보았습니다.

"모세는 어른이 되었을 때 '믿음으로' 파라오의 딸의 아들이라 불리는 것을 거부하고 죄의 일시적인 쾌락을 즐기기보다는 오히려 하나님의 백성과 함께 학대받는 길을 택했습니다. 모세는 메시아를 위해서 받는 치욕을 이집트의 제물보다 더 값진 것으로 여겼습니다. 그는 앞으로 받을 상을 바라보고 있었던 것입니다."(히11:24-26; 공동번역) 이렇게 "믿음으로" 말입니다.

모세는 이렇게 "하나님의 백성과 함께 학대받는 것"을 "메시아를 위해서 받는 치욕"이라고 여겼으며, 그렇게 "메시아를 위해서 받는 치욕"을 그는 "일시적으로 죄의 쾌락을 즐길 수 있는 이집트의 제물보다 더 값진 것"으로 여겼습니다. 그것은 왜냐하면 모세는 "장차 자기가 받을 상을 내다보고 있었기 때문이었습니다. 이렇게 "믿음으로 모세는" 성경에 기록된 말씀과 같이, 하나님이 계시는 것과 상 주시는 이심을 믿는 믿음으로 위와 같은 모든 일을 행하였던 것입니다.

그러므로 여기서 다시 마태복음 25장으로 돌아가 보겠습니다. 그렇다면 마태복음 25장에 의인들은 어떻게 하나님의 백성들과 고난을 받았다고 말씀하고 있을까요? 그들은 이렇게 하나님의 백성과 함께 치욕을 당하고 있었다고 주님은 말씀하셨습니다.

"내가 주릴 때 너희가 먹을 것을 주었고, 목마를 때 마시게 하였고, 나그네 되었을 때 영접하였고, 헐벗었을 때 옷을 입혔고, 병들었을 때 간호해 주었고, 옥에 갇혔을 때 와서 보았느니라."(마25:35-36) 하고 말입니다. 이렇게 "하나님의 백성과 함께 받는 치욕"을 모세는 "메시아를 위해서 받는 치욕"이라고 여긴 것입니다. 그렇습니다.

그래서 주님께서 이렇게 말씀하고 있지 않습니까?

"**내**(예수님 자신이)**가 주릴 때 너희가 먹을 것을 주었다고**"(마25:35) 말입니다. 그런데요, 형제 여러분, 실제로는 누가 굶주렸습니까? 실제로 굶주린 사람은 그리스도의 형제라고 그렇게 예수님께서는 말씀하고 있습니다.

"그러나 왕이 대답하여 그들에게 말하기를 '**진실로 내가 너희에게**

말하노니 여기 내 형제 가운데 가장 작은 자 하나에게 한 것이 곧 나에게 한 것이니라.' 하리라."**(마25:40; 킹 제임스 성경) 하고 말입니다. 이렇게 "하나님의 백성인 형제와 함께 능욕 받는 것"이, "'내 형제 가운데 가장 작은 자 하나에게 한 것'이 곧 '나에게 한 것이라고'" 말씀하신 주님의 말씀처럼 곧 "메시아 자신을 위해서 받는 능욕이라고 하신 것"입니다.

이렇게 **"모세는 하나님의 백성과 함께 학대를 받음으로써, 메시아를 위해서 받는 고난을," "일시적으로 죄의 쾌락을 즐길 수 있는 이집트의 재물보다 더 값진 것으로 여겼던 것"**입니다.

그런데요, 오늘날 대형교회 목사들은 어떻습니까?

서로 모세 당시 거대왕국 파라오의 딸의 아들이기를 선호하고 있지 않습니까?

그렇게 이집트의 보물로 일시적인 죄의 쾌락을 즐기기를 마다하지 않고 있지 않습니까?

그렇게 교인들의 호주머니를 털어서 실제로 연봉을 수억 원에서 수십억 원의 터무니없는 보수를 받아 호사를 누리고 있지 않습니까?

그렇게 하나님의 백성은 지극정성으로 돌아보지 않고, 오히려 자기를 위해서 죄의 일시적인 쾌락을 즐기는 행동을 하는 그것이, 어떻게 메시아를 위해서 받는 고난이라고 하겠습니까? 그러한 탐욕스러운 행동들은, 오히려 "메시아를 능멸"하는 그러한 행동들에 속하지 않겠습니까?

모세는 당시에 거대왕국 이집트의 보물을 버리고, 하나님의 백성과 함께 고통당하는 길을 택하였건만, 어찌하여 대형교회 목사들은, 오히려 부자와 거지 나사로에 등장하여, 이 세상에서 온갖 호사를 누리며 세상으로부터 위로를 받던 부자의 길(눅16:19, 24)을 택하고 있는 것입니까?

그렇게도 악마가 주는 위로를 이 세상에서 애타게 받아 누리고 싶은 것입니까?

여러분은 말로는 하나님을 경외한다고 하지만, 결국은 하나님을 두려워하고 존경하기는커녕, 오히려 위와 같은 행동으로 하나님을 멸시하고 그분을 조롱하고 있는 것입니다. 그와 같이 터무니없는 보수를 받아서, 일시적인 죄의 쾌락을 누리려는 행위가 다, 여러분은 하나님을 경멸하는 행동이라는 것을 모르십니까?

사도 바울은 "우리는 **'주님을 두려워하는 것'**이 어떤 것인지를 알기 때문에 사람들에게 권합니다."(고후5:11) 하고 권면하고 있습니다.

그러므로 여러분이 주님의 이름을 부르는 사람들이라면, 정말로 주님을 두려워하십시오.

"우리 주님은 영혼과 몸을 함께 지옥에서 멸망시키실 수 있는 분"(마10:28)이십니다. 우리 주님은 그러한 분이시니, 악을 멈추고 부르심의 상을 받기 위하여 선을 행하십시오. 그러므로 "성도들의 주머니를 터는 악한 행위"(벧후2:3)를 멈추고, 오히려 그것을 가난한 성도들에게 나누어줌으로써 그리스도와 고난을 같이 나누십시오.

일시적인 죄의 쾌락을
즐기려는 사람들

여러분은 여러분이 잘 알고 있는 그리스도의 참 일꾼인 사도 바울을 보십시오. 사도 바울 당시 그는 주 예수 그리스도를 위하여 이러한 고난을 받고 있었습니다.

"우리는 아무리 짓눌려도 '찌부러지지 않고' 절망 속에서도 '실망하지 않으며' 궁지에 몰려도 '빠져나갈 길이 있으며' 맞아 넘어져도 '죽지 않습니다.' 이렇게 '우리는 언제나 **예수님의 죽음을 몸으로 경험**하고 있지만 결국 드러나는 것은 **예수님의 생명이 우리 몸 안에 살고 있다는 것**입니다. '**우리는 살아 있는 동안 언제나 예수님을 위해서 죽음의 위험을 겪고 있습니다.**"(고후 4:8-11; 공동번역) 하고 말입니다. 그렇습니다.

사도 바울은 아무리 짓눌려도 찌부러지지 않았고, 절망 속에서도 실망하지 않았으며, 궁지에 몰려도 빠져나갈 길이 있었고, 맞아 넘어져도 죽지 않았습니다. 이렇게 사도 바울은 언제나 예수님의 죽음을 몸으로 경험하였고, 그와 같은 경험으로 결국 드러나는 것은, 예수님의 생명이 사도 바울과 동역자들의 몸 안에 살고 있다는 확신이었습니다. 그러한 확신으로 인하여 사도 바울은 이렇게 살아 있는 동안 언제나 예수님을 위해서 죽음의 위험을 겪고 있었다는 것을 고린도교회 성도들에게 편지를 쓴 것입니다.

이렇게 사도 바울은 예수님을 위해서 죽음의 위험을 무릅쓰면서까지, 그리스도의 남은 고난을 자신의 육체에 채우고 있었던 것입니다.

이렇게 사도 바울과 같이 의로운 행동을 하는 사람들이, "그리스도를 아는 사람인 것이며, 그리스도의 죽음을 본받는 사람인 것이고, 그리스도와 고난을 같이 나누는 사람인 것"(빌3:10; 새 번역 성경)입니다. 위와 같이 "모세도 이집트의 보물로," "사도들도 세상 보물로" 그렇게 "일시적인 죄의 쾌락을 누리려는 것보다는, 오히려 그리스도와 고난을 같이 나누었는데요," 그렇다면 오늘날 공동체 교회는 어떻습니까?

오늘날도 모세와 같이 그리고 사도들과 당시의 교회와 같이, 서로 그리스도와 고난을 같이 나누는, 그러한 그리스도의 남은 고난을 몸으로 채우고 있을까요?

모세와 같이 사도들과 당시의 교회와 같이 그렇게 그리스도의 고난에 참여하고 있을까요?

오늘날 교회가 그렇게 그리스도의 고난에 참여하지 않고 있다는 것을, 여러분이 직접 또는 여러 방송국을 통해 보고 듣고 있지 않습니까?

위에서도 말씀을 드렸지만, 목사라는 사람들이 성도들의 호주머니를 털어(벧후2:3) 누구는 수억씩, 누구는 수십억씩 받아 누리고 있다고 보도되고 있지 않습니까? 그렇게 하여 그들만의 "일시적인 죄의 쾌락"을 즐기고 있다고 온 천하에 알려지지 않았습니까?

그렇다면 성경에서는 여러분의 호주머니를 털어 가는 행동들은, 어디에서 비롯된 것이라고 기록하고 있을까요? 성경에는 여러분의 호주머니를 털어가는 행동들은, 그들의 탐욕스러운 마음에서부터 비롯되었다고 그렇게 기록하고 있습니다.

"또 그들은 **'탐욕에 빠져'** 그럴듯한 말로 여러분의 **'호주머니를 털어 갈 것입니다.'**"(벧후2:3; 새 번역 성경) 하고 말입니다. 공동번역은 같은 구절의 말씀을 이렇게 해석합니다.

"또 그들은 **'탐욕을 채우려고'** 감언이설로 여러분을 **'속여 착취할 것입니다.'**"(벧후2:3) 하고 말입니다. 킹 제임스 성경은 같은 구절의 말씀을 이렇게 해석합니다.

"그들은 **'탐욕을 품고'** 지어낸 말로 너희에게서 **'이득을 취하리니'**"(벧후2:3) 하고 말입니다. 그렇습니다.

이렇게 "탐욕에 빠져" 여러분의 호주머니를 털어 갈 것이고, 이렇게 "탐욕을 채우려고" 여러분을 속여 착취할 것이고, 이렇게 "탐욕을 품고" 여러분에게서 이득을 취할 것이라고, 성경에 그와 같이 예언하고 있습니다.

이렇게 그들이 여러분의 호주머니를 털어가는 행동들은, "그들의

'탐욕스러운 마음에서부터' 비롯될 것"이라고 성경에 그와 같이 예언하고 있는 것입니다. 누가 그렇게 하라고 시킨 일도 아닐 텐데도 "성경의 예언대로 이루어진 것을 보면," "하나님의 말씀은 살아 있다는 것이 확실하게 증명된 것"(히4:12)입니다.

그렇다면 이러한 일이 언제, 어디에서 일어날 것이라고 그렇게 성경에 기록하고 있을까요? 그 대답을 주님께서는 사도 베드로를 통해서 아래와 같이 말씀하고 있습니다.

"전에 이스라엘 백성 가운데 거짓 예언자들이 일어난 것과 같이, 여러분 가운데도 거짓 교사들이 나타날 것입니다."(벧후2:1; 새 번역 성경) 하고 말입니다. 그렇습니다.

전에 이스라엘 백성 가운데 "하나님께서 말하라고 명령하지 아니한 것을, 여호와의 이름으로 말하는 거짓 예언자들"(신18:20)이 많이(옥스퍼드 원어성경대전; 신13:1-5, 왕상22:5-28, 렘5:31, 6:13, 23:16, 겔13장, 미3:5-12) 일어났었습니다. 이렇게 전에 이스라엘 백성 가운데 거짓 예언자들이 일어난 것과 같이, 오늘날에도 공동체 교회 안에 여러분 가운데서도 거짓 교사들(목사들)이 나타날 것이라고, 앞에 말씀과 같이 성경에 예언하고 있는 것입니다.

"그들은 탐욕에 빠져 그럴듯한 말로 여러분의 호주머니를 털어 갈 것입니다."(벧후2:3) 하고 말입니다. 이처럼 성경 예언대로 오늘날에 그대로 "여러분의 호주머니를 털어가는 그런 일이 일어나서 성취되고"(신18:22) 있지 않습니까?

그러므로 사도 베드로에게 하신 말씀은, 하나님께서 하늘에서 그를 통하여 말씀하신 것임이 확실하게 증명된 것(신18:21-22)입니다. 이렇게 오늘날 교회 안에 성경에 예언된 대로 거짓 교사들(목사들)이 나타나고 있는 것(행20:29-30, 롬16:17-18, 고후11:12-15, 딤전4:1-2)입니다.

그러므로 그와 같이 탐욕을 품고, 지어낸 말로 여러분의 호주머니를 털어 가는 사람들의 행동들이, 어디 "그리스도처럼 하나님의 백성들을 위하여 육체의 고통을 당하고 있다고 말할 수가 있겠습니까?" 오히려 하나님의 백성들은 나 몰라라 하고 로마서 16장 18절 말씀처럼 자신의 배를 신처럼 섬기고 있는데 말입니다.

그리고 성경에서는 **"그리스도와 같이 육체의 고통을 겪은 사람은 벌써 죄와 관계를 끊은 사람입니다."**(벧전4:1; 현대인의 성경) 하고 말씀하고 있는데 말입니다. 저들과 같이 누구는 수억씩, 누구는 수십억씩 교회 돈을 연봉으로 받아 가는 그런 행동들을 보고, 누가 "죄와 인연을 끊은 사람"이라고 말할 수가 있겠습니까?

누가 위와 같이 성도들의 호주머니를 털어서 자기 배를 채우는 사람들을 보고 "육체의 고통을 겪은 사람"이라고 말하고, "죄와 인연을 끊은 사람,"이라고 말하고, "일시적인 죄의 쾌락을 즐기지 않는 사람"이라고 말할 수가 있겠습니까?

그와 같이 이 땅이 좋아서 "일시적인 죄의 쾌락을 즐기려는 사람들"이 어떻게 모세처럼 **"오는 세상에서 장차 상 받을 것을 기대하고 있다고"** 말할 수가 있겠습니까?

어디 사도 바울처럼 **"장차 그리스도와 함께 영광을 받을 수 있다고"** 감히 말할 수가 있겠습니까?

주님께서는 "너희는 하나님과 재물을 함께 섬길 수 없다"(눅16:13; 현대인의 성경)라고 말씀하셨는데요, 어디 주님의 말씀과 같이 **"하나님과 재물을 함께 섬기는 사람이 아니라고"** 말할 수가 있겠습니까? "한 부자의 '불의한 재산 관리인'은 '자신을 위해 세상 재물로 친구를 사귀는 법'을 배웠는데 말입니다."(눅16:1-9)

예수님 당시에도 "세상 재물로 친구를 사귀는 법을 실천하는 사람들"이 있었습니다.

"또 악한 귀신들과 여러 가지 병에서 고침을 받은 여자들도 예수님과 동행하였습니다. 그들 중에는 일곱 귀신이 나간 막달라 마리아, 헤롯왕의 재산 관리인 구사의 아내 요안나, 수산나, 그 밖의 다른 여자들도 여럿이 있었습니다, **'그들은 자기 재산을 바쳐 예수님의 일행을 도왔습니다'**"(눅8:2-3) 하고 말입니다. 그렇습니다.

이렇게 악한 귀신들과 여러 가지 병에서 고침을 받은 여자들도 예수님의 고난에 참여하였고, 세상 재물로 그들은 주님을 사랑함으로써 주님의 친구가 되었던 것(눅16:9)입니다.

그러므로 터무니없이 많은 급료를 받아 가는 목사들은, 이제부터라도 회개하고 올바른 길을 걸어가십시오. 회개의 합당한 열매를 맺으십시오.

회개한 증거를 행동으로 나타내어 보이십시오.

그런 후에 확실하게 하나님의 백성과 함께 그리스도의 고난을 같이 나누는 사람들이 되십시오. 그리하여 마침내 그리스도와 함께 영광을 받는 사람들(롬8:17-18)이 되십시오.

하나님의 종들은 자기가 받은 직분으로, 자신이 그분의 백성들로부터 재물을 착취하여, 일시적인 죄의 쾌락을 즐기려는 사람이 아니라, 그분의 백성을 잘 관리하여 주인에게 열 므나, 다섯 므나를 남겨 드린 종과 같이 남겨드리는 사람인 것입니다.

그러기에 "관리인에게 무엇보다도 요구되는 것은, 주인에 대한 충성입니다."(고전4:2) 하고 말씀하시지 않았습니까? 우리가 위의 말씀과 같으므로 예수님께서도, 하나님의 재산 관리인인 제자들에게 아래와 같이 말씀하시지 않았습니까?

"너희도 명령대로 모든 일을 다 하고 나서는 '저희는 보잘것없는 종입니다. 그저 해야 할 일을 했을 따름입니다.' 하고 말하여라."(눅19:10; 공동번역) 하고 말입니다. 그러므로 누구든지 주님의 명령을 저버리는 사람은, 옛사람으로서 자기를 위해 사는 사람이고, 주님의 명령대로 실천하는 사람은, 새사람으로서 자기를 대신하여 죽었다가 다시 사신 분을 위하여 사는 사람인 것(고후5:15-17)입니다. 이와 같이 한 사람은 자신의 육신에 심는 사람이고, 한 사람은 성령에 심는 사람인 것(갈6:8)입니다.

부자와 거지 나사로 비유

우리 주 예수 그리스도를 믿으면서도, 우리 가운데 부자가 되기를 갈망하는 사람들이 많이 있습니다. 특히 여러분들을 인도하는 목사들 가운데서 말이지요.

그렇게 부자가 되기를 갈망하기에 목사들 가운데서도 누구는 수억씩, 누구는 수십억씩 눈 하나 깜짝하지 아니하고 받아 가는 것이 아닐까요? 혹시, 그와 같은 사람들은 그리스도와 고난을, 어떻게 같이 나누는지는 알고 있을까요?

아마 알지 못할 것입니다.

만일 그와 같은 목사들이 그리스도와 고난을, 어떻게 같이 나누는 것인지를 알고 있었다면, 그렇게 교인들이 하나님께 드리는 헌금을, 당연하다는 듯이 태연하게 누구는 수억씩, 누구는 수십억씩 받아 가지는 않았겠지요. 저들은 그리스도와 고난을 어떻게 나누는지를 모르기 때문에, 어떤 목사는 수억 원씩, 어떤 대단한 목사는 수십억 원씩 자신들의 연봉으로 받아 가는 것이 아닐까요?

그것도 영혼을 구원한다는 목회자라는 사람들이 말입니다. 그렇게 수억 원씩, 수십억 원씩 연봉으로 받아 가는 그것이 성경적으로 볼 때, 정당한 연봉에 속할까요? 그와 같이 망설이거나, 주저하지 않고, 넙죽넙죽 받아 가는 그런 사람들이, 그리스도와 고난을 같이 나누는 사람들일까요?

오히려 그리스도와 고난을 같이 나누는 것은 고사하고, 넙죽넙죽 받아 간 그것으로, 일시적인 죄의 쾌락을 누리려는 사람들(히11:25)은 아닐까요?

여러분들이 잘 알고 있는 예수님의 예화 가운데 부자와 거지 나사로에 등장하여, 화사한 옷을 입고 날마다 즐겁고 호화로운 생활을 하는, 어떤 부자와 같이 말입니다. 그렇게 부자와 거지 나사로 예화 속에서, 그들은 서로 한 아버지 아브라함에게서 나온 동족이요, 서로 같은 형제인데도 불구하고, 한 부자와 같이 성도들은 나 몰라라 하고, 그렇게 일시적인 죄의 쾌락을 자신의 육신에 심는 사람들(갈6:8)은 아닐까요?

그러므로 여러분은 잘 보십시오.

위의 부자가 어떻게 재산을 벌어서 그가 부자가 되었는지는 성경에 나와 있지는 않습니다. 그러나 그 부자는 자신이 쌓아 놓은 부로 자신을 위하여, 화사한 옷을 입고, 날마다 즐겁고 호화로운 생활을 하는 것이었습니다. 그러는 그 집 대문 간에는, 나사로라는 거지 하나가 종기투성이의 몸으로 누워서, 그 부자의 상에서 떨어지는 부스러기로 주린 배를 채우려고 하였습니다. 그런데요, 심지어 개들까지도 와서, 종기투성이인 나사로의 몸의 종기를 핥았습니다. 그러다가 거지 나사로는 죽어서 천사들의 인도를 받아 아브라함 품에 안기게 되었고, 부자도 죽어서 육체는 땅에 묻히고, 그의 영혼은 지옥에 떨어졌습니다. "부자와 거지 나사로의 **'세상살이 이야기'**"가 여기까지(눅 16:19-23) 예수님의 예화 속에 그렇게 기록되어 있습니다.

이렇게 **"세상에서"** 그 부자가 "육체에 머물러 있는 동안"에, 자신이 쌓아 놓은 부로 자신을 위하여, 화사한 옷을 입고, 날마다 즐겁고 호화로운 생활을 하였고, 죽은 후에는 그의 육체는 땅에 묻히고, 그의 영혼은 지옥 불에 떨어졌다고 한 부자에 대한 "세상살이 이야기"를 주님께서는 그렇게 하셨습니다.

그리고 **"세상에서"** 거지 나사로는 그가 "육체에 머물러 있는 동안"에, 종기투성이의 몸으로, 부자의 상에서 떨어지는 부스러기로 주린 배를 채우려고 하였고, 심지어 개들까지도 그의 종기투성이의 몸을 핥는 등, 그런 심각한 상황에 이르기까지 고달픈 고난의 생활을 계속하다가, 죽어서 천사들의 인도를 받아 아브라함 품에 들어갔다고, 거지 나사로에 대한 "세상살이 이야기"를 주님께서는 그와 같이 말씀하셨습니다.

그런데요, 여러분은 잘 생각해 보십시오.

어떤 한 부자가 "육체에 머물러 있는 동안"에, 자신이 쌓아 놓은 부로 자신을 위하여, 화사한 옷을 입고, 날마다 즐겁고 호화로운 생활을 하였다고 하여, 그가 죽은 후에 지옥 불에 들어갔다고 주님께서는 말씀하셨습니다. 그렇다면 여기서 여러분에게 질문을 하나 하겠습니다.

부자는 자기가 쌓아 놓은 많은 세상 재산으로, 자신을 위하여 사용하였는데요, 왜 지옥 불에 들어가게 되었을까요?

그 대답을 주님께서는 이렇게 하셨습니다.

"아브라함은 '얘야, 되돌아보아라. **너는 살아 있는 동안에 온갖 복을 다 누렸지만**'" 하고 아브라함은 부자에게 말하였습니다. 그리고 다시 아브라함은 그에게 이렇게 말하였습니다. **"그래서 너는 거기에서 고통을 받는 것이다."**(눅16:25) 하고, 그와 같이 아브라함은 부자에게 부자로서 네가 "육체에 머물러 있는 동안 행한 그것으로 벌을 받게 된 것"이라고 그와 같이 대답하였습니다. 그렇습니다.

"사람이 무엇을 심든지 그대로 거두게 될 것이라고" 말씀하시지 않았습니까?

"속지 말라. 하나님은 우롱당하지 아니하시니라. 이는 사람이 무엇을 심든지 그대로 거둘 것이기 때문이라. 자신의 육신에 심는 자는 육신으로부터 썩어질 것을 거두고,"(갈6:7-8; 킹 제임스 성경) 이렇게 말입니다. 그렇습니다.

이렇게 "부자는 '일시적인 죄의 쾌락'을 자신의 육신에 심은 것"(갈

6:8)입니다. 그래서 주님께서는 아브라함이 심음의 법칙에 대하여 그에게 이렇게 대답하였다고 하지 않았습니까?

"아브라함은 '**얘야, 되돌아보아라. 너는 살아 있는 동안에 온갖 복을 다 누렸지만**"(눅16:25; 새번역 성경, 공동번역) 하고 말입니다.

그와 같이 부자는 "세상 모든 나라와 그것들의 영광을 보여주는 사탄의 시험대"(마4:8-9; "마귀가 또 그(예수님을)를 데리고 지극히 높은 산으로 가서 '**천하만국과 그 영광**'을 보여 주며 가로되 '**만일 내게 엎드려 경배하면 이 모든 것을 네게 주리라.**" 하고 말하였다)에서 벗어나지 못하고, 오히려 세상 재물로 자신을 위하여 "일시적인 죄의 쾌락을 즐김"으로써, 그와 같이 부자는 "자신의 육신에 심었고," "지나친 욕심은 우상 숭배입니다."(골3:5)라는 말씀처럼, 사탄에게 경배하고, 그를 섬기고 있었다는 것입니다. 그만큼 부자의 그릇 속에는 탐욕과 악이 가득했다는 것(눅11:39)입니다.

예수님께서는 사탄에게 위와 같이 시험을 받으실 때, 아래와 같이 하나님의 말씀으로 물리치셨는데 말입니다.

그러자 예수께서는 "사탄아, 물러가라! 성경에 '**주님이신 너희 하나님을 경배하고 그분만을 섬겨라.**' 하고 하시지 않았느냐? 하고 대답하셨다."(마4:10; 공동번역) 이렇게 말입니다.

이렇게 하나님께서 주신 물질로 "**주님이신 너희 하나님을 경배하고 그분만을 섬기는 것**"인데, 오히려 어느 kbs 뉴스 출처에 의하면 "5억이 많다고 하면 복 못 받아!" 하고 그와 같이, 지나치게 욕심을 내어, 자신의 탐욕을 드러내는 사람도 있는 것입니다.

그러기에, 이렇게 하나님을 섬기는 방법도 모르는 그와 같은 사람들이, 어찌 "주님이신 너희 하나님을 경배하고 그분만을 섬길 수 있겠습니까?"

그러므로 우리가 하나님을 경배하고, 그분만을 섬기는 그러한 면에서 볼 때, "한 부자와 거지 나사로에 대한 주님의 말씀은," 세상을 사는 우리 그리스도인들이 육체에 머물러 있는 동안에 나사로와 같이 고통을 받음으로 성령에 심었는가? 아니면, 부자와 같이 일시적인 죄의 쾌락을 즐김으로써 자신의 육신에 심었는가? 하는 문제인 것입니다.

그러므로 누구나 자신이 믿고 있는 믿음으로 자신의 육체에 심거나 성령에 심는 그러한 삶을 사는 것으로서, 자신의 인생 수레바퀴를 넘어 죽음 이후에, 한 부자처럼 지옥 불에 들어가느냐? 아니면, 거지 나사로와 같이 천국에 들어가느냐? 하는 것입니다.

이렇게 부자와 거지 나사로에 대한 예수님의 예화는 우리에게 "인생 최종 판결을 결론짓게 된다는 그러한 경종을 울리는 교훈"으로서 주님께서는 말씀하신 것입니다. 그러므로 부자와 거지 나사로에 대한 예화는 둘도 없이 우리 그리스도인에게는 **"아주 아주 중요한 교훈"**이라고 할 수 있는 것입니다.

왜냐하면 하나님의 아들 예수 그리스도의 이름을 영접하였다는 사람들도, 믿지 않는 세상 사람들처럼, "악마가 보여주는 '천하만국과 그 영광'" 앞에서 절대로 비켜 가지 못하고, 넙죽넙죽 받아서 세상이 주는 온갖 호사를 마음껏 누림으로써, **"그에게 절하지 않을 사람이 없다"**라는 말씀이 되기 때문입니다.

위와 같이 주님의 말씀이 그러하기에, 오늘날 많은 목사와 교인들도 그것을 증명이라도 하듯이 그렇게, "사탄이 보여 주는 위의 괄호 안에 시험대"에서 벗어나지 못하고, 한 부자와 같이 세상이 주는 "일시적인 온갖 죄의 쾌락"을 즐기고 있는 사람들이 많은 것입니다. 그러므로 여러분은 또다시 대형교회 목사들을 보십시오.

저들은 하나님의 백성에게서 그들의 호주머니를 털어, 누가 돈을 더 많이 받을까 하고 경쟁이나 하듯이, 누구는 수억 원씩, 누구는 수십억 원씩 받아 가서, 부자와 거지 나사로에 나오는 한 부자처럼, 화사한 옷을 입고, 값비싼 외제 차를 타고, 값나가는 저택에서 그렇게 날마다 즐겁고 호화로운 생활을 하고 있지 않습니까?

"아브라함은 **'얘야, 되돌아보아라. 너는 살아 있는 동안에 온갖 복**(일시적인 죄의 쾌락을)**을 다 누렸지만"** 하고 부자와 거지 나사로 예화를 통해 "주님께서 한 부자에게 **'그가 살아생전에 대한 최종 판결'**에 관한 말씀"을 그에게 그렇게 하셨는데도 말입니다.

그렇게 주님께서는 부자와 같이 자기를 위해 "일시적인 죄의 쾌락"을 누리지 말고, 자신의 육신에 심지 말며, 마태복음 25장에 "완전한 구원을 받은 사람들"(마25:34; "오라, 내 아버지의 복을 받은 자들아,")처럼, "그리스도의 고난에 참여하라는 뜻"(마25:34-40)으로 오늘날 우리에게 말씀하신 것인데도 말입니다.

이렇게 주님께서는 최후의 심판에 대한 경고로써, 우리에게 말씀하고 계시는데도, 그리스도의 고난에 참여하지 않는 사람들이 생각과는 달리 너무나도 많은 것입니다.

위와 같이 주님께서 "자신의 영혼이 육체에 머물러 있는 동안에 대한 최종 판결"에 관한 말씀으로 한 부자를 통하여 말씀하셨어도, 아랑곳하지 않고, 대형교회 어느 목사들은 누구는 수억 원씩, 누구는 수십억 원씩 받아서, 한 부자와 같이 자신이 "육체에 머물러 있는 동안 세상이 주는 온갖 호사를 다 누리고 있는 것"입니다. 이렇게 속에는 탐욕과 악이 가득하면서도 겉으로는 거룩한 척하는 바리새파 사람들처럼 말입니다.

"그래서 주께서 이렇게 말씀하셨다. '너희 바리새파 사람들은 잔과 접시의 겉은 깨끗이 닦아 놓지만, 속에는 착취와 사악이 가득 차 있다.'"(마11:39; 공동번역) 이렇게 말입니다. 그러하기에 저들은 잔과 접시 속에 가득 채운 것들을 비우지 못하는 것입니다.

성도들이 그리스도의 몸의 지체들이요, 다 같은 그분의 형제들(히2:11-12, 16-17)이건만, 그렇게 저들은, 형제 거지 나사로의 고난을 생각하지 아니하는 한 부자와 같이, 그리스도의 고난에는 안중에도 없는 것입니다.

그러하기에 "사탄이 '세상에 모든 나라와 그것들의 영광을 보여 주며' 말하기를 **'네가 내게 엎드려 경배하면 내가 이 모든 것을 네게 주**

리라.'고 하니"(마4:8-9; 킹 제임스 성경) 하고 그렇게 주님을 시험했던 악마의 말처럼, 주의 종이라는 사람들 가운데도 **"악마가 보여주는 '천하만국과 그 영광'"**의 유혹 앞에서 절대로 비켜 가지 못하고, "닁큼 엎드려 받아서 세상이 주는 온갖 호사를 누림"으로써, 그와 같이 "악마에게 절하는 사람들이 있는 것"입니다.

주님께서는 부자와 거지 나사로 예화를 통하여 우리에게 이렇게 말씀하셨는데도 말입니다.

"아브라함은 **'얘야, 되돌아보아라. 너는 살아 있는 동안에 온갖 복을 다 누렸지만, 나사로는 불행이란 불행을 다 겪지 않았느냐? 그래서 지금 그는 여기에서 위안을 받고, 너는 거기서 고통을 받는 것이다.'**"(눅16:25; 공동번역) 하고 말입니다. 이렇게 "닁큼 엎드려 받아서 세상이 주는 온갖 호사를 누린 부자"에게 주님께서는 위의 말씀과 같이 "인생 최종 판결에 대한 답"을 내어 주시지 않았습니까?

그러므로 형제 여러분은 예수님의 예화 속에 있는 거지 나사로와 같은 형제들의 고난에 참여하십시오. 그것이 바로 그리스도의 고난에 참여하는 사람이 되는 것입니다.

그런데요. 형제 여러분, 만일 부자가 자기가 쌓아 놓은 재물로, 거지 나사로의 고난을 같이 나누었더라면, 어떻게 되었을까요? 그래도 지옥 불에 떨어졌을까요?

그 대답을 주님께서는 이렇게 말씀하셨습니다.

"**나사로는 불행이란 불행을 다 겪지 않았느냐? 그래서 지금 그는**

여기에서 위안을 받고," 하고 말입니다. 그렇습니다.

나사로는 거지의 인생을 살면서 **불행이란 불행을 다 겪었습니다.** 그래서 그는 지금 그의 아버지 아브라함 품에서 위안을 받게 된 것입니다. 무슨 말씀입니까?

그것은 이런 말씀인 것입니다. 부자와 거지 나사로에 대한 비유는 우리 그리스도인의 형제들에 대한 비유라는 것입니다. 그러므로 여러분은 잘 보십시오. 주님은 마태복음 25장에서 이런 말씀을 하셨습니다.

"임금이 대답하여 가라사대 '내가 진실로 너희에게 이르노니 너희가 여기 **내 형제 중에 지극히 작은 자 하나에게 한 것**이 곧 **내게 한 것이니라.**'"(마25:40) 하고 말입니다. 그렇습니다.

"주님의 형제 중에 지극히 작은 자 하나에게 한 일이 바로 주님에게 한 일이 되는 것"이기 때문입니다. 그리스도인의 생활이 그러하기에 만일 "예를 들어" 부자가 거지 생활하는 형제 나사로를 구제하였다면, 그와 같이 "주님의 형제 중에 지극히 작은 자 하나에게 한 일이 바로 주님에게 한 일"이 되는 일이기에, 그는 "절대로" 지옥 불에 들어가지 않았을 것입니다.

그러므로 위의 성경 말씀이 그렇다면, 주님의 형제로서 "만일 예를 들어서 거지 생활을 하는 자기의 형제 나사로를 부자가 구제했다면," 그 부자를 영원한 집으로 인도하는 "친구"는 누구이겠습니까? 그렇습니다.

부자 자신을 영원한 집으로 인도하는 "친구"는 "자기의 형제 나사로 였던 것"입니다. 그와 같이 나사로가 아브라함의 자녀라고 하여, 그에게 냉수 한 그릇이라도 대접했었더라면, 부자는 절대로 상을 잃지 않기 때문(마10:42)에 지옥에 들어가지는 않았을 것입니다.

그러므로 마태복음 25장에 "지극히 작은 자"는 주님의 형제들로서, 세상에서 고난받는 사람들을 가리키는 말씀이 분명한 것입니다. 그들에 대하여 예수님께서는 제자들에게 이미 마태복음 25장 40절 앞 구절 말씀에서, 아래와 같이 말씀하시지 않았습니까?

"너희는 내가 주릴 때 먹을 것을 주었고, 목마를 때에 마실 것을 주었으며, 나그네로 있을 때 영접하였고, 헐벗을 때 입을 것을 주었고, 병들어 있을 때 돌보아 주었고, 감옥에 갇혔을 때 찾아 주었다."(마 25:35-36; 새 번역 성경) 이렇게 말입니다. 그렇습니다.

주님의 형제들로서 지극히 작은 자들은 주리고, 목마르고, 나그네가 되고, 헐벗고, 병들고, 감옥에 갇힌 사람들이었던 것입니다.

이렇게 주님의 형제들이 주리고, 목마르고, 나그네가 되고, 헐벗고, 병들고, 감옥에 갇혔을 때, 의인들은, 주님의 형제들에게 필요한 것을 공급하였고, 영접하였고, 입혀주었고, 돌아보았고, 찾아준 것입니다. 그러므로 여러분은 주님께서 제자들에게 하신 말씀을 잘 들어 보십시오. 주님은 위와 같이 주님의 형제들을 구제한 의인들에게 이렇게 말씀하신다고 하시지 않았습니까?

"그때 임금이 그 오른편에 있는 자들에게 이르시되 '내 아버지께 복을 받은 자들이여, 나아와 창세 때로부터 너희를 위하여 예비 된 나라를 상속하여라.'"(마25:34) 하고 말입니다.

이렇게 의인들이 자신이 가진 세상 재물로 친구를 사귄 것입니다. 그랬더니 여러분은 보십시오.

위의 말씀과 같이 마태복음 25장 34절에 주님이 제자들에게 하신 말씀처럼, 주님의 형제로서 지극히 작은 자들이 자기들과 사귄 의인들을, 영원한 집(너희를 위하여 예비 된 나라)으로 맞아들인다고 하지 않았습니까? 아래의 말씀처럼 말입니다.

"내가 너희에게 말한다. '**너희는 자신을 위해 세상 재물로 친구를 사귀라. 그러면 그것이 없어질 때 그들이 너희를 영원한 집으로 맞아들일 것이다.**'"(눅16:9; 현대인의 성경) 이렇게 말입니다.

그러므로 "예를 들어서 정말로" 지옥 불에 들어간 부자가 세상에서, 육체에 머물러 있는 동안에, 자기 집 대문 간에 나사로라는 거지가 종기투성이의 몸으로 누워서, 자기 상에서 떨어지는 부스러기로 주린 배를 채우려고 하였고, 심지어 개들까지도 와서 종기투성이인 그의 몸의 종기를 핥는 등 그런 처참한 상황에 놓인 자기의 형제 나사로를 구제했었더라면, 필시 부자도 나사로와 같이 죽어서 천사들의 인도를 받아 아브라함 품에 안기게 되었을 것입니다. 그것은 왜냐하면, "그들은 모두 아버지 아브라함의 자손들"(눅16:24; "그는 큰 소리로 아버지 아브라함이여, 나를 불쌍히 여겨 주십시오.")이었기 때문입니다. 그들이 그러하기에 성경에 이렇게 기록되어 있지 않습니까?

"주님은 천사들을 도우려고 오신 것이 아니라, **'아브라함의 후손들을 도우려고 오셨습니다.'**"(히2:16; 현대인의 성경) 하고 말입니다. 그렇습니다.

주님은 세상 이웃을 도우려고 오신 것이 아니라, 이렇게 아브라함의 후손들을 도우려고 오신 것입니다. 그러므로 여러분이 진정으로 예수님을 믿었다면, 여러분도 아브라함의 후손인 것입니다. 그와 같은 말씀이 성경에 이렇게 기록되어 있지 않습니까?

"성경에는 '아브라함이 하나님을 믿었으므로 하나님은 이 믿음 때문에 그를 의롭게 여기셨다.'라는 말씀이 있습니다. 그러므로 **믿음을 가진 사람들만이 진정한 아브라함의 후손이 된다는 것**을 아십시오. 그리고 성경은 **하나님이 믿음으로 이방인들을 의롭게 하실 것**을 미리 내다보고 일찍이 아브라함에게 '모든 민족이 너를 통해 복을 받을 것이다.'라는 기쁜 소식을 전했습니다. 그러므로 **믿음으로 사는 사람은 믿음을 가진 아브라함과 함께 복**을 받습니다."(갈3:6-9; 현대인의 성경) 하고 말입니다. 이처럼 표면적 유대인이든지, 모든 민족의 이방인이든지 믿음을 가진 사람들만이 아브라함의 후손이 되는 것입니다. 이렇게 주님은 세상 이웃이 아니라 믿음으로 사는 아브라함의 후손들을 도우려고 오신 것(히2:16)입니다.

그러므로 여러분은 믿음으로 사십시오. 그리스도를 믿는 사람들은 (마23:8; "너희는 다 형제니라.") 괄호 안의 주님의 말씀처럼, 다 같은 그리스도의 형제들인 것입니다. 이렇게 우리가 다 그리스도의 형제들이기에, 주님께서 제자들에게 "너희가 내 형제 중에 지극히 작은 자 하나에게 한 것이 곧 나에게 한 것이니라."(마25:40) 하고 말씀하신 것처럼, 지극히 작은 자 곧 자신의 궁핍한 그리스도의 형제에게 하나님의 사랑을 나타내어 보이시기를 바랍니다. 바로 그와 같이 주님의 형제 중에 지극히 작은 자 하나를 사랑하는 일이, 위에서 주님께서 말씀하신 것처럼, 여러분이 주님을 사랑하는 일이 되는 것입니다.

그리고 그와 같이 주님의 형제 중에 고통당하는 지극히 작은 자 하나와 고난을 같이 나누는 일 또한 그리스도에게 한 일이 되는 것처럼, 그리스도와 고난을 같이 나누는 일이 되는 것(히11:25-26)입니다. 그리고 그와 같이 그리스도의 형제 중에 지극히 작은 자 하나에게 심는 일이 바로 그리스도에게 심는 일이 되는 것처럼, 성령에 심는 일이 되는 것(갈6:8)입니다.

이렇게 예수님의 예화 속에 부자와 거지 나사로에 등장하는 한 부자는, 자기의 형제 거지 나사로에게 의로운 일을 행했어야만 했던 것입니다. 그것은 한 부자가 그와 같이 자기의 형제 나사로에게 행하는 일이 바로 그들의 아버지 아브라함에게 행하는 일이 되는 것이기 때문입니다. 이처럼 부자와 거지 나사로 비유의 말씀은 우리 모든 그리스도 형제들에 대한 비유의 말씀인 것입니다.

그렇게 성경에 한 부자는 "온갖 괴로움을 다 겪은 나사로의 고통"(눅16:25; 나사로는 온갖 괴로움을 다 겪었다)을 "서로 같이 나누었어야만 했던 것"(빌3:10)입니다. 그렇게 하는 것이 바로 "주님의 형제 중에 지극히 작은 자 하나에게 한 일이 곧 주님에게 한 일이 되는 것"처럼, "그리스도와 고난을 같이 나누는 일"(마25:40, 빌3:10)이 되는 것이었기 때문입니다.

이렇게 한 부자와 거지 나사로를 통하여, 주님께서는 "자기의 형제를 사랑하지 않는 사람에 대하여," 우리에게 마태복음 25장에 최후의 심판과 버금가는 내용의 말씀을 들려주심으로써, 그러한 사람들을 엄중히 다스린다는, 그러한 경종을 울리는 경고성 교훈으로, 엄중하게 우리를 가르치신 것이라는 것을, 형제 여러분은 깨달아야만 하는 것입니다.

여러분이 거짓이 없는 믿음을 소유하였다면 서로 사랑할 것입니다. 하늘나라의 소망에 근거할 것입니다. 진리 가운데 나타난 하나님의 은혜를 깨달았을 것입니다. 그리하여 마침내 많은 열매를 맺었을 것입니다. 그러므로 성령님 안에서 여러분이 사랑으로 생활하십시오.

빛의 나라에서 성도들이 얻을 축복에 참여할 수 있는 자격을 우리에게 주신 아버지께 감사하시기를 바랍니다.

하나님 아버지의 은혜가 그분의 백성과 함께 고통을 당함으로써, 그리스도와 고난을 같이 나누는 모든 형제 여러분과 함께하시기를 예수님의 이름으로 기도합니다. 아멘.

하늘에
보물을 쌓아 두는 사람들

오늘날 많은 사람들은 하늘에 보물을 쌓아 두라고 성도들을 가르치고 있습니다. 그것은 참으로 잘하는 일인 것입니다. 주님께서도 그와 같이 가르쳐 주셨으니 말입니다.

"너희를 위하여 보물을 땅에 쌓아 두지 말라.' 거기는 좀이나 동록이 해하며 도적이 구멍을 뚫고 도적질하느니라. **'오직 너희를 위하여 보물을 하늘에 쌓아 두라.'** 거기는 좀이나 동록이 해하지 못하며 도적이 구멍을 뚫지도 못하고 훔쳐 가지도 못하느니라. 네 보물이 있는 그곳에는 네 마음도 있느니라."(마6:19-21) 하고 말입니다. 공동번역은 같은 구절을 이렇게 해석합니다.

"재물을 땅에 쌓아 두지 말아라.' 땅에서는 좀먹거나 녹이 슬어 못쓰게 되며 도둑이 뚫고 들어와 훔쳐 간다. 그러므로 '재물을 하늘에 쌓아 두라.' 거기서는 좀먹거나 녹슬어 못쓰게 되는 일도 없고 도둑이 뚫고 들어와 훔쳐 가지도 못한다. 너희 재물이 있는 곳에 너희의 마음도 있다."(마6:19-21) 하고 말입니다.

이렇게 성경은 사람들이 사용하는 돈과 모든 재산을, "보물" 또는 "재물"이라고 기록하여 전하고 있습니다. 이러한 보물 또는 재물을, 자신을 위하여 땅에 쌓아 두지 말고, 하늘에 쌓아 두라고 말입니다.

그러나 사람들은 대부분 종교와 지위고하를 막론하고 이 땅에 쌓아 두는 것을 좋아합니다. 이 땅에 쌓아 놓는 방법에는 여러 가지가 있겠지만, 우선은 사람들이 돈을 벌면, 자신을 위하여 땅을 사거나, 집을 사거나, 금이며, 은이며, 보석을 삽니다. 그리고 자동차를 사고, 직업에 따라서 논과 밭도 사고, 배도 사고 비행기도 삽니다. 그리고 공장도, 빌딩도 사거나 짓습니다. 그 밖에도 주식 그리고 비트코인, 가상화폐, 선물거래 등등과 같은 금융투자도 하고 그리고도 남은 돈은 각 사람에 따라서 은행에 맡기기도 하고 집안에 금고를 사서 그 안에 쌓아 두기도 합니다. 이렇게 사람들은 자신을 위하여 이 땅에 재물을 쌓아 둡니다.

이처럼 사람들은 우리 주 예수님께서 "너희는 자기를 위하여 재물을 땅에 쌓아 두지 말아라." 하고 말씀하셨어도, 우리 주 예수 그리스도를 믿지 않기 때문에, 땅에 쌓을 수밖에 없다고 생각합니다. 그렇게 그들은 하늘에 보물을 쌓아 놓을 수 없는 사람들이기에, 자기 자신을 위하여 하늘에 재물을 쌓아 놓고 싶어도, 쌓아 놓을 수 없는 것입니다.

그러나 하나님의 아들 우리 주 예수 그리스도를 믿는 사람들은 세상 사람들과 다르다고 생각합니다. 그것은 예수님께서 "내가 곧 길이요, 진리요, 생명이니 나로 말미암지 않고서는 아버지께로 올 사람이 아무도 없느니라."(요14:6) 하고 말씀하신 우리 주 예수님의 이름을 믿는 믿음의 사람들이기 때문입니다.

그러므로 **"하늘에 보물을 쌓을 수 있도록 그 자격을 허락받은 사람들'**은 우리 주 예수 그리스도를 믿는 사람들인 것"입니다. 이러하기에 주님은 자기를 믿고 따르는 제자들에게 "'너희는' 보물을 땅에 쌓아 두지 말아라." 하셨고 "'오직 너희를 위하여' 보물을 하늘에 쌓아 두어라." 하고 자기를 믿는 사람들에게 그와 같이 말씀하신 것이 아니겠습니까?

위의 말씀과 같이 "너희는" 그리고 "오직 너희를 위하여" 이렇게 말입니다.

그러므로 여러분은 또 보십시오.

"영접하는 자 곧 그 이름을 믿는 자들에게는 하나님의 자녀가 되는 특권(권세를)을 주셨느니라."(요1:12; 현대인의 성경)라는 말씀과 같이, 이렇게 우리에게는 하나님의 아들 예수 그리스도처럼 천사들보다 더 높은(히1:4; "그리고 천사의 호칭보다 더 높은 아들이라는 칭호를 받음으로써, 천사들보다 더 높은 분이 되셨습니다.") "하나님의 자녀가 되는 그와 같은 엄청난 특권(권세)을 주신 것"뿐만 아니라 "하늘에 보물을 쌓는 특권"까지 예수님의 이름을 믿는 여러분 모두에게 주신 것입니다.

어떻게 하면 자신을 위해 보물을 하늘에 쌓을 수 있을까요?

주님의 말씀이 그렇다면 사랑하는 형제 여러분, 어떻게 하면 여러분 자신을 위해 보물을 하늘에 쌓을 수 있을까요? 그에 대한 대답을 주님께서는 누가복음서에서 이렇게 말씀하고 있습니다.

"**너희는 가진 것**(소유한 것)**을 팔아 가난한 사람들을 도와주고**,' 너희 자신을 위해 낡아지지 않는 주머니를 만들어라. '**그것은 없어지지 않는 보물을 하늘에 쌓아 두는 것이다.**'"(눅12:33; 현대인의 성경) 하고 말입니다. 공동번역은 같은 구절을 이렇게 해석합니다.

"너희 있는 것을 팔아 가난한 사람들에게 주어라.' 해어지지 않는 돈지갑을 만들고, '**축나지 않는 재물 창고를 하늘에 마련하여라.**'"(눅 12:33) 하고 말입니다.

그렇습니다. 보물을 하늘에 쌓아 두는 방법은 "자신이 가진 것을 팔아서 가난한 사람을 도와주는 것"이었습니다. 그렇게 의로운 일을 하는 그런 일이 "자신을 위해 낡아지지 않는 주머니를 만드는 것"이며 "축나지 않고 없어지지 않는 보물을 자기를 위하여 하늘에 쌓아 두는 것"이었습니다.

그렇다면 "너희 있는 것을 팔아 '가난한 사람들에게 주어라.'"라는 말씀에서 "가난한 사람들은 누구를 가리키는 말씀일까요?"

많은 성경 학자들과 목사들은 "주님을 믿는 사람들"뿐만 아니라, "주님을 믿지 않는 세상에서 소외된 사람들", 곧 전쟁 난민, 내전 난민, 고아, 사회적 약자 등등을 돕는 것도 하늘에 보물을 쌓는 일이라고 가르칩니다. 위와 같이 세상 어려운 사람들을 도와줌으로써, 자기를 위해 보물을 하늘에 쌓을 수 있다고 말입니다.

물론 위와 같이 주님을 믿는 사람들뿐 아니라, 우리 주님을 믿지 않는 세상 어려운 사람들을 도우면서, 드문드문 형제를 돕는 그것으로 자기를 위해 보물을 하늘에 쌓을 수도 있습니다. 주님을 믿지 않는 사회적 약자를 돕는다는 그 자신이, 정말 우리 "주님을 확실하게 믿는 사람으로서 **하나님의 사랑이 완전히 말라 버린 사람**'이(요15:6; 사람이 내 안에 머물러 있지 않으면 밖에 버려져 **'말라지나니,'** 말씀처럼) 아니라면'" 말입니다.

왜냐하면 **"하나님의 사랑이 없으면"** "소리 나는 놋쇠와 울리는 꽹과리에 지나지 않는다고"(고전13:1) 그렇게 말씀하셨고 **"하나님의 사랑이 없으면"** "아무것도 아니라고"(고전13:2) 그와 같이 말씀하셨으며 **"하나**

님의 사랑이 없으면" "나에게는 아무 유익이 되지 않는다고"(고전13:3) 그렇게 주님은 사도 바울을 통해 우리에게 말씀하셨기 때문입니다.

그러므로 드문드문 형제들을 돕고, 믿지 않는 세상 사람들을 선교라는 명칭 아래 열심히 돕는 위와 같은 사람들은, 자기를 위해, 하늘에 보물을 쌓는 일에 대하여, 성경에 기록하심과 같이 "나무와 마른 풀과 짚으로 집을 짓는 사람들처럼, 그러한 보물을 하늘에 쌓게 되는 것"(고전3:12)이라고 할 수 있는 것입니다.

또한 "아주 보잘것없는 사람이지만 그가 내 제자라는 이유로 냉수 한 그릇이라도 대접하는 사람은 반드시 상을 받을 것이다."(마10:42) 하신 말씀처럼 자신의 생활비 전부를 드린 한 과부(막12:41-44)와 같이, 그러한 사람들의 형편에 따라서 다르겠지만, 자기의 생활 형편이 넉넉한데도, 한 소자가 주님의 제자라는 이유로 냉수 한 그릇을 대접했다면, 그는 "나무와 마른 풀과 짚으로 집을 짓는 사람들처럼, 그러한 보물을 하늘에 쌓는 것"이라고 생각합니다. 그것은 또 왜 그렇습니까?

그것은 누가복음서에 주님의 말씀처럼 "**너희는 가진 것**(소유한 것)**을 팔아 가난한 사람들을 도와주고,**' 너희 자신을 위해 낡아지지 않는 주머니를 만들어라. '**그것은 없어지지 않는 보물을 하늘에 쌓아 두는 것이다.**'"(눅12:33; 현대인의 성경) 하고 우리 주 예수 그리스도께서 말씀하셨기 때문입니다.

행복한 구원 고통스러운 구원

그러므로 여러분은 보십시오.

누가복음 12장 33절의 말씀과 같이 자신의 소유를 팔아 가난한 사람들을 도와주는 사람과, 많은 세상 재물을 가지고 있으면서 주님의 제자라는 이유로, 냉수 한 그릇을 대접한 사람 가운데, 누가 더 많은 보물을 하늘에 쌓아 두겠습니까? 그렇습니다.

당연히 하나님께서 맡기신 자신의 소유를 팔아, 가난한 사람들을 많이 구제한 사람이 더 많은 보화를 하늘에 쌓게 되는 것입니다. 그것을 주님께서는 하나님의 재산을 맡은 사람들에게 이렇게 요구하시는 것입니다.

"누구든지 많이 받은 사람에게 **'많이 요구할 것'**이며, 많이 맡은 사람에게 **'많이 내놓으라고 할 것이다.'**"(눅12:48; 현대인의 성경) 하고 말입니다. 또 이렇게도 말씀하셨습니다.

"주인의 뜻을 알면서도 준비하지 않고 주인이 원하는 대로 하지 않은 종은 **'많이 맞을 것'**이지만, 모르고 매 맞을 짓을 하는 종은 **'적게 맞을 것이다.'**"(눅12:47) 하고 말입니다. 그렇습니다.

"맡은 자에게 요구되는 것은 충성된 자로 인정을 받는 것뿐"(고전4:2)입니다. "주인이 맡긴 집안 사람들에게 제때(약2:15-16; 당장 입을 옷, 먹을 양식이 없는데; 이렇게 필요한 때에)에 양식을 나누어 주는 것"(눅12:42)입니다. 이러한 사람들은 금과 은과 보석으로 하늘에 쌓아 두는 사람이 되는 것입니다. 이런 사람들은 **"행복한 구원"**을 받는 것입니다.

그러나 "'주인의 뜻을 알면서도' 준비하지 않고 주인이 원하는 대로 하지 않은 종은 '많이 맞을 것'이지만, 모르고 매 맞을 짓을 하는 종은 '적게 맞을 것이다.'"라는 말씀과 같이 행하는 이러한 사람들은 나무와 지푸라기와 풀로 하늘에 쌓아 두는 사람이 되는 것입니다. 이런 사람들은 **"고통스러운 구원"**을 받는 것입니다.

그러나 누가복음 12장 42절에서 44절의 말씀과 같이, 여러분이 여러분을 위하여 보물을 하늘에 쌓아 둔 것을, 심판의 날이 이르러 심판하여 "충성스럽고 지혜로운 재산 관리인이 되어 주인이 맡긴 집안 사람들에게 제때에 양식을 나누어 준 종에게 주인이 자기의 모든 재산을 맡기시는 것"(눅12:42-44)입니다. "많은 일을 맡기시는 것"(마25:20-23)입니다.

그러나 "주인의 뜻을 알면서도 준비하지 않고 주인이 원하는 대로 하지 않은 종"은 "많이 맞는 것"(눅12:47)입니다. 그리고 "모르고 매 맞을 짓을 하는 종"은 "적게 맞는 것"(눅12:48)입니다. 그러한 심판이 고린도전서 3장에 기록되어 있는 것입니다.

그러므로 드문드문 형제들을 돕고, 믿지 않는 사회적 약자를 돕는 그러한 보물을 하늘에 쌓는 사람은, 자기가 쌓은 보물의 진가를 가려주는 불의 심판을 받을 때, 그러한 보물은 타버리고 만다는 것(고전 3:15; 공동번역)입니다. 그러나 "그 자신은 불 속에서 살아 나오는 사람 같이 **구원**"(주님의 제자라는 이유로 냉수 한 그릇을 대접한 자와 같이, 결단코 '**상**'을 잃지 않고 '**구원**'을)을 받는다는 것"(고전3:15)입니다.

그와 같이 자신의 보물이 타고 있을 때, "자기도 불 속에서 타는듯 한 고통을 그대로 받게 된다는 것"입니다. "그렇게 불 속을 헤치고 나오는 듯한 사람과 같이" "고통을 수반하는 그런 구원을 받게 된다는 것"입니다. 그렇게 "구원을 받되 고통스러운 구원을 받게 된다는 것"입니다.

"고통스러운 구원"이라도 받게 되는 것은 "사회적 약자를 도와서"가 아니라, "믿음이 적은 사람아, 왜 의심하느냐?"(마14:31) 하신 말씀처럼 "이따금 믿음의 형제들을 도와준 그 적은 믿음 때문"에 고통스러운 구원이라도 받게 된다는 것입니다. 이렇게 우리가 도와주어야 할 사람들이 세상 사회적 약자가 아닌 것이 분명한 것은 "충성스럽고 지혜로운 재산 관리인이 되어 '**주인이 맡긴 집안 사람들에게 제때에 양식을 나누어 줄 사람**'이 누구냐?"(눅12:48)라고 예수님께서 말씀하셨기 때문입니다. 우리가 그러하기에 주님께서는 성경에 자기를 믿는 사람들에게 경고하시듯 사도 바울을 통해 아래와 같이 경고하시지 않았습니까?

"나는 하나님께서 주신 은총으로 능숙한 건축가가 되어 기초를 놓았고 다른 사람은 그 위에 집을 짓고 있습니다. **'그러나 집을 짓는 방법에 대해서는 각자가 신중히 생각해야 합니다.'**"(고전3:10; 공동번역) 하고 말입니다. 새 번역 성경은 같은 구절을 이렇게 해석합니다.

"나는 하나님께서 나에게 주신 은혜를 따라 지혜로운 건축가와 같이 기초를 놓았습니다. 그런데 다른 사람이 그 위에다가 집을 짓습니다. **'그러나 어떻게 지을지 각각 신중히 생각해야 합니다.'**"(고전3:10) 하고 말입니다. 그렇습니다. 우리 그리스도인 모두는 집을 짓는 데에 있어서, 고통스러운 구원을 받지 않으려거든, 신중히 생각해 보아야만 하는 것입니다.

반석 위에 세우는 사람,
모래 위에 세우는 사람

그러므로 주님께서는 우리에게, 반석 위에 집을 짓는 지혜로운 사람에 대하여, 아래와 같이 말씀하시지 않았습니까?

"그러므로 **'내 말을 듣고 실천하는 사람'**은, **'반석 위에 집을 지은 지혜로운 사람'**과 같다. 비가 내려, 홍수가 나고, 바람이 불어서 그 집에 몰아쳐도 무너지지 않는 것은, 그 집을 반석 위에 세웠기 때문이다."(마7:24-25; 현대인의 성경) 하고 말입니다. 이렇게 **"주님의 말씀을 듣고 실천하는 사람,"**이란 주님의 기쁜 소식의 말씀을 듣고 그 말씀에 순종하여 실천하는 사람이라는 말씀입니다. 이렇게 "주님의 말씀에 순종하여 실천하는 사람"은 지혜로운 사람과 같다. 하신 것입니다.

위와 같이 "주님의 말씀을 듣고 실천하는 사람은, 지혜로운 사람과 같다."라는 그 말씀에 대한 이유에 대하여, 주님은 이렇게 말씀하셨습니다.

"비가 내려 홍수가 나고 바람이 불고 그 집에 몰아쳐도 무너지지 않는 것은 그 집을 반석 위에 세웠기 때문이다."라고 말입니다. 그렇습니다.

주님의 말씀을 듣고 실천하여 그 집을 반석 위에 세웠기 때문에 지혜로운 사람인 것입니다. 이렇게 **"주님의 말씀을 듣고," "그 말씀을 믿음으로 받아들인 사람"**은, 고통이나 핍박, 그리고 이 세상 걱정과 재물에 대한 유혹(마13:19-22) 등등 여러 가지 고난(고후4:8-9; 그런 것들이 말씀을 가로막지 못하므로)이 와도 넘어지지 않는다는 것입니다. 그리고 자신이 믿고 있는 믿음이 어린아이처럼 이리저리 흔들리지 않고, 오히려 "그와 같은 고난으로 인하여," "자신의 믿음이 더욱더 확고하다는 것"을, 많은 열매를 맺어(마13:23, 요15:16, 고후9:8-10) 확실하게 증명하여 보여 준다는 것입니다.

그 이유는 "주님을 신뢰함으로 반석 되신 주님의 위에 집을 세웠기 때문이라는 것"(고전3:11; 이 기초는 예수 그리스도시라)입니다. "이런 사람들이 하늘에 보물을 쌓는 것(눅12:33)이며 영원한 생명을 받게 된다고 말씀하고 있는 것"(딤전6:17-19)입니다.

그러나 반대로 주님의 말씀을 듣고도 불순종하는 사람에 대하여는 이렇게 말씀하셨습니다.

"그러나 **'내 말을 듣고 실천하지 않는 사람'**은, 모래 위에 집을 지은 어리석은 사람과 같다. 비가 내려, 홍수가 나고, 바람이 불어 그 집에 몰아치면, 크게 무너지고 말 것이다."(마7:26-27) 하고 말입니다. 이렇게 주님의 말씀을 듣고도 불순종하여 실천하지 않는 사람은, 어리석은 사람과 같다. 하셨습니다. 그 이유는 "비가 내려, 홍수가 나고, 바람이 불어 그 집에 몰아치면, 크게 무너지고 말 것이기 때문"이라고 그 이유에 대하여 그렇게 말씀하신 것입니다.

이렇게 **"주님의 말씀을 듣고도," "그 말씀을 믿음으로 받아들이지 않은 사람"**은, 고통이나 핍박, 그리고 이 세상 걱정과 재물에 대한 유혹(마13:19-22) 등등에 고난이 오면, 사탄에게 마음을 빼앗겨 넘어져서(그런 것들이 말씀을 가로막아) 말씀대로 생활하지 못한다는 것입니다. "그것으로" 자신이 반석 되신 그리스도 위에 세우지 못하고, 모래 위에 세우게 됨으로써, 그와 같이 "자신의 믿음이 갈피를 못 잡고 요동치고 있다는 것"을, 그렇게 여실히 증명하여 보여 준다는 것입니다.

"이런 사람들은 보물을 하늘에 쌓지 못하고, 자신의 육신에 심음으로써(갈6:8) 영원한 생명을 받지 못한다는 것"입니다. 오히려 "영원한 형벌을 받고 주님 앞에서 쫓겨나, 주님의 능력 있는 영광을 보지 못한다는 것"(살후1:9)입니다. 이렇게 성경은, 예수님을 믿는다는 모든 사람에게 집을 짓는 일과, 보물을 하늘에 쌓는 일에 대하여 가르치고 있건만, 말씀을 깨닫지 못하는 사람들이 많은 것입니다.

위와 같이 주님께서는 자기를 믿는다는, 모든 사람들에게 말씀하시고 있는데도, 성도들은 자기를 위해, 하늘에 보물을 쌓는 일에 대하여, 그다지 신중하게 생각을 하지 않는 사람들이 많은 것입니다. 오늘날 그와 같은 사람들은 자기를 위해, 보물을 하늘에 쌓는 일에 대하여, 그다지 신중하게 생각하지 않음으로써, 성도들이 구원은 받되 불속을 헤치고 나오는 듯한, 그러한 불의 고통을 심각하게 겪으며, 구원을 받도록 인도받고 있다는 것을, 아는 사람이 그다지 많지 않은 것입니다.

그런데 말입니다. 불 속을 헤치고 나오는 듯한, 그러한 고통스러운 구원마저도 제시하지 못하는, 하나님의 말씀에 불순종하는 그런 목사들이 오늘날 교회 안에 너무나도 많은 것도 문제가 되는 것입니다. 그와 같이 구원이 하나님의 선물(엡2:8)이지만, 오늘날 완전한 구원을 이루어 가는 길(엡2:10, 빌2:12-13)을 잘 모르기에, 그런 일들이 공동체 교회의 큰 문제 거리고 등장하고 있는 것입니다.

그러므로 형제 여러분, 하나님의 아들 예수 그리스도를 믿음으로 구원을 선물로 받은 여러분은, 주님의 말씀이 반석 위에 집을 짓는 사람들에게, 그만큼 엄중하심으로, 여러분은 자기 자신을 위해 보물을 하늘에 쌓는 일에 대하여서, 아주 신중하게 생각해 보아야만 합니다. 지금의 공동체 교회 실상이 이러하므로 주님의 말씀을 보고 듣고 깨달으십시오.

주님께서는 제자들에게 **"너희 있는 것을 팔아 가난한 사람들에게 주어라.' '해어지지 않는 돈지갑을 만들고,' '축나지 않는 재물 창고를 하늘에 마련하여라.'"**(눅12:33; 공동번역) 하고 말씀하셨습니다. 그리고 위와 같은 말씀으로 한 유다의 지도자에게도 **"네가 가진 것을 다 팔**

아 가난한 사람들에게 나누어 주어라. 그리하면 하늘에서 보화를 얻게 될 것이다."(눅18:22) 하고 말씀하셨습니다.

주님께서는 위와 같이 제자들에게 "너희 있는 것을 팔아 가난한 사람들에게 주어라." 말씀하셨고, 유다의 한 지도자에게도 "네가 가진 것을 다 팔아 가난한 사람들에게 나누어 주어라." 하고 말씀하셨습니다. 여기 두 구절에서 공통된 말씀은 "너희 있는 것(소유한 것)을 팔아 가난한 자들에게 나누어 주어라"라는 말씀입니다. 그리고 "그것은 없어지지 않는 '**보물**'을 하늘에 쌓아 두는 것이다." 하는 말씀과 "그리하면 하늘에서 '**보화**'를 얻게 될 것이다." 하는 말씀입니다. 위의 말씀에서 "**보물**" 또는 "**보화**"는 한 유다의 어떤 지도자가 "선한 선생님, 제가 무엇을 해야 '영원한 생명'을 얻겠습니까?" 하고 예수님께 물어본 것처럼, "영원한 생명을 얻게 되는 방법"으로써, "너희 있는 것을 팔아 가난한 사람들에게 주어라."라는 것입니다. 그러면, "하늘에서 영원한 생명"을 제자들과 유다의 어떤 지도자가 얻게 된다는 그러한 말씀입니다.

주님의 말씀이 위와 같다면, 위에서도 잠깐 말씀을 드렸지만, 우리를 영원한 집으로 맞아들인다는, 그들은 누구를 가리켜서, 예수님께서 제자들에게 하신 말씀인가를 우리는 잘 깨달아야만 하는 것입니다.

완전한 구원으로 향해가는 비유

 그러기에 앞서 우리는 "성령님의 도움을 받아" 입술로 "예수님은 주님이십니다"(고전12:3) 하고 고백하는 구원을 넘어서, "완전한 구원으로 나아가는 법"에 대해서 배워야만 하는 것입니다.
 주님께서는 "완전한 구원으로 나아가는 법"에 대하여, 어떤 부자의 한 "약삭빠른 재산 관리인의 비유"를 들어 이렇게 말씀하셨습니다.
 "어떤 부자에게 재산 관리인 하나가 있었다. 주인은 그가 자기 재산을 낭비한다는 소문을 듣고 그를 불러 물었다. '내가 너에 대해서 들은 소문이 도대체 어떻게 된 것이냐? 이제는 내가 너에게 재산을 맡길 수 없으니 지금까지 네가 맡아 하던 일을 다 정리하라.' 그러자 그는 속으로 이렇게 중얼거렸다. '내가 일자리를 빼앗기게 생겼으니 어떻게 하면 좋을까? 땅을 파자니 힘이 없고 빌어먹자니 부끄럽구나.

옳지, 알았다! 내가 이렇게 하면 쫓겨나더라도 사람들이 나를 자기들의 집으로 반갑게 맞아 주겠지.' 그러고서 그는 주인에게 빚진 사람들을 하나하나 불러다 놓고 먼저 온 사람에게 '당신은 우리 주인에게 진 빚이 얼마요?' 하고 물었다. 그가 '감람기름 100말입니다.' 하자 그 재산 관리인은 그에게 '어서 앉아 이 증서에 50이라고 쓰시오.' 하였다. 또 다른 사람에게 '당신이 진 빚은 얼마요?' 하고 묻자 그는 '밀 100섬입니다.' 하였다. 그래서 재산 관리인은 그에게 '당신의 이 증서에다가 80이라고 쓰시오.' 하였다. 주인은 불의한 이 재산 관리인이 일을 지혜롭게 처리한 것을 보고 오히려 그를 칭찬하였다. 이것은 이 세상 사람들이 자기들의 일을 처리하는 데 있어 서는 빛의 아들들보다 더 지혜롭기 때문이다. **내가 너희에게 말한다. '너희는 자신을 위해 세상 재물로 친구를 사귀라. 그러면 그것이 없어질 때 그들이 너희를 영원한 집으로 맞아들일 것이다.'"**(눅16:1-9; 현대인의 성경) 하고 말입니다. 그렇습니다.

 예수님께서 제자들에게 말씀하신 위 예화의 말씀은, 영원한 생명(딤전6:19)을 얻게 하는 말씀에 관한 뜻이 담겨 있습니다. 그러므로, 약삭빠르게 대처한 재산 관리인을 보고 배워서, 주님께서 말씀하신 뜻의 말씀을 우리는 잘 깨달아야만 합니다. 그러므로 여러분은 위와 같이 약삭빠른 어떤 부자의 재산 관리인에게서 "완전한 구원으로 나아가는 비유"를 배우십시오.

 예수님의 예화에서 어떤 부자의 한 재산 관리인은 주인의 재산을 낭비하고 있었습니다. 그와 같이 주인은, 자신이 고용한 재산 관리인이 자기의 재산을, 낭비하고 있다는 소문을 들은 것입니다. 그래서 부자는 그를 불러 물었습니다. "내가 너에 대해서 들은 소문이 도대체 어떻게 된 것이냐?" 하고 말입니다. 그런데 그의 재산 관리인은 주인이 들은 것이 사실이었기에 자기 주인에게 아무런 핑계도 대지 못하였습니다. 그래서 주인은 그 자리에서 자기의 재산 관리인에게 이렇게 말하였습니다.

"이제는 내가 너에게 재산을 맡길 수 없으니 지금까지 네가 맡아 하던 일을 다 정리하라." 하고 말입니다. 그래서 그는 속으로 생각했습니다.

"내가 일자리를 빼앗기게 생겼으니 어떻게 하면 좋을까? 땅을 파자니 힘이 없고 빌어먹자니 부끄럽구나." 하고 말입니다. 그런데요, 순간 그 재산 관리인에게 기발하고 약삭빠른 생각이, 어두운 방 안에 전등불이 확! 하고 밝게 들어오듯이 머리에 번쩍 떠올랐습니다.

"옳지, 알았다! 내가 '이렇게 하면' 쫓겨나더라도 사람들이 나를 자기들의 집으로 반갑게 맞아 주겠지." 하는 생각이 말입니다. 그와 같이 생각하고서 그 재산 관리인은 자신이 생각한 것을 실천에 옮기기 시작했습니다. 그래서 그는 자기 주인에게 빚진 사람들을 하나하나 불렀습니다. 그렇게 해서 그는 먼저 온 사람부터 다음과 같이 물어봅니다.

"당신은 우리 주인에게 진 빚이 얼마입니까?" 하고 말입니다. 약삭빠른 재산 관리인의 주인에게 빚진 사람이 그에게 이렇게 대답하였습니다.

"감람기름 100말이오." 하고 말입니다. 그래서 재산 관리인은 그 빚진 사람에게, 빚을 진 사람에게서 주인이 받을 증서에다가 "어서 앉아 이 증서에 50이라고 쓰시오." 하고 말하였습니다. 그다음 사람도 같은 방식으로 "당신이 진 빚은 얼마요?" 하고 물었습니다. 그래서 그다음 사람도 "밀 100섬입니다." 하고 대답하였습니다. 그래서 그 재산 관리인은 그에게 "당신의 이 증서에다가 80이라고 쓰시오." 하고 말하였습니다. 이렇게 약삭빠른 재산 관리인은 자기가 맡은 직무에서 쫓겨나기 전에, 때를 맞춰서 신속하고도 지혜롭게 집안 사람들에게 양식을 나누어 주듯이, 자기 자신을 위하여 자신이 맡은 재산 관리의 일을 처리해 나간 것입니다.

그는 처음부터 지속적으로 주인의 재산을 야금야금 자신을 위해 낭비했었습니다. 그래서 그의 주인은 "이제는 내가 너에게 재산을 맡길 수 없으니 지금까지 네가 맡아 하던 일을 다 정리하라." 하고 자기의 재산 관리인에게 그가 맡은 직무를 그만두라고 구두로 그렇게 통보하였던 것입니다.

주인은 그렇게 자기 재산 관리인에게 말했었는데요, 사랑하는 형제 여러분, 지금은 그가 더 많은 것으로 주인의 재산을 낭비하는 것입니다. 그렇게 서둘러서 그가 낭비하고 있는데도, 여러분은 약삭빠른 재산 관리인의 주인은 참으로 이상하다는 생각이 들지는 않았나요?

자기의 재산을 낭비하는 자신의 재산 관리인이, 위와 같이 이전의 낭비를 넘어서 더 많은 자신의 재산을 낭비하는데도, 오히려 자신의 재산 관리인이 일을 처리하는 것에 있어서, 지혜롭게 대처하여 일을 처리하였기 때문에, 그를 칭찬하였다고 말하고 있으니 말입니다. 그렇습니다.

그것은 "하나님과 우리의 관계"를 "어떤 부자 주인과 약삭빠른 재산 관리인의 비유"를 들어 말씀하신 것이기에 그렇습니다.

우리가 하나님과 그러한 관계이기에, 부자는 자기의 재산 관리인이 주인인 자기의 것으로, 그가 자기 자신의 미래를 위하여 지혜롭게 대처한 것을 칭찬하였다고 예화를 통하여 제자들에게 들려준 것입니다.

이렇게 주님의 예화 속에 약삭빠른 재산 관리인은, 처음에는 자신의 쾌락을 위하여 자신의 육신에 심었다는 뜻입니다. 그리고 자기 주인의 말을 듣고 마음에 변화 받은 다음에는, 성령에 심었다는 뜻으로 말씀하신 것입니다.

그러므로 약삭빠른 재산 관리인과 같이, 우리 그리스도인들도 모두 하나님의 재산 관리인(눅12:42, 고전4:1,2, 벧전4:10)이면서도, 한편으로는 하나님께 돈으로는 환산할 수 없는 10,000달란트의 엄청난 빚을 지고 있는 사람들(마18:24)이라는 것을 잊지 마십시오.

다시 주님의 예화로 돌아가 봅니다. 그의 약삭빠른 재산 관리인이 자기를 위해서 주인에게 빚진 사람들을, 신속하게 하나하나 불러서 위와 같이 그들이 진 빚을 탕감해 주는 것입니다. 이렇게 자신이 처하게 될 현실을 직시하고, 그가 주인에게서 쫓겨나기 전에, 신속하게 주인의 재산으로 자신의 미래를 위하여, 주인에게 빚을 진 사람들을 탕감해 주는 것입니다.

그와 같이 그가 주인의 재산 관리인의 일을 처리하는 일에 있어서, 지혜롭게 잘 처리해 나간 것을 보고 약삭빠른 재산 관리인의 주인은 그의 지혜로움을 칭찬하였던 것입니다. 그래서 주님은 위와 같이 세속의 자녀들이 자기네끼리 거래하는 데는, 하나님의 자녀들보다 더 지혜롭다고 말씀하신 것입니다.

"이는 이 세상의 자녀들이 그들 세대에 있어서는 빛의 자녀들보다 더 지혜롭기 때문이다."(눅16:8) 하고 말입니다. 그렇다면 여기서 여러분에게 질문을 하나 하겠습니다.

형제 여러분, 위의 주님의 예화에서 "이 세상 자녀들이 빛의 자녀들보다 더 지혜롭다"라는 말씀은 무슨 뜻일까요? 그 말씀을 옥스퍼드 원어성경대전에서는 이렇게 해석합니다.

"그렇다면 지혜롭게 사용한다는 것은 무엇을 뜻하는가? 바로 자기의 정체성을 정확히 파악하고 앞으로 다가올 앞, 날을 바라보며 대처하는 삶을 가리킵니다. **'세상 사람들을 대표한다고 볼 수 있는 불의한 청지기'**는 **'자신의 앞날을 위해, 재물을 지혜롭게 사용'**하고 있는 데 비해, 오히려 하나님의 나라를 유업으로 받은 **'하나님의 백성들은, 영원한 처소를 준비하는 일'**에 **'인색하고 무지하다는 것'**을, 예수님은 이 비유를 들어 간접적으로 지적하고 있습니다." 하고 말입니다. 그렇습니다.

"세상 사람들은 약삭빠른 재산 관리인처럼 신속하고도 지혜롭게 자기의 앞날을 대처"하는 데 비해, "하나님의 백성들은 '영원한 처소를 준비하는 일'에 '인색하고 무지하다는 해석'"의 말은 맞는 해석인 것입니다. 그것은 왜냐하면 우리 주님께서는 바로 다음 구절에서 아래와 같이 제자들에게 말씀하셨기 때문입니다.

"너희는 자신을 위해 세상 재물로 친구를 사귀라. 그러면 그것이 없어질 때 그들이 너희를 영원한 집으로 맞아들일 것이다."(눅16:9; 현대인의 성경) 하고 말입니다. 약삭빠른 재산 관리인도 예수님의 말씀과 똑같은 생각을 하지 않았습니까?

"옳지, 알았다! 내가 '이렇게 하면' 쫓겨나더라도(그것이 없어질 때) **사람들이**(그들이) **나를 자기들의 집**(영원한 집)**으로 반갑게 맞아 주겠지."**(눅16:4) 하고 말입니다. 이렇게 약삭빠른 재산 관리인은 자기가 쫓겨날 것을 대비해서 신속하고도 지혜롭게 자기의 앞날을 대처하는 것입니다. 그러나 구원을 받았다는 하나님의 백성들을 보십시오. 그들은 "영원한 집"이 있는 줄을 뻔히 알면서도 "영원한 처소에 들어갈 준비"를 어디하고 있습니까? "완전한 구원의 길로 들어갈 준비"를 어디하고 있습니까?

"너희는 자신을 위해 세상 재물로 친구를 사귀라. 그러면 그것이 없어질 때 그들이 너희를 영원한 집으로 맞아들일 것이다."(눅16:9) 하고 주님께서는 주님의 제자들에게 말씀하셨는데 말입니다.

그렇다면 하나님의 백성은 왜 영원한 처소에 들어갈 준비를 하지 못하고 있을까요?

그것은 주님의 말씀이 위의 말씀과 같은데도 "그리스도인의 이웃에 대하여 잘못 해석하는 사람들이 많기 때문"입니다. 그들은 "사회적 약자 곧 가난한 세상 이웃들, 또는 가난한 동료 그리고 그리스도인에 대한 구제"라고, 그렇게 몽땅 싸잡아서 가르치고 있기 때문입니다.

이렇게 하늘 문을 가로 막고 서서 그들도 들어가지 않고 들어가려는 사람도 못 들어가게 하는 것(마23:13)입니다.

하늘의 보물을 쌓는 사람에 대하여도 세상 이웃을 자신의 이웃으로 풀이하듯이, 그와 같이 해석하여 잘못 가르치기 때문입니다. 주님께서는 분명하게 **"너희는 자신을 위해 세상 재물로 친구를 사귀라. 그러면 그것이 없어질 때**(옥스퍼드 원어성경대전; '더 이상 세상 재물을 사용할 수 없는 때'를 말한다. 좀 더 구체적으로는 '내세에 들어가는 때'를 말한다) **그들이 너희를 영원한 집으로 맞아들일 것이다."**(눅16:9) 하고 말씀하셨는데도 말입니다. 그렇습니다.

자신을 위해 세상 재물로 친구를 사귀는 일인 것입니다. 그러면 그 친구들이 세상 재물로 사귄 자신의 친구들을 그들이 거하는 영원한 집으로 맞아들일 것이라는 말씀입니다. 말씀이 그렇다면 여러분을 영원한 집으로 맞아들이는 친구는 누구를 가리키는 것일까요?

세상 어려운 이웃을 가리키는 말씀일까요? 아니면 사회적 약자를 가리키는 말씀일까요? 아니면 세상 어려운 이웃과 사회적 약자 그리고 믿음의 가족들을 포함한 모든 사람을 가리키는 말씀일까요? 그것도 아니면 오직 믿음의 가족들만을 가리키는 말씀일까요? 그렇습니다.

"여러분을 영원한 집으로 인도할 친구는 오직 믿음의 가족들만을 가리키는 말씀인 것"입니다. 그것은 "**주인이 맡긴 집안 사람들에게 제때에 양식을 나누어 줄 사람**'이 누구냐?"(눅12:48) 하고 예수님께서는 제자들을 그와 같이 가르치셨기 때문입니다. 그리고 누구든지 주님의 제자(친구)를 사랑하지 않고서는, "**절대로**" 하나님을 사랑할 수 없기 때문(요일4:20)입니다. 그리고 또한 누구든지 그리스도의 형제(친구)를 영접하지 않고서는, "**절대로**" 주님도, 하나님도 영접할 수 없기 때문(요13:20)입니다.

그리고 "선지자의 이름으로 선지자를 영접한 사람은 '**선지자의 상**'을 받을 것"(마10:41)이라고 말씀하셨고, "의인의 이름으로 의인을 영접하는 사람은 '**의인의 상**'을 받을 것"(마10:41; 킹 제임스 성경)이라고 말씀하셨기 때문입니다. 그리고 또한 "내가 분명히 말해 둔다. 아주 보잘것없는 사람이지만 '**그가 내 제자라는 이유로**' 그에게 냉수 한 그릇이라도 대접하는 사람은 '**반드시 상**'을 받을 것"(마10:42; 현대인의 성경)이라고 말씀하셨기 때문입니다.

성경 말씀이 그러하기에 세상 재물로 사귈 친구들은, 그리스도의 형제들을 가리키는 말씀이 확실한 것입니다. 그러므로 "너희는 자신을 위해 세상 재물로 친구를 사귀라. 그러면 그것이 없어질 때 그들이 너희를 영원한 집으로 맞아들일 것이다."라는 말씀은, "여러분이 형제를 영접함으로써, 주님을 영접한 여러분을"(요13:20) 주님께서는 영원한 집으로 맞아들인다는 그러한 말씀이 되는 것(마25:34)입니다.

그러므로 주님께서는 "영원한 생명을 얻는 방법에 대하여" 부자 형제들에게 사도 바울을 통해 아래와 같이 명령하라고 하시지 않았습니까?

"이 세상에 있는 부유한 자들에게 명하여, 마음이 '교만하거나,' 곧 없어질 재물에 '소망을 두지 말며,' 오직 우리에게 모든 것을 풍요하게 주셔서 누리게 하시는 **살아계신 하나님께**(소망을) **두라고 하라.**' 그리고 그들이 '**선**'을 행하고, '**선한 일**'에 부요하며, 기꺼이 '**나누어 주고,**' '**아낌없이 베풂**'으로써, '**자신을 위하여 오는 때를 대비한 든든한 기초**(고전3:11; 이 기초는 예수 그리스도시라)**를 쌓도록 하라. 이는 영원한 생명을 붙들기 위함이라.**'"(딤전6:17-19; 킹 제임스 성경, 현대인의 성경) 하고 말입니다. 그렇습니다.

주님께서 위의 말씀과 같이 사도 바울을 통해 부자 형제들에게 명령하신 것처럼, 우리가 영원한 생명을 얻는 방법은 "살아계신 하나님께 소망을 두는 것"이며, "선을 행하고," "선한 일에 부요하며," "기꺼이 나누어 주고," "아낌없이 베푸는 것"이었습니다. 그렇게 해서 "자신들의 장래를 위하여 **반석 되신 예수 그리스도 위에 든든한 기초를 쌓아**' '**참된 생명**'을 얻을 수 있게 하는 것"이었습니다. 그렇다면 위와 같이 소망을 살아 계신 하나님께 두며, 선을 행하고, 선한 일에 부요하며, 남에게 아낌없이 베풀고, 기꺼이 나누어 주는 일을 "누구에게 나누어 주어서," "자신들의 장래를 위하여 '반석 되시는 예수 그리스도 위에 든든한 기초를 쌓아' '참된 생명'을 얻을 수 있게 하라는 것"일까요?

예수님은 "그 대상자들에 대하여" 제자들에게 아래와 같이 말씀하신 것입니다.

"너희는 자신을 위해 세상 재물로 친구를 사귀라. 그러면 그것이 없어질 때 그들이 너희를 영원한 집으로 맞아들일 것이다."(눅16:9; 현대인의 성경) 하고 말입니다. 그렇습니다.

든든한 기초를 쌓아 참된 생명을 얻을 수 있게 하는 그 대상자들은 바로 "자신을 위해 세상 재물로 사귄 친구들"이었습니다. 그러므로 자신을 위해 세상 재물로 사귄 친구들이 우리를 영원한 집으로 맞아들이듯이, 우리가 그들에게 선을 행하고, 선한 일에 부요하며, 아낌없이 베풀고, 기꺼이 나누어 줌으로써 반석 되시는 예수 그리스도 위에 든든한 기초를 쌓아 영원한 생명을 얻게 하는 것이었습니다.

위와 같이 "너희는 자신을 위해 세상 재물로 친구를 사귀라는 말씀"이 그러한 말씀의 뜻을 내포하고 있는 것입니다. 그러므로 여러분은 여러분들을 영원한 집으로 맞아들일 수 있는 그러한 친구들을 다시 한번 찾아보십시오.

이렇게 여러분을 영원한 집으로 맞아들인다는, 그러한 확실한 친구들을 다시 한번 잘 찾아보겠다는 그러한 뜻으로, 먼저 "너희는 자신을 위해 세상 재물로 친구를 사귀라는" 위의 말씀부터 다시 정리하여 보겠습니다. 주님께서는 제자들에게 이렇게 말씀하셨습니다.

"너희는 자신을 위해 세상 재물로 친구를 사귀라. 그러면 그것이 없어질 때 그들이 너희를 영원한 집으로 맞아들일 것이다."(눅16:9; 현대인의 성경) 하고 말입니다. 주님의 말씀이 이러함으로 영원한 집으로 맞아들인다는 그 친구들부터 여러분과 함께 다시 한번 더 찾아보겠습니다. 주님은 주님의 친구에 대하여 이렇게 말씀하셨습니다.

"친구를 위해 자기 목숨을 버린다면 이보다 더 큰 사랑은 없다. 내가 명령하는 것을 실천하면 너희는 바로 내 친구이다."(요15:13-14; 현대인의 성경) 하고 말입니다. 그렇습니다. "주님의 친구는 친구를 위해 **'목숨'**을 버리는 사람"이며, "주님께서 **'명령'**하신 것을 실천하는 사람"인 것입니다.

그런데 블라디미르 푸틴 러시아 대통령은, 위의 구절을 잘못 인용하여, 수많은 무모한 사상자를 내었습니다. 그것을 알았기에 그 발언 당시에 러시아 대사관과 우크라이나 대사관 그리고 cbs 방송국에 팩스를 보냈습니다. 잘못된 해석으로 무모한 백성을 해치는 것이라고, 그래서 전쟁을 멈추어야 한다고 그 나라 국민에게 호소하듯이 말입니다. 그런데 모두 다 묵묵부답이었습니다.

주님의 말씀은 친구를 위한 그런 무모한 죽음이 아니라, 정말 참 친구인 형제를 자신의 형제처럼 서로 사랑함으로, 자신이 가진 것을 가난한 자기의 형제에게 나누어 줌으로써 하는, 그러한 희생을 말씀하는 것(요일3:16-17)이었는데 말입니다. 그 말씀이 확실한 것은 그다음 구절의 말씀으로써 "내가 **명령**하는 것을 실천하면 너희는 바로 내 친구이다."(요15:14)라는 말씀이 그 말씀을 대변해 주고 있기 때문입니다.

주님의 말씀이 위의 말씀과 같다면 주님의 명령은 무엇이었을까요? 주님의 명령은 바로 아래의 말씀이었습니다.

"서로 사랑하여라. '**내가 너희에게 명령**'하는 것이 바로 이것이다."(요15:17) 그렇습니다.

주님의 명령은 주님을 믿는 제자들이 서로 사랑하는 것이었습니다. 이렇게 그리스도의 제자들이 서로 사랑함으로써 주님의 친구가 되는 것이었습니다. 그러므로 주님의 친구는 "친구를 위해 목숨을 버리는 사람이어야 하는 것"입니다. 그 말씀에 대하여도 알아보겠습니다. 친구를 위해 목숨을 버리는 사람에 대하여 주님께서는 사도 요한을 통해 이렇게 말씀하셨습니다.

"**예수님이 우리를 위해 스스로 목숨을 버리신 일**'로 우리는 사랑이 무엇인가를 알게 되었습니다. 그러므로 '**우리도 형제를 위해 목숨을 버리는 것**'이 마땅합니다."(요일3:16; 현대인의 성경) 하고 말입니다.

이렇게 사도 요한을 통해 말씀하심과 같이 "주님께서는 먼저 주님의 친구들을 위해 목숨을 버리셨습니다." 그러므로 주님의 친구인 우리도 "주님의 친구들인 형제를 위해 목숨을 버리는 것이 마땅한 것입니다." 이렇게 주님의 친구는 "친구를 위해 '**목숨**'을 버리는 사람"이며, "주님께서 '**명령**'하신 것을 실천하는 사람"인 것입니다.

그러므로 주님께서는 위의 말씀과 같이 주님의 친구가 된 그러한 주님의 친구들을, 자신을 위해 세상 재물로 서로 사귀라는 것입니다. 주님이 보내는 사람을 영접하라는 것(요13:20)입니다. 그러면 세상 재물이 없어질 때, 다시 말해서 옥스퍼드원어성경의 해석처럼 더 이상 세상 재물을 사용할 수 없을 때, 곧 약삭빠른 재산 관리인(눅16:2; "지금까지 네가 맡아 하던 일을 정리하라.")처럼 자신의 재산 관리인의 직무가 끝날 때, 세상 재물로 서로 사귄 주님의 친구들 안에 함께 계신 주님이, 여러분을 영원한 집으로 맞아들인다는 그러한 교훈에 관한 말씀인 것입니다. 위의 말씀이 그러함으로 주님께서는 바로 그와 같은 말씀(세상 재물로 친구를 사귀라는 말씀)으로 사도 요한을 통해 아래와 같이 말씀하시지 않았습니까?

"'**누구든지 세상 재물을 가지고 있으면서 자기의 형제가 궁핍한 것**'을 보고도 마음의 문을 닫고 그를 동정하지 않는다면 어떻게 그에게 하나님을 사랑하는 마음이 있다고 하겠습니까? 사랑하는 자녀들이여, 우리는 말로나 혀끝으로 사랑하지 말고 '**행동으로 진실하게 사랑합시다.**' 우리는 '**이렇게**(행동으로 진실하게) **사랑함으로써**' '**우리가 진리에 속해 있다는 것**'을 알게 되고 또 '**하나님 앞에서 확신을 가질 수 있습니다.**'"(요일3:17-19; 공동번역) 하고 말입니다. 이렇게 우리가 주님의 친구들(궁핍한 형제들)을 세상 재물로 사귐으로써, "우리가 진리에 속해 있다는 것"(눅16:9; "영원한 집으로 맞아들일 것이다."라는 것)을 알게 되고, "하나님 앞에서 확신을 가질 수 있다는 것"(현대인의 성경; 하나님 앞에서 마음을 편안하게 가질 수 있을 것)입니다.

　이렇게 "하나님 앞에서 마음을 편안히 가질 수 있을 정도로," 그리스도의 형제를 사귀는 사람들은, 불 속을 헤치고 나오듯이 그러한 고통스러운 구원(고전3:15)을 받지 않는다는 것입니다. 그분의 영광스러운 나라를 바라보며, 확실하게 하나님을 믿는 사람들은 사드락 메삭 아벳느고와 같이 완전하게 구원을 받는다는 것(단3:27)입니다. 그러므로 여러분이 세상 재물로 사귀는 친구는 누구를 말씀하신 것이겠습니까?

　사회적 약자 곧 세상에서 소외된 이웃을 말씀하신 것이겠습니까? 아니면 하나님의 아들 예수 그리스도의 이름을 믿는 궁핍한 그리스도의 형제를 말씀하신 것이겠습니까?

　"누구든지 세상 재물을 가지고 있으면서 **'자기의 형제가 궁핍한 것'**을 보고도 마음의 문을 닫고 그를 동정하지 않는다면 어떻게 그에게 하나님을 사랑하는 마음이 있다고 하겠습니까?"(요일3:17) 하고 주님께서는 사도 요한을 통해서 말씀하셨는데 말입니다.

자기 얼굴에 누워서 침 뱉기

 그러므로 여러분은 유다의 지도자인 한 청년에게 주님께서 말씀하신 그 말씀을 보고 깨달으십시오.

 유다의 어떤 지도자가 예수님께 와서 "선하신 선생님, 제가 무엇을 해야 영원한 생명을 얻겠습니까?" 하고 물었습니다. 예수님께서는 들으시고 그 지도자에게 이렇게 말씀하셨습니다. "왜 나를 선하다고 하느냐? 선하신 분은 하나님 한 분뿐이시다. '간음하지 말라. 살인하지 말라. 도둑질하지 말라. 거짓으로 증언하지 말라. 네 부모를 공경하라.'고 한 계명들을 알고 있지 않느냐?" 그 사람은 예수님의 대답하신 말씀을 듣고 "어려서부터 저는 이 모든 것을 다 지켜 왔습니다." 하고 대답하였습니다. 예수님께서는 이 말을 들으시고 "너에게는 아직도 해야 할 일이 하나 더 있다. **'있는 것을 다 팔아 가난한 사람들에게 나**

누어 주어라.' '그리하면 하늘에서 보화를 얻게 될 것이다.' 그리고 와서 나를 따라라." 하고 유다의 지도자인 한 청년에게 말씀하셨습니다. 그러나 그는 큰 부자였기 때문에 이 말씀을 듣고서 무척이나 마음이 괴로웠다고(눅18:18-23; 공동번역) 하였습니다.

이렇게 유다의 어떤 지도자 한 청년에게 예수님께서는 "있는 것을 다 팔아 가난한 사람들에게 나누어 주어라.' '그리하면 하늘에서 보화를 얻게 될 것이다.' '그리고 와서 나를 따라라.'" 하고 말씀하셨습니다. 그러나 이 말씀을 들은 그는 큰 부자였기 때문에 몹시 근심하였다고 성경에 그와 같이 기록되어 있지 않습니까?

그런데 말입니다,

만일 위의 큰 부자에게 말씀하심과 같이, 부자는 물론이거니와 그리스도를 믿는다는 모든 사람에게 "있는 것을 다 팔아 가난한 사람들에게 나누어 주어라.' '그리하면 하늘에서 보화를 얻게 될 것이다.' 그리고 와서 나를 따라라." 하고 그와 같이 말씀을 하셨다면, 이 말씀을 듣고 몹시 근심하지 않을 사람이 몇 사람이나 있을까요?

이렇게 우리 많은 신앙인 중에도 유다의 어떤 지도자 청년과 같이, 자기도 그렇게 고민할지도 모른다는 생각은 해 보지도 않고, 큰 부자인 유다의 어떤 지도자 청년이 자기의 부를 놓지 못하고, 그것을 붙들고 의지함으로써, 자신을 위해 하늘에 보화를 쌓지 못함을, 나무라는 사람들이 있는 것입니다. 주님께서는 "너희 중에 누구든지 자기 소유를 다 버리지 않으면 내 제자가 될 수 없다."(눅14:33) 하고 그와 같이 말씀하셨는데도 말입니다. 이렇게 유다의 어떤 지도자 청년과 같이 하나님과 재물을 함께 섬기는 사람들(눅16:13)이, 오늘날의 교회 세상에도 많이 있는 것입니다.

그러하기에 주님을 믿는다고 하면서도, 형제들이 하나님께서 주신 자기의 소유를, 바리새파 사람들처럼 탐욕으로 움켜쥐고(눅11:39-41) 서로 형제들이 나누지 못하는 것입니다. 그렇게 하여 하나님의 백성과 함께 고난받는 것을 회피함으로써, 그리스도의 고난을 같이 나누지 못하는 것입니다.

오히려 바리새파 사람들처럼 목회자라는 사람들이 자기의 몫으로 누구는 수억씩, 누구는 수십억씩 연봉으로 터무니없이 착취해 가는 것입니다. 그렇게 터무니없이 착취해 간 그 돈으로, 그들은 "죄의 일시적인 쾌락을 누리고 있는 것"입니다.

이렇게 목사라는 사람들이 재물에 눈이 어두워 탐욕을 부리기에, 성도들이 자기의 소유를 팔아 가난한 사람들에게 나누어 주지 못하는 것입니다. 이러하기에 자기도 자신의 소유를 팔아 가난한 사람들에게 나누어 주지도 못하면서, 예수님 당시 큰 부자요, 지도자 청년인 그 사람을 나무란다는 것은 **"자기 얼굴에 누워서 침 뱉기가 아닐까요?"**

예수님 당시 시대에도 지금과 같이 탈취하는 시대가 있었습니다.

"예수님은 이렇게 가르치셨다. '율법 학자들을 주의하여라. 그들은 긴 옷을 입고 다니기를 좋아하고, 시장에서 인사받는 것과 회당에 높은 자리와 잔치 자리의 특석을 좋아한다. 그들은 **과부의 재산**(막12:42; 한 가난한 과부는 렙돈 두 푼 곧 한 고드란트를 넣었다)**을 가로채고,** 사람들 앞에서 거룩하게 보이려고 길게 기도한다.'"(막12:38-40) 하는 이런 회당 교회 시대가 예수님 당시에도 있었습니다.

그러므로 여러분은 예수님 당시와 오늘날 경건하지 못한 목사들의 행위를 위의 말씀에 조명해 보십시오.

"오늘날 목사들도 긴 옷 대신에 값비싼 외제 자동차를 타고 다니기 좋아하고, 마찬가지로 어디에서나 인사 받는 것과 교회 높은 자리와 잔치 자리의 특석을 좋아합니다. 그리고 그들도 과부의 재산을 가로채는 대신에 '**폐박스를 줍는 가난한 사람들의 헌금을 가로채고,**' 사람들 앞에서 길게 기도하는 대신에, 사람들 앞에서 자기가 목사라는 것을 나타내어 보이려고, 입으로 기도해 주기를 좋아하는 것입니다."

그래서 교회에 헌금하면 복을 받습니다. 하여 기복신앙을 가르치거나, 교회에 십일조, 각종 절기 감사, 주일 등등의 헌금하면, 하늘에 보물을 쌓아 두는 것입니다. 하여 여러 가지 명목으로 헌금을 거두어 들이고 있는 실제 상황입니다.

그렇다면 위와 같이 거두어들인 헌금이, 오늘날과 같이 "성도들과 함께 나누는 사랑의 잔치 자리는 없어지고," 선교라는 이름 아래 주변 이웃 사랑과 교회 운영비와 죄의 일시적인 쾌락을 즐기는, 목사들의 호주머니로 들어갔다면, 과연 여러분의 보물이 하늘에 쌓이게 될까요?

하나님께 대하여 부요한 사람
(율법의 의 믿음의 의)

예수님께서는 자기의 형제와 재산을 나누지 못하는 어리석은 부자에 대하여 비유를 들어 이렇게 말씀하셨습니다.

"비옥한 농토를 가진 어떤 부자가 풍부한 수확을 하자 속으로 '내가 곡식을 쌓아 둘 곳이 없으니 어떻게 할까? 옳지! 이렇게 하면 되겠구나. 내가 내 곳간을 헐고 더 크게 지어 거기에 내 모든 곡식과 물건을 쌓아 두겠다.' 하였고 또 그 영혼에게 '내 영혼아, 여러 해 쓸 물건이 많이 쌓여 있다. 이제 편히 쉬고 먹고 마시고 즐겨라.' 하였다. **그러나 하나님은 이렇게 말씀하셨다.** '어리석은 사람아, 오늘 밤에 네 영혼을 도로 찾아가면 네가 지금까지 쌓아 놓은 것이 뉘 것이 되겠느냐?' **'자기를 위해서는 재산을 쌓으면서도 하나님께 대하여 부요하지 못한 사람'은 바로 이와 같은 사람이다.**"(눅12:16-21; 현대인의 성경) 하고 말씀하셨습니다. 그렇습니다.

"자기를 위해서는 재산을 쌓으면서도 하나님께 대하여 부요하지 못한 사람"은 바로 "자신을 위해서 온갖 욕심을 부리는 어리석은 사람"을 가리키는 말씀입니다. 그렇다면 하나님께 대하여 부요하지 못한 사람이란, 실제로 어떤 사람을 가리키는 말씀일까요? 그 말씀에 대하여 성경은 이렇게 기록하고 있습니다.

"그때 군중 가운데 어떤 사람이 예수님께 '선생님, 내 형더러 유산을 나와 나누어 가지라고 말씀해 주십시오.'"(눅12:13)라고 말입니다. 그렇습니다.

"자기를 위해서는 재산을 쌓으면서도, 자신의 형제(그리스도의 형제)에게 재산을 나누어 주지 못하는 사람"을 보고, "하나님께 대하여 부요하지 못한 사람이라고 말씀하시는 것"입니다. 그렇다면 왜 주님께서는 자기를 위해서는 재산을 쌓으면서도, 자기의 형제인 그리스도의 형제에게 재산을 나누어 주지 못하는 사람을 보고, 하나님께 대하여 부요하지 못한 사람이라고 말씀하시는 것일까요?

그것은 곧 눈에 보이는 형제를 사랑하지 못하는 사람이 보이지 않는 하나님을 사랑할 수 없다고 그와 같이 말씀하고 있기 때문입니다.

"하나님을 사랑한다고 하면서 형제를 미워하는(형제를 사랑하지 않는 사람은) 사람은 거짓말쟁이입니다. 눈에 보이는 형제를 사랑하지 못하는 사람이 보이지 않는 하나님을 사랑할 수는 없습니다."(요일4:20-21; 현대인의 성경, 공동번역) 이렇게 말입니다. 그렇습니다.

눈에 보이는 자기의 형제를 사랑하지 못하는 사람은 보이지 않는 하나님을 사랑할 수 없기 때문입니다. 그와 같이 "자기의 형제를 사랑하지 않는 사람은, 보이지 않는 하나님을 사랑할 수 없기에, 하나님에 대하여 부요하지 못하는 사람"이 되는 것입니다.

그러므로 주님께서는 "어리석은 부자와 같은 비유로" "자기의 제자들을 가르치시기를" "그러니 잘 들어라." 하고 아래와 같이 가르치시지 않았습니까?

"예수께서는 제자들에게 이렇게 말씀하셨다. **'그러니 잘 들어라.** 너희는 무엇을 먹고 살아갈까? 또 몸에 무엇을 겹칠까?' 하고 걱정하지 말아라. **목숨**이 음식보다 더 귀하고 **몸**이 옷보다 더 귀하지 않느냐?" (눅12:22-23; 공동번역) 하고 말입니다. 같은 구절을 새 번역 성경은 이렇게 해석합니다.

"예수께서 자기의 제자들에게 이렇게 말씀하셨다. **그러므로 내가 너희에게 말한다.** 목숨을 부지하려고 '무엇을 먹을까?' 하고 걱정하지 말고 몸을 보호하려고 '무엇을 입을까?' 하고 걱정하지 말아라. **목숨**은 음식보다 더 소중하고 **몸**은 옷보다 더 소중하다."(눅12:22-23) 하고 말입니다. 그리고 계속 말씀을 이어서 "하나님께서 기르시고 먹여 주신다는 까마귀의 비유로 너희는 새보다 훨씬 더 귀하다는 것"(눅12:24)을 제자들에게 가르치셨고, "너희 가운데서 누가 걱정한다고 해서 제 수명을 한 시간인들 늘릴 수 있느냐?"(눅12:25)고도 가르치셨습니다.

그리고 "이렇게 하찮은 일(목숨을 연장하는 신적인 일)에도 힘이 미치지 못하면서, 왜 다른 일(세상일)들까지 걱정하느냐?"(눅12:26)라고도 가르치셨습니다. 그리고 또 "들에 피는 백합꽃을 비유"로 가르치시면서 제자들에게 이렇게도 말씀하셨습니다.

"**믿음이 적은 사람들아,**' 오늘 피었다가 내일 아궁이에 들어갈 들풀도 하나님께서 그와 같이 입히시거든, 하물며 너희야 더 잘 입혀 주시지 않겠느냐? 그러니 무엇을 먹을까? 무엇을 마실까? 하고 염려하며 애쓰지 말아라."(눅12:28) 하고 말입니다. 이렇게 하나님께서 우리에 대하여 그러하시기에 "무엇을 먹을까? 무엇을 마실까? 하고 염려하며 애써 찾는 사람들이 누구"라고 하셨습니까? 그렇습니다. 예수님께서는 제자들에게 염려하며 애써 찾는 사람들은 이 세상 사람들이라고 가르치셨습니다.

"그런 것들은 다 이 세상 사람들이 찾는 것이다."(눅12:30) 이렇게 말입니다. 그렇다면 우리는 이 세상 사람들이 찾는 것처럼 찾지 않아도 되는 것일까요? 그렇습니다.

우리가 하나님을 믿지 않는 이방인들처럼 찾지 않아도 하나님께서는 먹을 것, 입을 것들이 우리에게 필요하다는 것을 이미 우리보다 더 잘 알고 계시기에, 공중에 새들보다 더 그리고 들에 들꽃보다 더 잘 먹이시고 입히신다는 것입니다.

그러므로 너희는 먼저 하나님의 나라를 찾아라. 하고 그렇게 말씀하시지 않았습니까? 그러면 이 모든 것도 곁들여 받게 된다고 말입니다.

"너희는 먼저 하나님의 나라를 찾아라. 그러면 이 모든 것도, 곁들여 받게 될 것이다."(눅12:31; 공동번역) 이렇게 말입니다.

여기서 여러분은 말씀의 구절을 잘 살펴보셔야만 합니다.

주님께서는 위의 말씀을 끝으로 제자들에게 말씀하시지 않고, 바로 연결하여 제자들을 이렇게 가르치셨다는 것을 말입니다.

"**내 어린 양 떼들아,**' 조금도 무서워하지 말아라. 너희 아버지께서는 하늘나라를 너희에게 기꺼이 주시기로 하셨다."(눅12:32) 하고 연결하여 가르치신 것입니다. 새 번역 성경은 같은 구절을 이렇게 해석합니다.

"두려워하지 말아라. **적은 무리여**(킹 제임스 성경; '**적은 무리야**, 두려워 말라.'), 너희 아버지께서 그의 나라를 너희에게 주시기를 기뻐하신다."(눅12:32) 하고 말입니다. 그리고 주님께서는 앞과 같이 제자들을 가르치시고 나서, 바로 또 연결하셔서 "보물을 하늘에 쌓아 두라고" 아래와 같이 계속하여 자기의 제자들을 가르치신 것입니다.

"'너희는 가진 것을 팔아' **가난한 사람들을 도와주고**' 너희 자신을 위해 낡아지지 않는 주머니를 만들어라.' **'그것은 없어지지 않는 보물을 하늘에 쌓아 두는 것이다.'**"(눅12:33; 현대인의 성경) 이렇게 말입니다.

"마태복음에서는 '보물을 하늘에 쌓아 두라는' 위 구절의 말씀이 먼저 나오고,"(마6:19-21) "불의한 청지기 비유와 같이 하나님과 재물을 함께 섬길 수 없음"(마6:24)과 "공중에 새들의 비유"(마6:26) "들에 백합

화의 비유"(마6:28-30) 그리고 "믿음이 적은 자들아,"(마6:30)라는 말씀과 "그의 나라와 그의 의를 구하라는 말씀"(마6:31-33)의 구절이 나중에 나옵니다.

위의 말씀과 같이 예수님께서 자기의 제자들을 가르치셨다는 것은 "하늘에 계신 우리 아버지께서는 먹고, 마시고, 입는 것 등등 이렇게 육체에 필요한 모든 것을, 우리에게 있어야 할 것을 잘 알고 계시기 때문에," 우리보다 우리를 더 잘 알고 계신 하나님만을 믿고, "그의 나라와 그의 의를 찾으라는 말씀"인 것입니다.

그와 같이 하나님의 나라와 하나님의 의를 찾은 사람들에게는, 하나님 아버지께서 그들에게 필요한 세상 것들도 곁들여 주신다고 말입니다. 그렇다면 하나님의 나라와 하나님의 의를 찾은 사람들은 어떤 사람일까요?

주님께서는 하나님의 의에 복종하지 않은 이스라엘 민족으로, 하나님의 의에 대하여 사도 바울을 통해서 이렇게 말씀하셨습니다.

"나는 증언합니다. 그들은 하나님을 섬기는 데 열성이 있습니다. 그러나 그 열성은 올바른 지식에서 생기는 것이 아닙니다. 그들은 하나님의 의를 알지 못하고 자기 자신들의 의를 세우려고 힘을 씀으로써, 하나님의 의에는 복종하지 않게 되었습니다. 그러므로 '**그리스도는 율법의 끝마침이 되셔서, 모든 믿는 사람들에게 의가 되어 주셨습니다.**"(롬10:2-4; 새 번역 성경) 하고 말입니다. 그렇습니다.

"그리스도는 율법의 끝마침이 되셔서," "모든 믿는 사람들에게 의"

가 되어 주셨습니다. 이렇게 그리스도께서는 하나님께 자기의 몸을 바쳐 율법을 다 이루심(요19:30; "다 이루었다.")으로 **"모든 믿는 사람'**에게 **'의'**가 되어 주신 것"입니다. 카톨릭 성경은 같은 구절을 이렇게 해석합니다.

"사실 그리스도는 율법의 끝이십니다. **믿는 이는 누구나 의로움을 얻게 하려는 것입니다.'"**(롬10:4) 하고 말입니다. 그렇습니다.

율법의 끝이 되신 하나님의 아들 예수 그리스도의 이름을 믿는 사람은 누구나 "의로움을 얻게 하려는 것"입니다. 그러므로 여러분은 보십시오. 성경은 "율법에서 오는 의에 대하여" 이렇게 기록되어 있지 않습니까?

"모세는 **'율법에서 오는 의로움에 관하여'** 이렇게 기록하고 있습니다. '그것들을 실천하는 이는 그것들로 살 것이다.'"(롬10:5; 카톨릭 성경) 하고 말입니다. 그렇습니다.

율법에서 오는 의는 계속해서 율법을 지켜 행함으로써, 그것들로 말미암아 사는 것입니다. 그러나 "믿음에서 오는 의에 대하여"는 성경은 이렇게 기록하고 있습니다.

"그러나 **'믿음에서 오는 의로움은'** 이렇게 말합니다. 너는 '누가 하늘로 올라가리오?' 하고 마음속으로 생각해서는 안 된다. 이 말씀은 그리스도를 모시고 내려오라는 것입니다. 또 말합니다. '누가 지하로 내려가리오?' 하지 마라. 이 말씀은 그리스도를 죽은 이들 가운데서 모시고 올라오라는 것입니다. **의로움은 또 무엇이라고 말합니까?** '그 말씀은 너희에게 가까이 있다. 너희 입과 너희 마음에 있다.' 이것이 우리가 선포하는 믿음의 말씀입니다."(롬10:6-8; 카톨릭 성경) 하고 말입니다. 그렇습니다.

우리 주 예수님은 하늘에서 내려오셨고, 그분의 하나님 아버지께서는 우리를 대신하여 목숨을 바치신 예수님을 죽은 자들 가운데서 일으키셨습니다. 이렇게 믿음의 말씀을 마음으로 믿으면 하나님의 "의로움을 얻게 되고," "예수님은 주님이라고 고백"하면 "구원"을 받게 되는 것입니다. 아래와 같이 말입니다.

"그대가 '예수님은 주님이시라고 입으로 고백하고'(고전12:3; **성령님의 도움이 없이는** 아무도 **예수님을 주님**이라고 말할 수 없습니다.') 하나님께서 예수님을 죽은 이들 가운데서 일으키셨다고 마음으로 믿으면 구원을 받을 것입니다. 곧 마음으로 믿어 의로움을 얻고, 입으로 고백하여 구원을 얻습니다."(롬10:9-10; 카톨릭 성경) 이렇게 말입니다. 그렇습니다.

위의 말씀과 같이 우리가 입으로 예수님은 주님이시라고 고백하고, 하나님께서 예수님을 죽은 이들 가운데서 일으키셨다고 마음으로 믿으면 하나님과 올바른 관계를 회복하게 되어 구원을 받는 것입니다. 그와 같이 마음으로 믿어 의로움을 얻게 되고, 입으로 고백하여 구원을 얻는 것입니다. 그래서 하나님의 아들 예수 그리스도를 믿는 사람은 누구나 부끄러운 일을 당하지 않으리라고 성경에 그렇게 기록하고 있는 것입니다.

"성경도 '그를 믿는 이는 누구나 부끄러운 일을 당하지 않으리라.' 라고 말합니다."(롬10:11) 이렇게 말입니다. 그러므로 성경은 예수님을 믿는 이는 유대인이나 그리스인(이방인)이나 아무런 차별이 없다고 말씀을 기록하고 있는 것입니다.

"유대인과 그리스인(공동번역; 이방인) 사이에 아무런 차별이 없습니다."(롬10:12) 하고 말입니다. 그리고 이렇게도 기록하고 있습니다.

"같은 주님께서 모든 사람의 주님으로서, **당신을 받들어 부르는 모든 이에게 풍성한 은혜를 베푸십니다. 과연 '주님의 이름을 받들어 부르는 이는 모두 구원을 받을 것입니다.'**"(롬10:12-13; 카톨릭 성경) 하고 말입니다. 그렇습니다.

하나님 아버지께서는 예수님을 보고 "주여, 주여," 하고 부른다고 하여 다 구원받는 것이 아니라 하나님 아버지를 공경하며, 높이 받들어 모시는 모든 사람(마7:21; 하늘에 계신 내 아버지의 뜻을 실행하는 사람)에게 풍성한 은혜를 베푸신다는 것"입니다. 그러므로 우리가 하나님의 아들 예수 그리스도의 이름을 믿음으로, 하나님 아버지를 공경하며 높이 모신다는 것은, 여러분 안에 계시는 성령님, 그분께서 여러분에게 명령하는 모든 말씀에 순종한다는 것을 뜻하는 것입니다.

그러므로 여러분이 "예수님을 주님'이라고 부른다면, 여러분 안에는 성령님이 계시는 것"(고전:12:3)입니다.

우리가 그러한 사람들이기에 예수님을 주님이라고 부르는 사람은 누구든지 죄에서 떠나라는 성경 말씀이 기록되어 있다고 하지 않았습니까?

"그러나 하나님의 터전은 굳게 서 있고 그 위에는 이런 말이 기록되어 있습니다. '주께서 자기에게 속한 사람들을 아신다.' '주의 이름을 부르는 사람은 누구든지 악에서 떠나라.'"(딤후2:19) 이렇게 말입니다. 그렇습니다.

주의 이름을 부르는 사람은 누구든지 악에서 떠나야 합니다. 그렇다면 주의 이름을 부르는 사람들은 누구일까요? 그렇습니다.

주님의 이름을 부르는 사람들은 오로지 하나님의 백성밖에는 없습니다. 그래서 "주께서 자기에게 속한 사람들을 아신다." 기록되어 있지 않습니까? 그리고 "주님은 아브라함의 후손들을 도우려고 오신 것입니다."(히2:16) 이렇게 기록되어 있지 않습니까?

우리가 그러하기에 하나님께서도 오로지 하나님의 백성 외에는 생각하시지 않으시는 것입니다. 그래서 "기쁜 소식의 복음을 듣고 돌아온 하나님의 백성"에게, 주님께서는 "서로 사랑하라고" 그와 같이 **"명령**"(요15:17)을 내리시면서까지, 그리스도의 제자가 된 그들을 가르치시는 것입니다.

"**너희는 서로 사랑하여라.**' 내가 너희에게 '**명령하는 것이 바로 이것이다.**'"(요15:17) 이렇게 말입니다. "주님께서는 이렇게 '**우리가 서로 사랑함으로 열매 맺는 그러한 교회**'를 '**온 세상**'에 가득하게 세우시기를 원하시는 것"입니다.

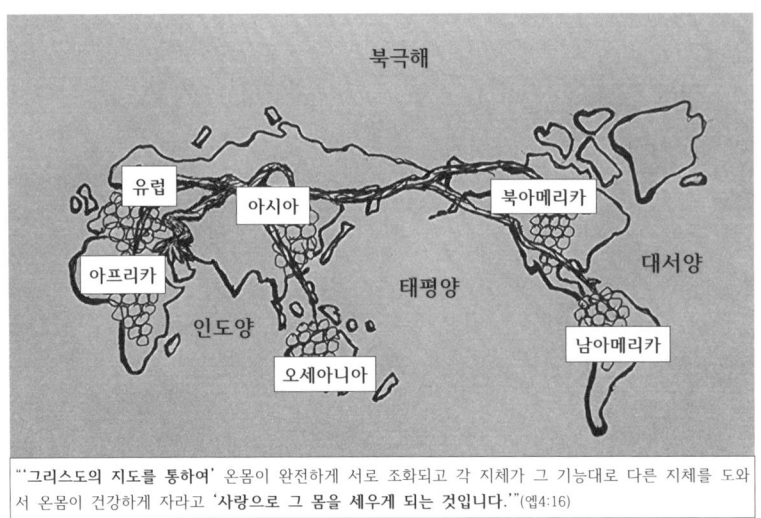

"'그리스도의 지도를 통하여' 온몸이 완전하게 서로 조화되고 각 지체가 그 기능대로 다른 지체를 도와서 온몸이 건강하게 자라고 '사랑으로 그 몸을 세우게 되는 것입니다.'"(엡4:16)

그래서 그와 같은 말씀으로 에베소 교회 성도들에게 주님께서는 사도 바울을 통하여 아래와 같이 편지를 쓰시지 않았습니까?

"우리는 사랑 가운데 진리대로 살면서 여러 면에서 자라나 머리이신 그리스도와 한 몸이 되어야 합니다.' 우리의 몸은 각 부분이 자기 구실을 다함으로써 각 마디로 서로 연결되고 얽혀서 영양분을 받아 자라납니다. '그리스도를 머리로 하는 교회도 이와 같이(온몸은 몸에 갖추어져 있는 각 마디를 통하여 연결되고 결합하듯이) **하여 사랑으로 자체를 완성해 나가는 것입니다.'"**(엡4:15-16) 이렇게 말입니다. 그렇습니다.

우리는 위의 말씀과 같이 "서로 사랑하는 것이 '진리 안에서 사는 사람'인 것"입니다. 그래서 성경에 "진리 안에서 사는 사람에 대하여" 이렇게 기록되어 있지 않습니까?

"나는 성도들로부터 '그대가 진리대로 살고 있다는 소식'을 듣고 무척 기뻤습니다. 나에게는 '내 자녀들이 진리 안에서 생활한다는 소식'을 듣는 것보다 더 기쁜 일이 없습니다."(요삼1:3-4) 하고 말입니다. 그렇습니다.

위의 말씀과 같이 우리는 사랑 가운데서 진리대로 살면서 머리 되신 그리스도를 닮아 가는 것이 진리 안에서 생활하는 사람인 것입니다. 이처럼 여러분 안에 계신 성령님을 통하여 온몸이 완전하게 조화되고 각 지체가 그 기능대로 다른 지체를 도와서 온몸이 건강하게 자라고 사랑으로 그리스도의 몸을 세우는 사람들(엡4: 15-16)이 바로 진리 안에서 사는 사람인 것(요삼1:3-4)입니다. 그렇습니다.

"**하나님의 백성과 함께 학대받는 그것을 메시아를 위하여 받는 고난**'이라고 성경에 기록하심"(히11:25-26)과 같이, 성도를 서로 사랑하는 사람들(하나님의 백성과 함께 학대받는 사람들)이 진리 안에서 사는 사람인 것입니다.

이처럼 부활하신 주님께서는 자기의 제자들에게 바로 위와 같이 "하나님의 백성과 함께 학대받는 그러한 그리스도의 몸 된 교회를 세우라고" **"명령**"하셨던 것(마28:18-20)입니다. 이렇게 "하나님의 백성과 함께 학대받는 그러한 그리스도인들이 진리 안에서 사는 사람이며, 진리를 아는 사람인 것"(요일2:21, 요이1:1)입니다. 그리고 그와 같이 "진리 안에서 사는 사람들이 바로 예수님의 말씀과 같이 '**하나님께 대하여 부요한 사람**'인 것"(눅12:21)입니다.

"하나님께서는 이렇게 자신들의 장래를 위해 좋은 터를 쌓는 사람들에게 **'영원한 생명'**을 얻게 하시는 것"(딤전6:17-19; 현대인의 성경)입니다.

그러므로 성경에서 "가난한 사람들은" 자기의 형제를 가리키는 것이며, "하나님께 대하여 부요한 사람으로서 '그와 같이'"(눅12:13-33) 하나님께 마음을 넉넉히 쓰는 형제들"의 "도움을 받아서 가난의 생활을 면하게 되는 가난한 사람들"(고후8:13-15)은, "하나님의 아들 예수 그리스도의 이름을 믿는 그리스도의 형제들"을 가리키고 있음이 분명한 것입니다.

이처럼 우리가 서로 사랑함으로써, 하나님의 계명을 지키게 되는 것입니다. 그리고 이렇게 "하나님 아버지의 계명을 따라 사는 것이 곧 **'사랑'**이며, 계명은 여러분이 처음부터 들은 대로 **'서로 사랑하는 것'**"(요이1:6)입니다. 그리고 또한 이렇게 "그리스도의 가르침을 따라 사는 사람들이 바로 **'하나님 아버지와 아들을 함께 모시게 되는 사람'**인 것"(요이1:9)입니다. 이러한 의로운 일을 여러분이 가난한 그리스도의 형제들에게 행함으로써, 없어지지 않는 보물을 하늘에 쌓아 두게 되는 것입니다.

그래서 성경에 "**그가 멀리 흩뜨리시고 가난한 자들에게 주셨으니 그의 의가 영원히 남음이라.'** 함과 같음이라."(고전9:9; 킹 제임스 성경) 하고 성경에 기록되어 있지 않습니까?

주님의 말씀이 위와 같음으로 여러분은 성경에 "가난한 자들에 관한 말씀"이 바로 "하나님의 백성을 가리키는 말씀"이라는 것을, 잊지 마십시오. 그리고 성경에 "가난한 자들에 관한 말씀"이 처음부터 "하나님의 백성을 가리키는 말씀이었다는 것"을, 성경을 통하여 여러분이 확실하게 알 수 있도록 그 구절들을 보여드리겠습니다.

성경에 "미리" 기록된 것은

 그러므로 그 말씀에 들어가기 전에 아래의 말씀을 먼저 읽어 보고 마음에 깊이 간직하십시오.
 주님께서는 구약에 기록된 말씀에 대하여 로마에 사는 성도들에게 사도 바울을 통하여 이렇게 편지하셨습니다.
 "**무엇이든지 전에 기록된 것은**' 우리의 교훈을 위하여 기록된 것이니 이는 성경이 주는 인내와 위로로써 소망을 지니게 하려 함이라." (롬15:4; 킹 제임스 성경) 하고 말입니다. 카톨릭 성경은 같은 구절을 이렇게 해석합니다.
 "**성경에 미리 기록된 것은**' 우리를 가르치려고 기록된 것입니다. 그래서 우리는 성경에서 인내를 배우고 위로를 받아 희망을 간직하게 됩니다."(롬15:4) 하고 말입니다. 그러므로 여러분도 전에 기록된 구약의 말씀에서 인내를 배우고 위로를 받아 소망을 꼭 간직하는 사람들이 되십시오. 하나님 여호와께서는 이스라엘 백성의 지도자 모세를 통해 아래와 같이 성경에 기록하셨습니다.

아주 오래된 옛날 옛적부터 "하나님 여호와께서는 7년마다 그해 연말에, 하나님의 백성들 가운데 가난한 동족이, 그들의 부유한 동족들로부터 빌려 사용한 돈을 미처 다 갚지 못했을 때, 그들의 모든 동족 채권자들이 받을 돈을 면제해 주는 규정"을 만들어서, 그들 곧 하나님의 온 백성에게 아래와 같이 내려 주셨습니다.

"여러분은 7년마다 그해 연말에 여러분이 받을 빚을 다 면제해 주십시오."(신15:1) 이렇게 말입니다. 그리고 면제의 규정에 대하여 하나님 여호와께서 자기의 백성에게 아래와 같이 명령하셨습니다.

"그 면제의 규정은 다음과 같습니다. **'자기 동족에게 돈을 빌려준 사람은 그 빚을 면제해 주고 그것을 억지로 받으려고 독촉하지 마십시오.'** 여호와께서는 이 해가 되면 모든 빚이 면제된다고 하셨습니다."(신15:2) 이렇게 말입니다. 그러나 면제의 규정에서 자기의 동족이나 형제가 아닌, "외국인에게 돈을 빌려준 사람은," 돈을 빌려 간 그 외국인에게는 면제해 주는 규정이 적용되지 않기에 오히려, 그 외국인에게 빚을 갚으라고 독촉할 수 있다고도 하셨습니다.

"여러분이 외국인에게는 빚을 갚으라고 독촉할 수 있습니다."(신15:3) 이렇게 말입니다. 그러나 자기의 동족이나 형제에게는 면제해 주어야 한다고 강력하게 규정하셨습니다.

"그러나 여러분의 동족에게는 그 빚을 면제해 주어야 합니다."(신 15:3) 이렇게 말입니다. 그리고 여러분이 만일 여러분의 하나님 여호와께 순종하고, 내가 오늘 여러분에게 명령하는 이 모든 것을 충실히 지키기만 하면, 여러분의 하나님 여호와께서 여러분에게 주신 땅에서 여러분이 복을 받아, 여러분 중에 가난한 자가 하나도 없을 것이라고 그렇게도 말씀하셨습니다.

"여러분이 만일 여러분의 하나님 여호와께 순종하고, 내(모세를 통하여 하나님께서)가 오늘 여러분에게 명령하는 이 모든 것을 충실히 지키기만 하면, 여러분의 하나님 여호와께서 여러분에게 주신 땅에서, 여러분이 복을 받아 **'여러분 중에 가난한 자가 하나도 없을 것입니다.'**"(신15:4-5) 하고 말입니다.

이렇게 여러분이 만일 여러분의 하나님 여호와께 순종하고, 내(모세를 통하여 하나님께서)가 오늘 여러분에게 명령하는 이 모든 것을 충실히 지키기만 하면, 여러분이 복을 받아 여러분 중에는 가난한 자가 없을 뿐만 아니라, 여러분의 하나님 여호와께서 약속하신 대로 여러분에게 복을 주셔서, 여러분이 많은 나라에 돈을 빌려주기는 해도 빌리지는 않을 것이며, 여러분이 여러 나라를 통치하는 일이 있어도, 지배받는 일은 없을 것이라고 그와 같이 약속도 하셨습니다.

"여러분의 하나님 여호와께서 약속하신 대로 여러분에게 복을 주셔서, **'여러분이 많은 나라에 돈을 빌려주기는 해도 빌리지는 않을 것이며, 여러분이 여러 나라를 통치하는 일이 있어도, 지배받는 일은 없을**

것입니다.'"(신15:6) 이렇게 말입니다. 하나님 여호와의 말씀이 이러함으로, 여러분의 하나님 여호와께서 여러분에게 주신 땅의 어느 성에 서든지 "여러분 가운데 가난한 사람이 있으면, 그를 너무 인색하게 대하지 말고 그에게 필요한 것을 빌려주라고" 그렇게 명령하셨습니다.

"여러분의 하나님 여호와께서 여러분에게 주신 땅의 어느 성에서든지 **'여러분 가운데 가난한 사람이 있으면 그를 너무 인색하게 대하지 말고 그에게 필요한 것을 빌려주십시오.'"**(신15:7-8) 이렇게 말입니다. 그러나 빚이 면제되는 해가 가까웠다고 해서 "악한 마음을 품고," 가난한 사람에게 빌려주는 것을 거절하지 말라고도 하셨으며, 그리고 여러분이 만일 몰인정하게 아무것도 빌려주지 않으면, 그가 여러분에 대하여 여호와께 호소할 것이며, 그것이 여러분에게 "죄"가 될 것이라고도 하셨습니다.

"빚이 면제되는 해가 가까웠다고 해서 악한 마음을 품고 **'가난한 사람에게 빌려주는 것**'을 거절하지 마십시오. 여러분이 만일 '몰인정하게 아무것도 빌려주지 않으면,' 그가(동족 또는 형제가) 여러분에 대하여 여호와께 호소할 것이며 **'그것이 여러분에게 죄가 될 것입니다.'"**(신15:9) 이렇게 말입니다. 그러므로 여러분은 (동족 또는 형제에게) 아낌없이 도와주고 인색한 마음을 품지 말라고도 하셨습니다.

"**여러분은 아낌없이 도와주고 인색한 마음을 품지 마십시오."**(신15:10) 이렇게 말입니다. 그러면 여러분의 하나님 여호와께서 여러분이 하는 모든 일에 복을 주실 것이라고 말입니다.

"그러면 여러분의 하나님 여호와께서 여러분이 하는 모든 일에 복을 주실 것입니다."(신15:10) 이렇게 말입니다. 앞과 같이 약속하시고 나서 하나님 여호와께서는 자기의 백성에게 이렇게도 말씀하셨습니다.

"여러분 중에는' '언제나 가난한 사람이 있기 마련'입니다. 그래서 내(모세를 통하여 하나님 여호와께서)**가 여러분에게 가난한 사람을 아낌없이 도와주라고 '명령'하는 것입니다."**(신15:11; 현대인의 성경) 하고 말입니다. 같은 구절을 공동번역은 이렇게 해석합니다.

"그렇다고 하여, 너희가 사는 땅에서 가난한 사람이 없어지지는 않을 것이다. 너희가 사는 땅에는 **'너희 동족으로서 억눌리고 궁핍한 동족'**이 어차피 있을 것이다. 그러므로 너희 손을 뻗어 도와주라고 이르는 것이다."(신15:11) 하고 말입니다. 그리고 같은 구절을 개역 성경은 이렇게 해석합니다.

"땅에는 언제든지 가난한 자가 그치지 아니하겠으므로 '내(모세를 통하여 하나님 여호와께서)**가 네게 명하여**' 이르노니, '**너는 반드시 네 경내, 네 형제의 곤란한 자와 궁핍한 자**'에게 네 손을 펼지니라."(신15:11) 하고 말입니다. 이렇게 하나님 여호와께서는 "하나님을 믿는 형제 가운데는 언제나 가난한 사람이 있기 마련"이라고 말씀하셨고, 그래서 "가난한 하나님의 백성 곧 그들과 함께 생활하는 가난한 형제를 아낌없이 도와주라고 그렇게 '명령'하셨습니다."

위와 같이 **"성경에 미리 기록된 것은'** 우리를 가르치려고 기록된 것입니다. 그래서 우리는 성경에서 인내를 배우고 위로를 받아 희망을 간직하게 됩니다."(롬15:4) 하고 말씀하고 있는 것입니다.

그러므로 성경에서 **"가난한 사람들은'** 하나님 여호와의 말씀과 같이 하나님의 백성 가운데 있는 **'동족이요, 형제들을 말씀하시고 있는 것임'**을 알아야 하는 것"입니다. "그들을" "하나님 여호와께서는 '아낌없이 도와주라고' '명령'하셨다는 것"을 말입니다.

우리가 그의 몸과 그의 살과 그의 뼈의 지체임이라

그렇다면 하나님 여호와께서는 왜 하나님의 백성 곧 그들의 궁핍한 형제를 도와주라고 위와 같이 "강력하게 명령"하셨을까요?

그것은 하나님 여호와를 믿는 사람들 곧 하나님의 아들 예수 그리스도의 이름을 믿는 사람들은 모두 한 하나님 아버지에게서 나온(히 2:11) 그리스도의 몸의 지체요 그분의 형제들이 되기 때문입니다. 그래서 히브리서 기자는 "우리가 예수님의 형제가 됨에 대하여" 아래와 같이 기록하지 않았습니까?

"**거룩하게 하시는 분과 거룩하게 된 사람들이 모두 한 분으로부터 나왔으니**' 그러므로 주께서 '**그들을 형제라**' 부르기를 부끄러워 아니하시고 말씀하시기를 '내가 주의 이름을 **내 형제들에게 선포**하고, 교회 가운데서 주를 찬송하리이다.'"(히2:11-12; 킹 제임스 성경) 하고 말입니다.

그래서 부활하신 주님께서는 막달라 마리아에게 "너는 내 형제들에게 가서' '내 아버지도 되고 그들의 아버지도 되시며,' '내 하나님도 되고 그들의 하나님도 되시는 분'에게로 내가 올라간다고 그렇게 전하라고" 말씀하시지 않았습니까? 아래와 같이 말입니다.

"예수님은 마리아에게 이렇게 말씀하셨다. '나를 만지지 말아라. 내가 아직 아버지께 올라가지 않았다. **너는 내 형제들에게 가서 내 아버지도 되고 그들의 아버지도 되시며, 내 하나님도 되고 그들의 하나님도 되시는 분에게로 내가 올라간다**고 전하여라.'"(요20:17; 현대인의 성경) 하고 말입니다. 이렇게 하나님의 아들 예수 그리스도의 이름을 믿는 사람들은, 모두 한 하나님 아버지에게서 나온 예수 그리스도의 형제들이기 때문에, 그 어떠한 형제도 존귀하지 않은 사람들이 없는 것입니다.

그리고 예수 그리스도를 믿는 사람들은, 하나님께서 아담의 갈빗대를 취하여 하와를 창조하신 것처럼, 우리도 "둘째 아담이신 예수 그리스도의 갈빗대에서 나온 둘째 하와"인 것입니다. 그러므로 성경에 이렇게 기록되어 있지 않습니까?

"그러므로 사람이 부모를 떠나 자기 아내와 합하여 그 둘이 한 몸이 되는 것입니다."(엡5:31; 새 번역 성경) 하고 말입니다. 위의 말씀이 무슨 말씀이실까요? 위의 말씀은 바로 아래의 말씀을 두고 하신 것입니다.

"참으로 심오한 진리가 담겨져 있는 말씀입니다. 나는 이 말씀이 그리스도와 교회의 관계를 말해 준다고 봅니다."(엡5:32; 공동번역) 그렇습니다.

예수 그리스도와 우리는, 머리이신 그리스도와 그의 몸의 지체들이라는 것을 말해 주는 것입니다.

우리가 그러한 사람들이기 때문에, 주님께서는 사도 바울을 통해서, 하와가 아담의 뼈이며 살인 것(창2:23)과 같이 믿는 사람들 모두가 그리스도의 몸의 지체들이라고, 그와 같이 성경에 기록하시지 않았습니까?

"우리가 그리스도의 몸과
　　그리스도의 살과
　　그리스도의 뼈의 지체임이라."(엡5:30; 킹 제임스 성경) 하고 말입니다.

이렇게 우리가 예수님의 형제들이며 그의 몸의 지체들이기 때문에, 부활하신 예수님께서 마리아에게 하신 말씀처럼, 예수님 자신의 아버지가, 주님의 아버지도 되고 우리의 아버지도 되시며, 예수님 자신의 하나님이, 주님의 하나님도 되고 우리의 하나님도 되시는 것입니다.

그래서 위에서도 히브리서 기자는 그리스도인이 예수님의 형제 됨에 대하여 이렇게 증언했다고 하지 않았습니까? "거룩하게 하시는 분이신 예수님과 거룩하게 된 사람들이 한 하나님에게서 나왔다고" 말입니다. 그래서 부활하신 예수님은 마리아에게 하신 말씀처럼, 자기를 믿는 사람들을 "형제라고 부르시는 것"(요20:17)을 조금도 부끄러워하시지 않았다고 말입니다.

"거룩하게 하시는 분과 거룩하게 된 사람들이 한 하나님에게서 나왔습니다.'(요일4:7; '사랑하는 사람은 누구나 **하나님에게서 났으며**') 그래서 예수님은 그들을 **'형제라고 부르시는 것'**을 조금도 부끄러워하시지 않고"(히2:11; 현대인의 성경)라고 말입니다. 위와 같이 거룩하게 하시는 예수님과 거룩하게 된 사람들이 한 하나님에게서 나왔기 때문에, 주님께서는 사도 요한을 통해서 거룩하게 된 사람들은 "하나님에게서 났으며 하나님을 압니다." 하고 성경에 기록하게 하시지 않았습니까?

"사랑하는 사람은 누구나 하나님에게서 났으며 하나님을 압니다."(요일4:7) 이렇게 말입니다. 그렇다면 여러분이 하나님에게서 나왔다는 증거가 무엇이라고 하셨습니까? 그렇습니다.

"여러분이 '하나님에게서 나왔다는 증거'는 여러분이 '서로 사랑하는 것'"이었습니다. 아래의 말씀과 같이 말입니다.

"사랑하는 여러분에게 당부합니다. **'우리는 서로 사랑합시다.'** 사랑은 하나님에게서 오는 것입니다. **'사랑하는 사람은 누구나 하나님에게서 났으며'** 하나님을 압니다."(요일4:7; 공동번역) 이렇게 "여러분이 형제를 진실하게 서로 사랑한다면, 그것이 바로 여러분은 **'하나님에게서 나왔다는 증거'**인 것"입니다. 그것은 왜 그렇습니까?

그것은 "하나님은 사랑이시기 때문입니다."(요일4:8) 그렇습니다.

하나님은 사랑이시기 때문입니다. 그러시기에 주님께서는 사도 요한을 통해 "사랑하지 않는 사람은 하나님을 모릅니다." 하고 아래와 같이 말씀하시지 않았습니까?

"사랑하지 않는 사람은 하나님을 알지 못합니다."(요일4:8) 이렇게 말입니다. 그렇습니다.

위의 말씀과 같이 하나님은 사랑이시기 때문에, 사랑이신 하나님에게서 나오지 않은 사람들은, 형제를 사랑하지 못하는 것입니다. **"그것으로"** 그와 같은 사람은 자기가 "하나님을 알지 못한다는 것"(요일4:8)과 "하나님의 자녀가 아니라 악마의 자녀라는 것"(요일3:10)을, 여실히 증명하여 보여 주는 셈이 되는 것입니다. 그러므로 여러분은 보십시오.

하나님의 말씀이 그러하시기에 주님께서는 사도 요한을 통해서 이렇게 말씀하시지 않았습니까?

"누구든지 세상 재물을 가지고 있으면서 **가난한 형제를 보고도 도와주지 않는다면,** 어떻게 하나님을 사랑한다고 하겠습니까? 자녀들이여 우리는 말로만 사랑하지 말고 행동으로 진실하게 사랑합시다."(요일3:17-18; 현대인의 성경) 하고 말입니다. 그러므로 만일 여러분이 자신의 재물로 가난한 형제를 도와주었다면, 그런 사람이 바로 여호와께 빌려주는 사람이 되는 것이며, 그러한 선행을 행동으로써 보여 주는 그 사람에게, 하나님 여호와께서는 반드시 그의 선행을 갚아 주시게 되는 것입니다.

"**가난한 사람을 돕는 것은 여호와께 빌려주는 것**"이니, 여호와께서 그의 선행을 반드시 갚아 주실 것이다."(잠19:17; 현대인의 성경) 이렇게 말입니다. 그러므로 위 구절에서도 가난한 사람에 대한 말씀도 "하나님의 가족으로서 가난한 사람들을 가리키는 말씀"으로 알아야만 하는 것입니다.

왜냐하면 이미 위에서 말씀을 드렸다시피 "모든 그리스도인"은, "그리스도의 몸과 살과 뼈의 지체들이기 때문(엡5:30; 킹 제임스 성경)이며, 그리고 그리스도의 형제들이기도 하기 때문"(요20:17)입니다.

그래서 마태복음 25장에서 재판장으로 오신 주님께서는 **"여기 내 형제 중에"** 지극히 작은 자 하나에게 한 것이 바로 **'나에게 한 것**이니라.'" 하고 최후의 심판 때에 말씀하신다고 하시지 않았습니까?

"그때 왕은 그들에게 '내가 분명히 말하지만, 너희가 **이들 내 형제 중에** 아주 보잘것없는 사람 하나에게 한 일이 바로 **내게 한 일이다.**' 하고 말할 것이다."(마25:40; 현대인의 성경) 이렇게 말입니다. 이렇게 "가난한 그리스도의 형제에게 한 일이 바로 주님에게 한 일이 되는 것"처럼, "가난한 그리스도의 형제를 돕는 일도 바로 하나님 여호와께 빌려주는 일이 되는 것"입니다.

"위의 말씀을 속 시원하게 풀어 주는 말씀"이 바로 예수님의 "영접의 법칙에 대한 말씀인 것"입니다. 그러므로 여러분은 주님의 말씀을 잘 들어 보십시오.

"내가 분명히 너희에게 말한다. **'누구든지 내가 보내는 사람을 영접하는 사람은 나를 영접하는 자이며, 나를 영접하는 사람은 나를 보내**

신 분을 영접하는 자이다.'"(요13:20; 현대인의 성경) 이렇게 말씀하셨습니다. 그러므로 여러분은 앞에 "영접하는"이라는 말씀의 자리에 "**돕는**"이라는 말씀으로 붙여서 쓰면 이런 말씀이 되는 것입니다.

"내가 분명히 너희에게 말한다. '누구든지 내가 보내는 사람을 **돕는** 사람은 나를 **돕는** 자이며, 나를 **돕는** 사람은 나를 보내신 분을 **돕는** 자이다.'"(요13:20; 현대인의 성경) 하고 말입니다. 이렇게 "가난한 형제를 도와주는 사람"은 "주님을 도와주는 사람"이며, "주님을 도와주는 사람"은 "주님을 보내신 하나님을 도와주는 사람"이 되는 것입니다.

주님께서 제자들에게 가르치신 "영접의 법칙"에 대한 말씀이 위의 해석과 다르지 않기에 "가난한 사람을 돕는 것은 여호와께 빌려주는 것이니, 여호와께서 그의 선행을 반드시 갚아 주실 것이다."(잠19:17; 현대인의 성경)라는 말씀에서도 "가난한 사람(가난한 성도 곧 형제를)을 돕는 일에 대한 말씀도 바로 여호와께 빌려주는 일(마25:40; 내게 한 것이니라)이 되는 것"입니다.

그러므로 위의 말씀에 기록되어 있는 "가난한 사람" 또한 "예수님께서 보내신 그리스도의 형제들'을 지칭하고 있음"을 우리는 알아야만 하는 것입니다.

주님의 말씀이 위와 같으므로 "하나님의 계명을 지키는 것이 곧 하나님을 사랑하는 것"이라고 주님께서는 사도 요한을 통하여 그렇게 말씀하시지 않았습니까?

"하나님의 계명을 지키는 것이, 곧 하나님을 사랑하는 일입니다."(요일5:3; 공동번역) 이렇게 말입니다. 그렇습니다.

"너희는 서로 사랑하여라."(요15:17) 하고 주님께서 제자들에게 명령하신 말씀이 바로 "하나님의 계명"인 것입니다. 그러므로 성경에 이런 말씀이 있지 않습니까?

"우리가 하나님의 아들 예수 그리스도의 이름을 믿고 그리스도께서 명령하신 대로 서로 사랑하는 것이 바로 **하나님의 계명**을 지키는 것입니다."(요일3:23; 현대인의 성경) 하고 말입니다. 그렇습니다.

위의 말씀처럼 "눈에 보이는 형제를 사랑하는 것이 바로 하나님의 계명을 지키는 일"이며, 그와 같이 "하나님의 계명을 지키는 일이 바로 하나님을 사랑하는 일"인 것입니다.

주님의 말씀이 그러하시기에, 하나님을 믿는 사람이 자기의 재산으로 자신의 가난한 형제를 도와주었다면, 그런 사람이 바로 하나님께 대하여 부요한 사람이 되는 것입니다. 위와 같은 사람이 바로 하나님께 마음을 넉넉하게 쓰는 사람이 되는 것이며, 하나님 여호와께 빌려주는 사람(잠19:17)이 되는 것입니다. 여호와께서는 그의 선행을 반드시 갚아 주시는 것입니다.

그러므로 여러분은 "최후의 심판에 대하여" 아래와 같이 주님께서 예언하신 말씀을 "꼭" "꼭" "꼭" 기억하십시오.

"그때 왕은 그들에게 '내가 분명히 말하지만, 너희가 **이들 내 형제 중에 아주 보잘것없는 사람 하나에게 한 일이 바로 내게 한 일이다.**' 하고 말할 것이다."(마25:40; 현대인의 성경)라고 말씀하셨고 "그러면 임금은 '똑똑히 들어라. **여기 있는 형제 중에 가장 보잘것없는 사람 하나에게 해 주지 않은 것이 곧 나에게 해 주지 않은 것이다.**' 하고 말할 것이다."(마25:45; 공동번역)라고 하신 말씀을 말입니다. 그러므로 여러분은 위의 말씀을 깊이 생각하여 보십시오. 그러면 아래의 해석이 보일 것입니다.

그러므로 위의 말씀과 같이, 그렇게 양의 대열에 서게 되는 사람이 있는가 하면, 염소의 대열에 서게 되는 사람이 있는 것입니다.

위의 말씀과 같이, 그렇게 자기에게 있는 것을 나누어 주는 사람이 있는가 하면, 자기에게 있는 것을 나누어 주지 못하는 사람이 있는 것입니다.

위의 말씀과 같이, 그렇게 보이지 않는 것에 소망을 품는 사람이 있는가 하면, 보이는 것에 소망을 품는 사람이 있는 것입니다.

위의 말씀과 같이, 그렇게 하나님께 마음을 넉넉히 쓰는 사람이 있는가 하면, 자기에게 마음을 넉넉히 쓰는 사람이 있는 것입니다.

위의 말씀과 같이 그렇게 속 사람을 아름답게 꾸미는 사람이 있는가 하면, 겉 사람을 아름답게 꾸미는 사람이 있는 것입니다.

위의 말씀과 같이, 그렇게 그리스도와 고난을 같이 나누는 사람이 있는가 하면, 그리스도와 고난을 같이 나누지 못하는 사람이 있는 것입니다.

위의 말씀과 같이, 그렇게 하늘에 보물을 쌓는 사람이 있는가 하면, 하늘에 보물을 쌓지 못하는 사람이 있는 것입니다.

위의 말씀과 같이, 그렇게 마음을 하늘에 두는 사람이 있는가 하면, 땅에 마음을 두는 사람이 있는 것입니다.

위의 말씀과 같이, 그렇게 영원한 생명을 차지하는 사람이 있는가 하면, 영원한 생명을 차지하지 못하는 사람이 있는 것입니다.

위의 말씀과 같이, 그렇게 심판을 면하는 사람이 있는가 하면, 심판을 받는 사람이 있는 것입니다.

위의 말씀과 같이, 그렇게 그리스도 안에 사는 사람이 있는가 하면, 그리스도 밖에 사는 사람이 있는 것입니다.

위의 말씀과 같이, 그렇게 하나님을 사랑하는 사람이 있는가 하면, 하나님을 사랑하지 않는 사람이 있는 것입니다.

위의 말씀과 같이, 그렇게 자기의 형제를 사랑하는 사람이 있는가 하면, 자기의 형제를 사랑하지 않는 사람이 있는 것입니다.

위의 말씀과 같이, 그렇게 주님의 말씀에 순종하는 사람이 있는가 하면, 주님의 말씀에 불순종하는 사람이 있는 것입니다.

위의 말씀과 같이, 그렇게 의의 열매를 맺는 사람이 있는가 하면, 의의 열매를 맺지 못하는 사람이 있는 것입니다.

위의 말씀과 같이, 그렇게 하나님 아버지와 아들을 모신 사람이 있는가 하면, 하나님 아버지와 아들을 모시지 못한 사람이 있는 것입니다.

위의 말씀과 같이, 그렇게 성령님을 따라 사는 사람이 있는가 하면, 육체를 따라 사는 사람이 있는 것입니다.

위의 말씀과 같이, 그렇게 좁은 길로 가는 사람이 있는가 하면, 넓은 길로 가는 사람이 있는 것입니다.

위의 말씀과 같이, 그렇게 의의를 행하는 사람이 있는가 하면, 불의를 행하는 사람이 있는 것입니다.

위의 말씀과 같이, 그렇게 아름다운 열매를 맺는 사람이 있는가 하면, 나쁜 열매를 맺는 사람이 있는 것입니다.

위의 말씀과 같이, 그렇게 하나님의 말씀을 믿음으로 받아들이는 사람이 있는가 하면, 하나님의 말씀을 믿음으로 받아들이지 않는 사람들이 있는 것입니다.

위의 말씀과 같이, 그렇게 성령에 심는 사람이 있는가 하면, 자신의 육신에 심는 사람이 있는 것입니다.

위의 말씀과 같이, 그렇게 영원한 생명을 거두는 사람이 있는가 하면, 썩어질 것을 거두는 사람이 있는 것입니다.

위의 말씀과 같이 새사람으로 갈아입은 그리스도인이 있는가 하면, 그리스도인으로 가장한 적 그리스도인이 있는 것입니다.

그래서 하나님의 말씀을 불순종하는 사람들은, 하늘나라 기쁜 소식을 전해 들었음에도, 자기들에게 "유익이 되지 못하는 것"입니다. 그러므로 맨 처음 이스라엘 백성과 같이, 하늘나라에 관한 기쁜 소식을 듣고도, 그들도 맨 처음 이스라엘 백성과 마찬가지로 "하나님의 말씀에 불순종하는 것"입니다.

그러나 주님께서는 위와 같이 "순종과 불순종"으로 나열하였을지라도, 나열한 모든 내용을 해결하는 한 방법을 성경에 기록하셨습니다. 그 방법은 그리스도께서 "너희는 서로 사랑하여라."(요15:17) 하고 우리에게 "명령하신 말씀"입니다. 앞에 주님의 말씀을 여러분이 다 함께 한마음 한뜻으로 사랑을 행한다면, 위의 나열한 모든 내용에 관한 말씀이 우리 안에서 완성되어 해결되는 것(요일4:17)입니다.

그러므로 형제를 진실로 서로 사랑하십시오.

위에서도 말씀을 드렸다시피, 하나님 여호와께서는 그리스도께서 우리에게 "서로 사랑하라고" 명령하신 것처럼, 그와 같이 "형제를 서로 사랑하라고" 아주 오랜 옛날 옛적부터, 이미 하나님의 백성에게 명령하시지 않았습니까? 아래의 말씀과 같이 자기의 가난한 형제를 도와주라고 말입니다.

"여러분의 하나님 여호와께서 여러분에게 주신 땅의 어느 성에서든지 **'여러분 가운데 가난한 사람이 있으면 그를 너무 인색하게 대하지 말고'** 그에게 필요한 것을 넉넉하게 꾸어 주십시오."(신15:7-8) 하고 말입니다. 그리고 이렇게도 말씀하시지 않았습니까?

"빚이 면제되는 해가 가까웠다고 해서 악한 마음을 품고 **'가난한 사람에게 빌려주는 것'**을 거절하지 마십시오. 여러분이 만일 '몰인정하게 아무것도 빌려주지 않으면,' 그가 여러분에 대하여 여호와께 호소할 것이며 '그것이 여러분에게 **죄**가 될 것입니다.'"(신15:9) 하고 말입니다. 그리고 또 **"여러분은 아낌없이 도와주고'** 인색한 마음을 품지 마십시오."(신15:10) 이렇게도 말입니다. 그러므로 여러분은 또 잘 보십시오.

"그러면(여러분의 가난한 동족에게 꾸어 주면)" 하시고 하나님 여호와께서는 우리에게 이렇게도 말씀하셨습니다.

"**'그러면'** 여러분의 하나님 여호와께서 **'여러분이 하는 모든 일에 복을 주실 것입니다.'**"(신15:10) 하고 말입니다. 그렇습니다.

가난한 자기의 형제를 도와주는 일이 여호와께 빌려주는 일이기에, 하나님 여호와께서는 여러분이 하는 모든 일에 복을 주실 뿐만 아니라, 그의 선행을 반드시 갚아 주시는 분이신 것입니다. 그의 선행을 무엇으로 갚아 주십니까?

성경에 기록된 대로 이렇게 갚아 주십니다.

"그가 가난한 사람들을 후하게 구제해 주었으니 그의 의로운 행위가 영원히 남을 것이다."(시112:9; 현대인의 성경) 하고 말입니다. 그렇습니다.

의의 열매가 영원히 남도록 갚아 주시는 것입니다. 이것이 여러분이 내세를 바라보는 **"상"**이고, 여러분이 자신을 위하여 하늘에 쌓아 두는 **"보물"**인 것입니다.

그러므로 위의 말씀에서 "가난한 사람들을 후하게 구제해 주는 것에 대한 말씀"도 "가난한 형제들이요, 가난한 그리스도인들을 지칭하여 말씀하시는 것임"을 우리는 알 수 있는 것입니다.

위의 말씀과 같이 "그가 가난한 사람들을 후하게 구제해 주었으니"라는 말씀이 그러한 "가난한 형제들을 돕는 말씀"이기에, 주님께서는 성도들을 돕는 일에 대하여서, 사도 바울을 통하여 아래와 같이 말씀하시지 않았습니까?

"성경에도" "'그가 가난한 사람들을 후하게 구제해 주었으니 그의 의로운 행위가 영원히 남을 것이다.'라고 기록되어 있습니다."(고후9:9; 현대인의 성경) 이렇게 말입니다. 그렇습니다. 성도들을 돕는 사람에 대하여 "그의 의로운 행위가 영원히 남을 것"이라고 주님께서는 "성경에 기록하신 것"(시112:9)입니다.

하나님께서는 이렇게 우리가 가난한 성도들을 도와줌으로써, "그의 의로운 행위가 영원히 남을 것"이라고 하셨습니다.

이러하므로 하나님께서 하나님의 아들 예수님의 이름을 믿는 여러분 모두에게, 뿌릴 씨를 주시고 자라나게 하셔서, 의의 열매도 더 많이 맺게 하실 것이라는 말씀이 성경에 기록되어 있지 않습니까?

"농부에게 뿌릴 씨와 먹을 양식을 주시는 하나님은, 여러분에게도 뿌릴 씨를 주시고 자라나게 하셔서, 의의 열매도 더 많이 맺게 하실 것입니다."(고후9:10) 이렇게 말입니다. 이처럼 하나님께서 그 당시 사람들에게 풍족하게 채워 주심으로써, 당시의 성도들은 모든 면에서 부유해져서 후한 헌금을 하게 되고, 사도들을 통해 그 헌금이 전해질 때, 많은 사람이 하나님께 감사를 드리게 될 것(고후9:11)이라고 그 당시에 실제로 일어났던 일을 그렇게 성경에 기록한 것입니다.

사랑으로 함께 나누는 잔치 자리

 그러므로 성경에 위와 같이 기쁜 마음으로 돕는 이 봉사의 일로 말미암아 성도들의 가난을 덜어 줄 뿐만 아니라 많은 사람들로 하여금 하나님께 무한한 감사를 넘치게 한다고 그렇게 말씀하시지 않았습니까?

 "이와 같이 여러분이 돕는 이 봉사의 일은 **'성도들의 부족한 것을 채워 줄 뿐만 아니라' '많은 사람들로 하여금 하나님께 대한 감사도 넘치게 합니다.'**"(고후9:12; 새 번역 성경, 현대인의 성경) 하고 말입니다. 그러므로 성경에서 가난한 사람들은 바로 성도 여러분을 두고 하신 말씀인 것으로 깨달아야만 하는 것입니다.

 성경에 기록된 말씀이 이러하니 여러분은 또 보십시오.

 위와 같이 여러분이 "성도들을 돕는 그 봉사의 일에 대하여," 주님께서는 "여러분의 믿음에 대한 고백이라고" 하셨고, "여러분이 복음에 순종하는 것이라고" 하셨으며, "그들과 모든 사람과도 함께 나누는 후한 인심이라고도" 하셨습니다. 이렇게 여러분의 믿음에 대한 고백과 복음에 순종하는 것과 그리고 당시에 예루살렘 성도들과 그 밖에 모든 사람과 함께 나누는 후한 인심을 보고 하나님을 찬양하게 될 것이라고, 그와 같이 주님께서는 말씀하신 것입니다.

"여러분이 하고 있는 이 봉사의 직무는, '**여러분의 고백**'처럼 '**여러분이 복음에 순종하고 있다는 것**'과 '**예루살렘 성도들**'만이 아니라, '**다른 모든 사람과도 함께 나누는 여러분의 후한 인심**'을 보고, '**그들**(예루살렘 성도들이)**이 하나님을 찬양하게 될 것입니다.**'"(고후9:13; 현대인의 성경, 카톨릭 성경, 공동번역) 하고 말입니다. 그러므로 위와 같이 성도들이 하고 있는 이 봉사의 직무가 바로 "**사랑으로 함께 나누는 잔치 자리**'인 것"(벧후2:13, 유1:12)입니다.

그런데요, 위와 같이 "사랑으로 나누는 잔치 자리"가 그리고 "자신의 믿음을 고백하는 그러한 일"이 당시의 사도 시대 때, 실제로 예루살렘 교회에서 일어났었습니다.

"사도들이 계속해서 놀라운 일과 기적을 많이 나타내 보이자 사람들은 모두 하나님을 두려워하게 되었다. '**믿는 사람들은 모두 함께 지내며, 그들의 모든 것을 공동 소유로 내놓고, 재산과 물건을 팔아서, 모든 사람에게 필요한 만큼 나누어 주었다.**' 그리고 '**한마음이 되어 날마다 열심히 성전에 모였으며, 집집마다 돌아가며 빵을 나누고, 순수한 마음으로 기쁘게 음식을 함께 먹으며, 하나님을 찬양하였다.' 이것을 보고 모든 사람이 그들을 우러러보게 되었다. 주께서는 구원받을 사람을 날마다 늘려 주셔서 신도들의 모임이 커 갔다."(행2:43-47; 공동번역) 하고 말입니다. 이렇게 당시의 사도들과 성도들은 예수님의 가르침을 실천하면서 살았습니다. 예수님께서 아래와 같이 제자들에게 가르치신 그대로 말입니다.

"'너희는 가진 것을 팔아 가난한 사람들을 도와주고,' '너희 자신을 위해 낡아지지 않는 주머니를 만들어라.' '그것은 없어지지 않는 보물을 하늘에 쌓아 두는 것이다.'"(눅12:33; 현대인의 성경) 이렇게 말입니다. 그래서 사도들도, 새로 입교한 성도들이 기쁜 소식을 듣고 그들이 믿은 믿음을 실천할 수 있도록, 회심한 성도들에게 "서로 사랑하는 법"과 "자신을 위하여 보물을 하늘에 쌓아 두는 법"을 예수님께서 자기들에게 "'가르치신 말씀' '그대로 새로 입교한 성도들에게 가르친 것"입니다.

"그들은 베드로의 말을 믿고 세례를 받았다. 그날에 새로 신도가 된 사람은 3,000명이나 되었다. '그들은' '사도들의 가르침을 듣고' '서로 도와주며' '빵을 나누어 먹고 기도하는 일'에 전념하였다."(행2:41-42; 공동번역) 이렇게 말입니다. 앞과 같이 예수님의 가르침을 새로운 신도들에게 사도들이 가르친 것입니다. 사도들이 그와 같이 그들을 가르쳤습니다. 그랬더니 여러분은 보십시오. 사도들의 가르침을 받은 새로 입교한 3,000명이나 되는 신도들이 자기들이 믿은 믿음대로, 아래와 같이 자신들을 위해 보물을 하늘에 쌓아 두는 일을 실천하는 것입니다.

"땅이나 집을 가진 사람들은 그것을 팔아서 그 돈을 사도들 앞에 가져다 놓았고, 사도들은 각 사람에게 필요에 따라 나누어 주었다."(행 4:34-35; 새 번역 성경) 이렇게 말입니다.

"너희는 가진 것을 팔아 가난한 사람들을 도와주고,' '너희 자신을 위해 낡아지지 않는 주머니를 만들어라.' '그것은 없어지지 않는 보물을 하늘에 쌓아 두는 것이다.'"(눅12:33) 이렇게 예수님께서 제자들에게 가르치신 가르침을 사도들이 새로 입교하여 신도가 된 그들에게 가르친 것입니다. 그렇습니다.

하나님께서 만나를 하늘에서 내려 주셔서, 광야 교회 생활하는 하나님의 백성들 가운데, 많이 거두어들인 사람과 적게 거두어들인 사람들이 서로 나눔으로써, 그들의 생활의 평형을 이루어지도록 하려는 것(고후8:13)이라는 말씀처럼, 새로 입교한 신도들도 하나님께 받아서(고전4:7) 자신들의 소유가 된 그것으로 가난한 형제들을 도와줌으로써, "서로 평형을 이룰 뿐만 아니라" 자신을 위해 "없어지지 않는 보물을 하늘에 쌓아 두도록 사도들이 그렇게 가르쳤던 것"(고후8:13-15, 9:9)입니다.

위와 같이 형제들에게 서로 돕는 일을 행함으로써, 몸이 완전하게 서로 조화되고 각 지체가 그 기능대로 다른 지체를 도와서, 온몸이 건강하게 자라서 사랑으로 그 몸을 세우는 것입니다.

그리스도의 몸 된 교회도 위의 말씀과 같습니다. 그리스도의 형제들이 서로 사랑을 행함으로 몸이 건강하게 자라나며 사랑 안에서 그리스도의 몸 된 교회가 건설되는 것입니다. 그와 같이하여 사랑으로 그리스도의 건강한 몸을 세우게 되는 그러한 일을, 사도들은 하나님께로 돌아온 성도들에게 가르쳤던 것입니다. 그렇게 "사도들의 가르침을 입증해 주는 말씀'이 바로 '그들 가운데 가난한 사람이 하나도 없었다'라는 그 말씀인 것"입니다. 아래의 말씀처럼 말입니다.

"**그들 가운데 가난한 사람이 하나도 없었다.**' 땅이나 집을 가진 사람들이 그것을 팔아서 그 돈을 사도들 앞에 가져다 놓고 저마다 쓸 만큼 나누어 받았기 때문이다."(행4:34-35) 그렇습니다. 하나님 여호와께서 맨 처음 기쁜 소식을 전해 들었던 광야 교회 백성들에게 모세를 통해 "여러분의 하나님 여호와께 '**순종**'하고 내가 오늘 여러분에게 '**명령하는 이 모든 것을 충실히 지키기만 하면**' '여러분 중에 가난한 자가 하나도 없을 것"이라고 일찍이 같은 명령을 하셨던 것입니다.

"여러분이 만일 여러분의 하나님 여호와께 '**순종**'하고, 내(모세를 통하여 하나님께서)가 오늘 여러분에게 '**명령하는 이 모든 것을 충실히 지키기만**(서로 사랑하면) **하면**,' 여러분의 하나님 여호와께서 여러분에게 주신 땅에서, 여러분이 복을 받아 '**여러분 중에 가난한 자가 하나도 없을 것입니다.**'"(신15:4-5) 이렇게 말입니다. 그렇습니다.

위와 같이 자기의 믿음의 고백과 하나님의 말씀에 순종함과 자신에게 빚진 동족의 빚을 깨끗이 탕감해 줌으로써, 그들에게 빚진 동족

(눅7:41-42)과 하나님의 백성들에 대한 그들의 관대한 사랑으로 인하여 모든 백성이 하나님을 찬양하게 되는 것입니다.

이렇게 여러분도 여러분의 하나님 여호와께 "순종"하고, 하나님 여호와께서 오늘 여러분에게 **"명령하는 이 모든 것을 충실히 지키기만** (서로 사랑하면) **하면,"** 여러분의 하나님 여호와께서 여러분에게 주신 땅에서, 여러분이 복을 받아 "여러분 중에 가난한 자가 하나도 없을 것이라는 여호와의 말씀이 여러분 안에서 이루어지게 되는 것"입니다.

"그들 가운데 가난한 사람이 하나도 없었다." 라는 말씀이 예루살렘 교회에 이루어진 것처럼 말입니다. 그와 같이 온몸이 서로 완전하게 조화되고 각 지체가 그 기능대로 다른 지체를 도와서 온몸이 건강하게 자라고, 여러분의 사랑으로 그렇게 그리스도의 몸을 세우게 되는 것입니다. 이렇게 여러분의 사랑으로 그리스도의 몸을 세우게 되는 일이 바로 "여러분이 사랑으로 함께 나누는 잔치 자리"(벧후2:13)이고 "여러분의 사랑의 식탁"(유1:12)인 것입니다.

이렇게 성도들이 한마음 한뜻이 되어 서로 사랑을 행한다면, "여러분 중에 가난한 사람이 하나도 없게 될 뿐만 아니라 서로 평균하게 되는, 건강한 그리스도의 몸으로 오늘날 교회도, 초대 교회와 같이 세워지게 되는 것"입니다.

그럼으로써 이러한 봉사의 직무는 성도들의 가난을 덜어 줄 뿐만 아니라, 여러분의 믿음에 대한 고백이며, 그리스도의 복음에 순종하고 있다는 것이고, 가난한 성도들과 모든 사람을 아낌없이 돕는다는 증거가 되어, 모든 사람이 하나님을 찬양하게 되는 것(고후9:12-13)입니다.

믿는 사람들은 모두 함께 지내며 그들의 모든 것을 공동 소유로 내어놓고, 재산과 물건을 팔아서 필요한 만큼 나누어 받았던, 당시의 모든 교회와 예루살렘 교회 성도들과 같이 말입니다.

"믿는 사람들은 모두 함께 지내며 **'그들의 모든 것을 공동 소유로 내어놓고,' '재산과 물건을 팔아서 모든 사람에게 필요한 만큼 나누어 주었다.'** 그리고 한마음이 되어 날마다 열심히 성전에 모였으며 집집마다 돌아가며 같이 빵을 나누고 순수한 마음으로 기쁘게 음식을 함께 먹으며 **'하나님을 찬양하였다.'**"(행2:44-46; 공동번역) 이렇게 말입니다. 위와 같이 성도들이 서로 돕는 일이 바로 성령님의 역사인 것입니다. 그것을 입증해 주는 말씀이 바로 아래의 말씀인 것입니다.

"각 사람에게 성령을 나타내 주신 것은 **'공동이익을 위한 것입니다.'**"(고전12:7) 하신 말씀 말입니다. 이렇게 진리를 따라 사는 사람들(요일1:4, 요삼1:3-4)이 자신을 위해 보물을 하늘에 쌓아 두게 되는 것입니다. 그것은 왜 그렇습니까?

그것은 주님께서 아래와 같이 한 부자 청년에게 말씀하셨기 때문입니다.

"예수께서 그에게 말씀하셨다. '네가 완전한 사람이 되려고 하면, 가서 **네 소유를 팔아서, 가난한 사람들에게 주어라. 그러면 하늘에서 보화를 차지하게 될 것이다.** 그리고 와서 나를 따르라.'"(마19:21; 새 번역 성경) 하고 말입니다. 그렇습니다.

자기의 소유를 팔아서 가난한 사람들에게 나누어 주면, 자신의 보물을 하늘에 쌓아 두게 되는 것입니다. 그렇다면 여러분에게 다시 묻겠습니다.

주님의 말씀이 위와 같다면 자기의 소유를 팔아서 나누어 줄 가난한 사람들은 어떤 사람들을 가리키는 말씀일까요? 하나님의 백성일까요? 아니면 세상 어려운 이웃일까요? 그것도 아니면 성도들과 세상 어려운 이웃일까요? 그것에 대한 대답을 하나님 여호와께서는 이렇게 하셨습니다.

"**여러분 중에는**' '**언제나 가난한 사람이 있기 마련입니다.**' 그래서 '**내가**' '**여러분에게 가난한 사람을 아낌없이 도와주라고**' '**명령하는 것입니다.**'"(신15:11; 현대인의 성경) 하고 말입니다. 그렇습니다.

이처럼 하나님의 백성 중에는 언제나 가난한 사람이 있기 마련이라고 하셨습니다. 그러하기에 하나님 여호와께서는 그분의 백성들인 여러분에게 가난한 사람 곧 가난한 자기의 형제를 아낌없이 도와주라고 "명령하셨던 것"입니다. 그러므로 여러분은 또 보십시오.

하나님 여호와께서는 이렇게도 말씀하셨습니다.

"만일 '**너희 동족 가운데 너무 가난하여 먹고 살길이 막연한 자**'가 있거든, '그를 도와 갈 곳이 없는 나그네처럼 여겨 한집에 데리고 살아라.' 너희는 너희 하나님을 '**두려워하며,**' 그 사람을 '**형제처럼 여기고,**' 그에게 빌려준 돈에 대해서도 '**이자를 받지 말아라.**' 너희는 그에게 '**이자를 받을 셈으로 돈**'을 빌려주지 말고, '**밥을 먹여 준다고 해서 무슨 이득**'을 바라서도 안 된다. 나는 너희에게 '**가나안 땅을 주고**,' 또 너희 하나님이 되기 위하여 **너희를 이집트에서 인도해 낸 너희 하나님 여호와이다.**"(레25:35-38; 현대인의 성경) 하고 말입니다. 이렇게 하나님 여호와께서는 여러분의 가난한 형제의 인권을 보호해 주시는 하나님이십니다. 그러므로 여러분은 또 보십시오. "노예제도에서도 그들의 동족과 이방 민족"과의 종에 대한 인식부터 대우를 확실히 다르게 하셨습니다.

"만일 '**너희 동족이 가난하여 너희에게 몸이 팔리거든**,' 너희는 그를 노예처럼 부려먹지 말고, 품꾼이나 잠시 너희 집에 몸 붙여 사는 나그네처럼 여겨, 희년까지만 너희를 섬기게 하라. 희년이 되면, 그와 그 자녀들은 너희를 떠나 그의 가족과 조상에 소유지로 돌아가게 하라. 이스라엘 백성은 내가 이집트에서 인도해 낸 '**나의 종이다**.' 그러므로 너희 동족이 노예로 팔려 가는 일이 있어서는 안 된다. 너희는 그를 가혹하게 부려먹지 말고 너희 하나님을 두려워하라."(레25:39-43) 이렇게 말입니다. 위와 같이 하나님 여호와께서는 이스라엘 동족 노예는, 아예 처음부터 노예처럼 부려먹지 못하게 하셨습니다. 그러나 "이방 민족 노예제도에 대하여"는 이스라엘 백성에게 이렇게 말씀하셨습니다.

"만일 너희가 종이 필요하면 너희 주변에 사는 '**이방 민족 중에서 사들일 수 있고, 또 너희 가운데 사는 외국인 자녀 중에서도 살 수 있**

다.' 그들이 너희 땅에서 태어났어도 너희 '**소유**'가 될 것이다. 또 그들을 너희 후손들에게 '**유산**'으로 물려줄 수도 있다. 바로 이들은 너희가 '**종으로 부려도 된다.**'"(레25:44-46; 현대인의 성경) 하고 말입니다. 이렇게 이스라엘 백성은 하나님의 종으로서, 이스라엘 백성이 가난해져서 빌린 돈을 갚지 못하여 팔려 왔을지라도, 종 부리듯 하지 못하게 하셨습니다.

그러나 위의 말씀처럼 이방 민족의 노예는 사고팔 수 있었으며, 이스라엘 백성의 소유로 삼을 수도 있었고, 그들의 후손들에게 그 이방 민족의 종들을 유산으로 물려줄 수도 있었습니다. 그리고 외국인 종들은 종으로 부려도 된다고도 하셨습니다. 이처럼 하나님의 백성과 믿지 않는 이방인의 차이는 "하나님에게 있어서 '자녀'와 '종'처럼 차이가 나는 것"입니다.

"'**종**'은 주인의 집에서 영구히 머물러 있을 수 없지만 '**아들**'은 그 집에서 영원히 산다."(요8:35; 현대인의 성경)라는 말씀과 같이 말입니다. 그리고 또한 "**하나님은 죽은 사람들의 하나님이 아니라, 살아 있는 사람들의 하나님이시다.**"(마22:32)라는 말씀처럼 말입니다.

하나님의 말씀이 위와 같은데도, "노잣돈"을 나그네 인생을 살아가는 살아 있는 사람들에게 그 돈(도움)을 주지 아니하고, 오히려 죽은 사람들이 저승길을 편히 가라고, 관에 넣어 두거나 상여에 꽂아 주는 사람들처럼, 그와 같이 영적으로 죽은 사람들의 행동(마8:21)을 그대로 따라 하는 사람들이 있는 것입니다.

그렇게도 누가 살아 있는 사람인지, 누가 죽어 있는 사람인지를 구별하지 못하는 것입니다. 그러므로 여러분은 **"하나님은 죽은 사람들의 하나님이 아니라, 살아 있는 사람들의 하나님이시다."**(마22:32)라는 말씀을 깨달으시기를 바랍니다.

그러면 "너희 가진 것을 팔아 가난한 사람들을 도와주고 너희 자신을 위하여 낡아지지 않는 주머니를 만들어라. 그것은 없어지지 않는 보물을 하늘에 쌓아 두는 것이다."(눅12:33) 하고 제자들을 가르치신 주님의 말씀이 깨달아지실 것입니다. 우리가 도와줄 가난한 사람들이 누구인지를 말입니다.

그러므로 다시 묻겠습니다. 우리가 가진 것을 팔아 나누어 줄 가난한 사람들은 누구일까요?

영적으로 살아 있는 사람들을 가리키는 말씀이실까요? 아니면 영적으로 죽은 모든 사람을 가리키는 말씀이실까요? 아니면 둘 다를 가리키는 말씀이실까요?

하나님 여호와께서는 레위기 25장에서 말씀하시기를 "선택받은 하나님의 백성 가운데 **'먹고살 길이 막연한 자**'가 있으면 그를 도와 갈 곳 없는 나그네처럼 여겨 한집에 데리고 살아라." 하셨으며 **"하나님을 두려워하며 나그네 된 사람**'을 형제처럼 여기고 그에게 빌려준 돈에 대해서도 이자를 받지 말아라." 하셨습니다.

그리고 신명기 15장에서는 **"자기 동족에게 돈을 빌려준 사람은**' 그 빚을 면제해 주고 그것을 억지로 받으려고 독촉하지 말아라." 하셨으며 또 "**여러분이 외국인에게는 빚을 갚으라고 독촉할 수 있습니다.'** 그러나 여러분의 동족에게는 그 빚을 면제해 주어야 합니다." 하셨습니다. 그리고 "**여러분 가운데 가난한 사람**'이 있으면 그를 너무 인색하게 대하지 말고 그에게 필요한 것을 빌려주십시오." 하셨고 또 "**여러분 중에는 언제나 가난한 사람이 있기 마련입니다.**' 그래서 내가 여러분에게 가난한 사람을 아낌없이 도와주라고 **명령**하는 것입니다." 하셨습니다.

그리고 신약시대에서는 예수님께서 제자들을 가르치시기를 "너희가 이들 '**내 형제 중에 아주 보잘것없는 사람 하나에게 한 일이 바로 나에게 한 일이다.**'" 하셨으며 "너희가 '**내 형제 중에 아주 보잘것없은 사람 하나에게 하지 않은 일이 곧 내게 하지 않은 일이다.**" 하셨습니다. 그리고 에베소서 5장에서는 "**우리는 그의 몸과 살과 뼈의 지체임이라.**" 하셨습니다. 이렇게 성경은 온통 하나님의 백성 가운데 가난한 동족이요, 가난한 그리스도의 형제들을 도와주라고 기록되어 있습니다.

이렇게 성경에 영적으로 산 사람들을 도와주라고, 하나님의 백성에게 그리고 그들의 동족에게 그리고 또한 그리스도의 형제가 된 모든 사람에게 "**하나님 여호와께서 명령하신 것**"입니다.

위의 말씀과 같이 넉넉한 형제들이 가난한 형제들을 도와주고, 가난한 형제들이 넉넉해지면 그들도 역시 자기의 가난한 형제들을 도와주는 것(고후8:12-14)입니다.

그 말씀이 바로 "많이 거둔 사람도 남지 아니하고, 적게 거둔 사람도 모자라지 아니하였다.' 한 것과 같다는 말씀을 두고 하신 말씀인 것"(고후8:15)입니다.

주님의 말씀이 이러한데요, 어디 여러분이 세상 이웃의 궁핍을 채워 주었다고 해서, 그와 같이 도움을 받은 세상 이웃이 넉넉해지면 그들도 역시 여러분의 궁핍을 채워 준다는 그러한 성경 말씀이 성경 어디에 기록되어 있습니까? "이처럼" "세상 이웃들은" 아무리 도와주어도 **"절대로"** 그들은 "사랑으로 그리스도의 몸을 세울 수 없는 것"입니다.

그러므로 여러분의 궁핍을 사랑으로 서로 간에 채워 주는 사람은, **"오직"** 여러분의 형제들 외에 없는 것입니다. 그와 같이 사랑으로 그리스도의 몸을 세우는 사람들은, 하나님의 아들 예수 그리스도의 이름을 믿는 **"그리스도의 형제들"** 외에는 없는 것입니다.

그러므로 예수님께서 한 부자 청년에게 "가서 네 소유를 팔아서, 가난한 사람들에게 주어라. 그러면 하늘에서 보화를 차지하게 될 것이다."(마19:21) 하고 말씀하셨던 가난한 사람들 **"역시,"** 하나님의 모든 백성 중에 가난한 사람들을 가리키심이 맞는 것입니다. 그 해석이 분명한 것은, 예수님의 모든 말씀은 예수님 자신의 말이 아니라, 자신을 보내신 아버지의 말씀이라고, 그렇게 말씀하셨기 때문입니다.

"너희 듣는 말은 내 말이 아니라, 나를 보내신 아버지의 말씀이다."(요14:24; 현대인의 성경) 하고 말입니다. 그리고 이렇게도 말씀하셨습니다.

"내가 너희에게 말하는 것은 내 마음대로 하는 말이 아니라, 내 안에 계시는 아버지께서 몸소 하시는 것이다."(요14:10) 하고 말입니다. 그러므로 하나님 여호와께서 모세에게 이렇게 말씀하시지 않았습니까?

"나는 그들을 위하여 그들의 동족 가운데서 너와 같은 예언자 하나를 일으켜, **나의 말을 그의 입에 담아 둘 것이다. 그러면 그는 내가 그에게 명령하는 모든 것**'을 그들에게 일러 줄 것이다."(신18:18; 카톨릭 성경) 하고 말입니다. 이렇게 예수님의 입에서 나온 말씀은 하나님 여호와의 말씀이기에, 예수님께서 한 부자 청년에게 "가서 네 소유를 팔아서, 가난한 사람들에게 주어라." 하고 말씀하셨던 가난한 사람들 "역시," 하나님 여호와께서 말씀하신 대로(신15:11; "**여러분 중에는 언제나 가난한 사람이 있기 마련입니다.**' 그래서 내가 여러분에게 가난한 사람을 아낌없이 도와주라고 '**명령**'하는 것입니다.") 그리스도의 형제들 가운데 있는 가난한 형제들을 가리키심이 확실히 맞는 것입니다.

그러므로 우리가 이렇게 가난한 형제들을 돕는 일이 "영원한 생명을 얻는 길"이고, "완전한 사람이 되는 길"이며, "하늘에서 보물을 차지하게 되는 사람"이고, "예수님을 따르는 사람"인 것입니다. 그것을 성경이 이렇게 증명하고 있지 않습니까?

"한 청년이 예수님께 와서 물었다. '선생님 제가 **영원한 생명을 얻으려면** 어떤 선한 일을 해야 합니까?'" 하고 말입니다. 그래서 예수님께서는 그에게 이렇게 대답하시지 않았습니까?

"네가 **영원한 생명을 얻으려면** 계명을 지켜라." 하고 말입니다. 그 청년은 예수님의 대답을 듣고 이렇게 다시 물어보지 않았습니까?

"어느 계명입니까?" 하고 말입니다. 그래서 예수님께서는 그 청년에게 아래와 같이 대답하시지 않았습니까?

"살인하지 말아라. 간음하지 말아라. 도둑질하지 말아라. 거짓 증언하지 말아라. 네 부모를 공경하라. 그리고 네 이웃을 사랑하라는 계명이다." 하고 말입니다. 그래서 그 청년은 예수님의 대답을 듣고 예수님께 이렇게 말하지 않았습니까?

"저는 이 계명을 다 지켰습니다. 아직 저에게 부족한 것이 있다면 무엇입니까?" 하고 말입니다. 그래서 예수님은 다시 그 청년에게 이렇게 대답하셨습니다.

"네가 **완전한 사람이 되려면** 가서 네 재산을 다 팔아 가난한 사람들에게 주어라. 그러면 네가 **하늘에서 보물을 얻을 것이다.** 그리고 와서 **나를 따르라.**" 하고 말입니다. 그러나 그 청년은 재산이 많으므로 이 말씀을 듣고 근심하며 가 버렸다고 성경에 그와 같이 기록(마19:16-22; 현대인의 성경)되어 있지 않습니까?

이렇게 예수님의 말씀과 같이 여러분이 가난한 자기의 형제들을 돕는 일이 "영원한 생명을 얻는 길"이고, "완전한 사람이 되는 길"이며, "하늘에서 보물을 차지하게 되는 사람"이고, "예수님을 따르는 사람"이 되는 것입니다. 그리고 "하나님 앞에서도 마음을 편안하게 가질 수 있는 사람"(요일3:17-19)이 되는 것입니다.

그러므로 여러분은 또 보십시오. 가난한 형제들을 돕는 일이 위와 같기에, 주님께서는 사도 바울을 통해 이 세상에서 부자로 사는 형제들에게, 아래와 같이 살라고 "주님의 지침서"를 전하라고 명령하시지 않았습니까?

"그대는 이 세상의 부자들에게 '명령'하여, '교만'해지지도 말고, **'덧없는 재물에 소망'**을 두지도 말고, 오직 우리에게 모든 것을 풍성히 주셔서 즐기게 하시는 **'하나님께 소망'**을 두라고 하십시오. 또 '선을 행하고,' '좋은 일을 많이 하고,' '아낌없이 베풀고,' '즐겨 나누어 주라고' 하십시오. **'그렇게 하여,' '자신의 미래를 위하여 든든한 기초를 쌓아,' '참된 생명을 얻을 수 있게 하라고'** 이르시오."(딤전6:17-19; 새 번역 성경, 공동번역) 이렇게 말입니다.

주님의 말씀이 위와 같은데도 여전히 많은 목사와 교인들이, 위의 부자 형제들이 꿈을 꾸고 있는 것처럼, "믿을 수 없는 재물에 소망을 두며," "하나님을 섬긴다고 하는 그러한 사람들"이 많은 것입니다.

그와 같이 하나님과 재물을 함께 섬기는 사람들이 많이 있는 것입니다.

그렇게 두 주인을 섬기는 일을 방지하기 위하여 주님께서 사도 바울을 통해 "'교만'해지지도 말고, **'덧없는 재물에 소망'**을 두지도 말고, 오직 우리에게 모든 것을 풍성히 주셔서 즐기게 하시는 **'하나님께 소망'**을 두라고 하십시오." 하셨고 이어서 말씀하시기를 "'선을 행하고,' '좋은 일을 많이 하고,' '아낌없이 베풀고,' '즐겨 나누어 주라고' 하십시오. **'그렇게 하여,'** '자신의 미래를 위하여 든든한 기초를 쌓아,' **'참된**

생명을 얻을 수 있게 하라고' 이르시오."라고 말입니다. 주님의 말씀이 이러한데도 "주님의 말씀을" "오늘날 교회가 듣지 않고, 하나님 여호와의 **명령**을 **거역**하고 있는 것"입니다. 주님께서는 사도 바울을 통해서 "여러분이 가지고 있는 것은, **모두 하나님에게서 받은 것이 아닙니까? 이렇게 다 받은 것인데**, 왜 받은 것이 아니고 자기의 것인양 자랑합니까?"(고전4:7; 공동번역) 하고 고린도 교회 성도들에게 선포하고 있는데 말입니다.

그리고 다윗은 기쁜 마음으로 온 백성과 함께 "성전 건축을 위한 예물"을 바치고, 하나님 여호와를 찬양하며, 감사하며, 모든 것을 풍성히 주서서 즐기게 하시는 주님께 아래와 같이 기도드렸는데 말입니다.

"**나와 내 백성은 실제로 주께 아무것도 드릴 힘이 없었으나, 주께서 모든 것을 선물로 주서서, 우리가 주께 받은 것으로 주께 드렸을 뿐입니다.**"(대상29:14; 현대인의 성경) 이렇게 말입니다.

위와 같이 "하나님 여호와께서 자기에게 선물로 주신 모든 재산이 바로 자신의 완전한 소유인 것"(신8:17, 고전4:7)처럼, 형제들에게 손을 펴서 나누어 주지 못하고, 오히려 있는 힘껏 움켜쥐고 있는 것(눅12:13)입니다. 그와 같이 "하나님께 대하여 부요하지 못한 사람들"(눅12:21)로 이 세상을 사는 사람들이 많은 것입니다. 그렇게 자기가 가진 것을 욕심부려 있는 힘껏 움켜쥐는 일들이 탐욕과 악독에 속한 것(눅11:39)인데도 말입니다.

그렇게 자기가 있는 힘껏 움켜쥔 손을 펴서, 가난한 사람들에게 나누어 줌으로써, 자신의 모든 것이 다 깨끗해지는 것(눅11:41)인데도 말입니다.

그렇게 자신의 소유로 "서로 형제처럼 계속하여 나누어야만 하는데도"(히6:10) 말입니다. "서로 그와 같이 형제와 나누는 일"이 바로 "그리스도의 몸 된 교회를 건강하게 사랑으로 세우는 일"(엡4:16)이며, "그분의 몸의 균형을 고르게 갖추는 일"(고후8:13-15)이고, "나누는 것만큼 그리스도와 고난을 같이 나누는 것"(빌3:10)인데도 말입니다. 그리고 모세처럼 "죄의 일시적인 쾌락을 거부하는 일"(히11:24-25)이고 '하나님의 백성과 함께 학대받는 일'"(히11:25)인데도 말입니다.

그리고 또 모세와 같이 "하나님의 백성과 함께 학대받는 일'이 바로 '그리스도를 위하여 받는 모욕'"(히11:25-26)인데도 말입니다. 그와 같이 "'그리스도를 위하여 받는 모욕'이, 바로 '이집트의 보물보다 그리고 세상 보물보다 더 큰 보물'인데도 말입니다. 이렇게 '이집트의 보물보다 그리고 세상 보물보다 더 큰 보물로 여기는 일'이 바로 모세처럼 '앞으로 받을 **상**을 내다보는 일'"(히11:26)인데도 말입니다.

이처럼 "**하나님의 백성과 함께 학대받는 일**'이 곧 '**그리스도를 위하여 받는 모욕**'이며, 이렇게 '그리스도를 위하여 받는 모욕'이 바로 '이집트의 보물보다 더 큰 보물로 여기는 일'이며, 이렇게 '이집트의 보물보다 더 큰 보물로 여기는 일'이 바로 **앞으로 받을 상을 내다보는 일**'(히11:25-26)로서, 여러분 자신을 위하여 **낡아지지 않는 주머니를 만드는 일**'이며, 자신을 위하여 **없어지지 않는 보물을 하늘에 쌓아 두는**

일"⁽눅12:33⁾인 것입니다.

이렇게 "자신의 가진 것을 팔아 가난한 그리스도의 형제들을 도와주는 그런 일이, 바로 여러분이 사랑으로 함께 나누는 잔치 자리"⁽유1:12⁾인 것입니다.

이렇게 "여러분이 사랑으로 함께 나누는 잔치를 베푸는 그러한 일이, 바로 여러분이 여러분을 위하여 세상 재물로 친구를 사귀는 일"⁽눅16:9⁾인 것입니다.

이렇게 "여러분이 여러분을 위하여 세상 재물로 친구를 사귀는 그러한 일이, 바로 여러분이 주인에게 빚진 사람들의 빚을 탕감해 주는 일인 것"⁽눅16:5-7⁾입니다.

이렇게 "여러분이 주인에게 빚진 사람들의 빚을 탕감해 주는 그러한 일이, 바로 여러분이 자비를 베푸는 일인 것"⁽약2:13⁾입니다.

이렇게 "여러분이 자비를 베푸는 그러한 일이, 바로 여러분이 세상 재물을 취급하는 데 있어서 성실하다는 것"⁽눅16:11⁾입니다.

이렇게 "여러분이 세상 재물을 취급하는 데 있어서 성실한 그러한 사람이, 바로 여러분이 남의 것에도 성실하다는 것"⁽눅16:12⁾입니다.

이렇게 "여러분이 세상 재물을 나누어 베풀고, 빚을 탕감해 주고, 자비를 베풀며, 세상 재물을 취급하는 데에 있어서 성실하고, 남의 것에 성실하다면, 여러분은 오직 하나님만을 섬기는 사람"⁽눅16:13⁾인 것입니다.

이렇게 하나님께서 여러분에게 세상 재물을 주신 것은, 여러분이 세속의 재물을 잘 다루어서 그와 같이 성실하게 사용하라고 주신 것입니다.

그러므로 여러분은 세속의 재물을 손에 움켜쥐고서, 그것을 섬기려고 하지 마십시오. 여러분을 위하여 여러분이 소유한 보물을 땅에 묻어 두지 마십시오. 오히려 여러분의 소유로 가난한 형제들을 도우십시오. 여러분의 눈앞에 보이는 형제가 밭에 숨겨 놓은 보화(마13:44)이고 값진 진주(마13:45-46)입니다. 그러므로 그러한 사랑의 행위를 인내를 가지고 주님이 오실 때까지 서로서로 계속하십시오. 그러나 **"선행할 때 매우 조심할 것"**은, 여러분을 지도하는 주의 종이 올바른 종일 때 하십시오. 올바른 주의 종은 그리스도의 사랑의 법(갈6:2)을 실천하는 종입니다.

그와 같이하는 일이 바로 성령에 심어, 여러분을 위하여 없어지지 않는 보물을 하늘에 쌓아 두는 일인 것입니다.

그리고 그와 같이 "서로(형제들)의 짐을 지는 일이 바로 여러분이 '그리스도의 사랑의 법을 실천하는 일'인 것"(갈6:2)입니다.

의를 행하는 사람,
의를 행하지 않는 사람

그러므로 "서로의 짐을 지지도 않으면서 그리고 그렇게 그리스도의 사랑의 법을 실천하지도 않으면서,' '그리스도의 사랑을 온 세상에 전하라고 가르친다면,' 그러는 그들을 여러분은 조심하십시오.

그것은 왜냐하면 그러는 그들은 성경에 기록된 말씀과 같이 '**하나님의 의를 행하지 않거나 자기의 형제를 사랑하지 않는 사람은 누구나 하나님에게서 난 사람이 아니라고**"(요일3:10) 말씀하셨기 때문입니다. 주님의 말씀이 그렇게 확실하기에 성경에 아래와 같이 기록하시지 않았습니까?

"하나님의 자녀와 악마의 자녀가 여기에서 환히 드러납니다. 곧 의를 행하지 않는 사람과 자기의 형제자매를 사랑하지 않는 사람은 누구나 하나님에게서 난 사람이 아닙니다."(요일3:10; 새 번역 성경) 하고 말입니다.

위 "의를 행하지 않는 사람"이라는 말씀에서 "의"는 곧 "하나님의 의"를 말씀하시는 것입니다. 그것은 성경에 "하나님의 의에 대하여" "하나님께서 우리를 사랑하셔서 자기의 외아들을 세상에 보내서서 우리가 그를 통해 살 수 있게 하셨다고 말씀하신 것"입니다. 그리고 "그와 같이하여 하나님께서 우리에게 자기의 사랑을 나타내셨다고 성경에 기록한 것"입니다. 아래와 같이 말입니다.

"하나님께서 당신의 외아들을 이 세상에 보내 주셔서, 우리는 그분을 통해서 생명을 얻게 되었습니다. 이렇게 해서 하나님의 사랑이 우리 가운데 분명히 나타났습니다.' '내가 말하는 사랑은' '하나님에게 대한 우리의 사랑이 아니라' '우리에게 대한 하나님의 사랑입니다.' '하나님께서는 당신의 아들을 보내셔서 우리의 죄를 용서해 주시려고 제물로 삼으시기까지 하셨습니다.'"(요일4:9-10; 공동번역) 이렇게 말입니다. 그렇습니다.

하나님께서는 당신의 아들을 보내서서 우리의 죄를 용서해 주시려고 제물로 삼으시기까지 하셔서 "우리에게 대한 하나님 자신의 의"를 나타내신 것입니다. 그러므로 그다음 구절로 사도 요한을 통해서 주님께서는 어떻게 말씀하셨습니까?

"사랑하는 여러분, 명심하십시오. '하나님께서 이렇게까지 사랑해 주셨으니,' '우리도 서로 사랑해야 합니다.'"(요일4:11) 이렇게 말씀하셨습니다. 그렇습니다.

"하나님께서는 당신의 아들을 보내셔서, 우리의 죄를 용서해 주시려고 제물로 삼으시기까지 사랑해 주셨으니, '우리도 서로 형제를 사랑하되 하나님이 우리를 사랑하신 것처럼, 목숨을 버리기까지 사랑해야 한다는 그러한 말씀을 하신 것'"(요일3:16)입니다. 그와 같이 자기의 형제에게 의로운 일을 행하는 것입니다. 그렇다면 자기의 형제에게 의로운 일을 어떻게 행합니까? 성경은 그 대답을 이렇게 하고 있습니다.

"누구든지 세상 재물을 가지고 있으면서, 자기 형제자매의 궁핍함을 보고도, 마음 문을 닫고 도와주지 않으면, 어떻게 하나님의 사랑이 그 사람 속에 머물겠습니까? 자녀 된 여러분, 우리는 말이나 혀로 사랑하지 말고, 행동과 진실함으로 사랑합시다."(요일3:17-18; 새 번역 성경) 하고 말입니다. 그렇습니다.

"'너희는 가진 것을 팔아 가난한 사람들을 도와주고, 너희 자신을 위해 낡아지지 않는 주머니를 만들어라.'(눅12:33) 하고 그리스도께서 제자들에게 말씀하셨듯이, '여러분이 가진 소유로 자기의 가난한 형제를 도와주고, 여러분, 자신을 위해 낡아지지 않는 주머니를 만드는 그러한 일이 바로 하나님의 의로운 일을 행하는 일인 것'"입니다. 그러므로 여러분은 보십시오.

위와 같이 하나님의 의로운 일을 행하는 사람들이 모두 하나님의 자녀라는 것을 잊지 말라고 하지 않았습니까?

"하나님이 의로우신 분이라는 것을 안다면 의롭게 사는 사람들이 모두 그분의 자녀들이라는 것을 잊지 마십시오."(요일2:29; 현대인의 성경) 이렇게 말입니다. 같은 구절을 새 번역 성경은 이렇게 해석합니다.

"여러분이 하나님께서 의로우신 분임을 알면, 의를 행하는 사람은 누구나 다 하나님에게서 났음을 알 것입니다."(요일2:29)라고 말입니다. 그렇습니다.

의를 행하는 사람은 누구나 다 하나님에게서 난 것입니다. 앞에 말씀이 그렇다면 "의를 행하는 사람의 **반대**'는 어떤 사람이겠습니까?" 그렇습니다.

"의를 행하지 않는 사람인 것"입니다.

이렇게 위의 성경 말씀에 비추어 보면 의를 행하지 않는 사람은, 누구나 다 하나님에게서 난 사람이 아니라는 것입니다. 그러므로 여러분은 본문을 보십시오. 그래서 본문에서도 같은 말씀을 기록하고 있지 않습니까?

"**의를 행하지 않는 사람**'과 자기의 형제자매를 사랑하지 않는 사람은 누구나 하나님에게서 난 사람이 아닙니다."(요일3:10; 새 번역 성경) 이렇게 말입니다. 그렇습니다.

"우리는 그리스도의 몸의 지체들입니다."(엡5:30)라는 말씀과 같이, 자기가 그리스도의 몸의 지체들이라면서도, 같은 그리스도의 몸의 지체가 겪고 있는 고통을 느끼지 못한다면, 그 사람은 그리스도의 몸에 붙어 있는 지체가 아니라는 것입니다.

그와 같이 "가지가 포도나무에 붙어 있지 않고서는 스스로 열매를 맺을 수 없듯이"(요15:4) 세상의 재물을 가지고 있으면서 자기의 형제가 궁핍한 것을 보고도, 마음의 문을 닫고 도와주지 않으면, 다시 말해서 포도나무에서 떨어져 나간 그 가지는, 영양분(사랑)을 서로 나눌 수가 없기에 스스로 열매를 맺을 수 없다는 것입니다. 그것은 "**나눔은 서로 붙어 있을 때만 가능한 것이기 때문**"입니다.

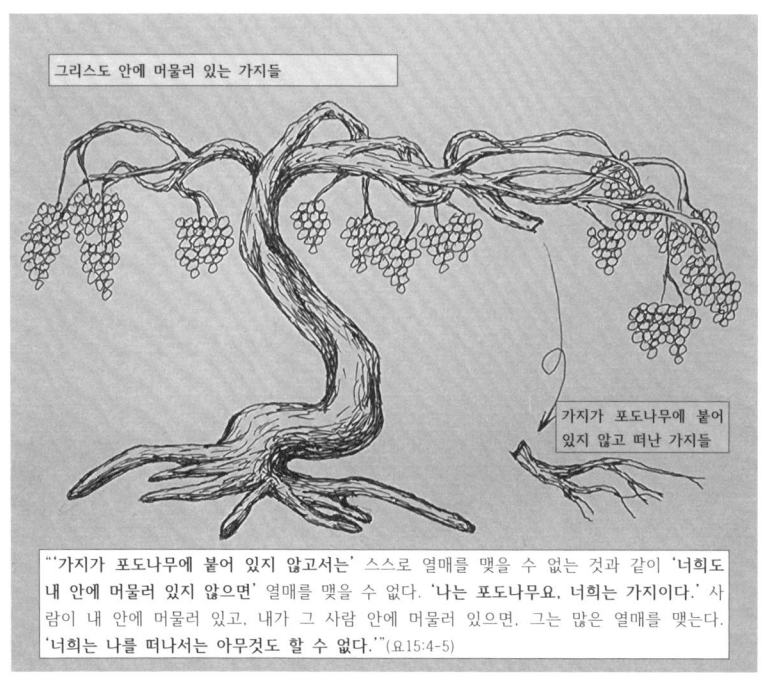

그러므로 여러분은 다시 말씀을 보겠습니다.

이렇게 "누구든지 세상의 재물을 가지고 있으면서 자기의 형제가 궁핍한 것을 보고도, 마음의 문을 닫고 도와주지 않으면, 어떻게 하나님의 사랑이 그 사람 속에 머물겠습니까?"(요일3:17) 하고 반문하고 있듯이, 자기의 형제가 궁핍한 것을 보고도, 마음의 문을 닫고 도와주지 않으면, 이런 사람 속에는 하나님을 사랑하는 마음이 없다는 것입니다. 그렇습니다.

"하나님을 사랑하는 것은 하나님의 계명을 지키는 것이기 때문"(요일5:3)에 "자기의 눈에 보이는 형제를 사랑하지 못하는 사람은, '**절대로**' 보이지 않는 하나님을 사랑할 수 없는 것"(요일4:20)입니다.

하나님의 계명은, 하나님의 아들 예수 그리스도의 이름을 믿는 사람들이 예수님께서 우리에게 명령하신 대로 서로 사랑하는 것입니다.

"하나님의 계명은 이것이니, 곧 그 아들 예수 그리스도의 이름을 믿고, '**그리스도께서 우리에게 명령하신 대로**'(요15:17; '**너희는 서로 사랑하여라. 내가 너희에게 명령**하는 것이 바로 이것이다.') '**서로 사랑하라는 것입니다.**'"(요일3:23)라고 이렇게 말입니다. 이렇게 형제끼리 서로 사랑하는 그 사람들이 바로 하나님을 사랑하는 사람인 것입니다. 이렇게 그리스도 안에서 형제끼리 서로 사랑하는 것이, 눈에 보이지 않는 하나님을 사랑하는 것입니다. "이렇게" **"하나님의 사랑이 포도나무 안에서, 그리스도 안에서 이루어지는 것"**입니다.

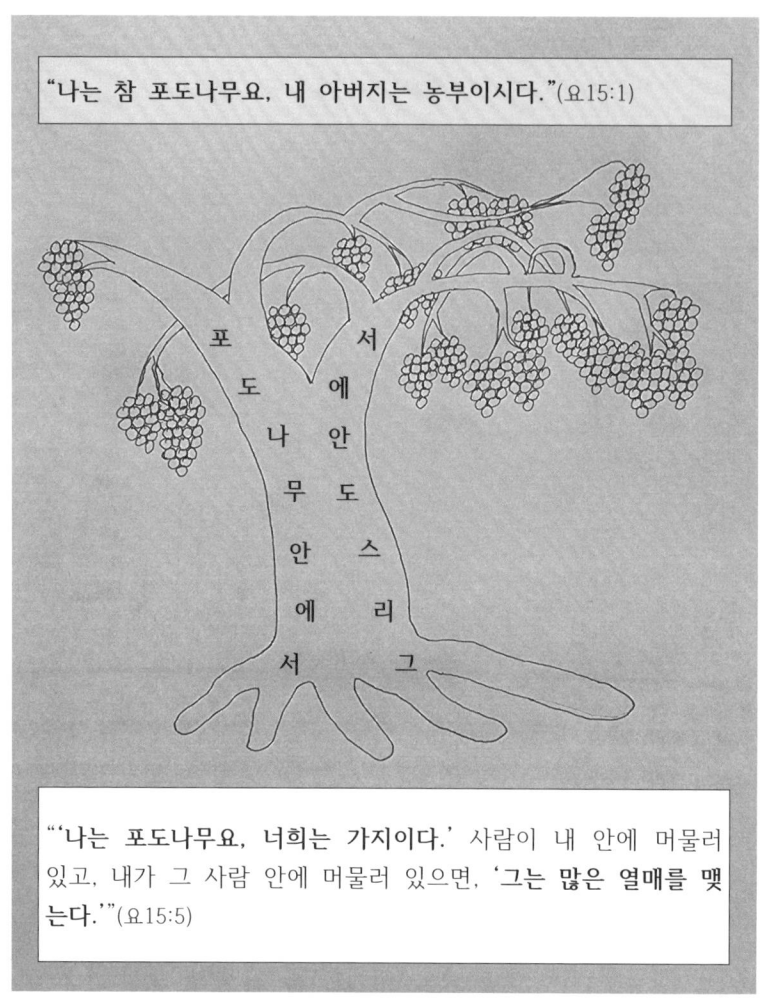

그러므로 여러분은 형제끼리 서로 사랑하지도 않으면서, 다시 말해서 그리스도 안에 살지도 않으면서 세상에 나가 그리스도의 사랑을 전하라는 그런 달콤한 말에 속지 마십시오.

왜냐하면 여러분이 "눈에 보이는 자기의 형제를 사랑하지 않고서는" **"절대로,"** "보이지 않는 하나님을 사랑할 수 없기 때문"(요일4:20)입니다.

그리스도께서 사신 대로 우리도

그러므로 사랑하는 형제 여러분, 위와 같이 "우리가 서로 사랑함으로 이루어지는 일"이 그것뿐만 아닙니다. 주님께서는 사도 요한을 통해 "우리가 서로 사랑함으로 이루어지는 일"에 대하여 우리 가운데서 놀라운 일이 일어남에 대하여도 아래와 같이 말씀하셨습니다.

"지금까지 하나님을 본 사람은 없습니다. 그러나 우리가 서로 사랑하면, 하나님이 우리 안에 계시고, 또 하나님의 사랑이 우리 가운데서 완성된 것입니다."(요일4:12; 새 번역 성경) 그렇습니다.

위와 같이 **"우리가 서로 사랑하면' 하나님께서 우리 안에 계시고, 하나님의 사랑이 우리 안에서 완성되게 하는 그러한 놀라운 일이 일어나게 되는 것"**입니다.

이처럼 "우리가 서로 사랑함으로써," "하나님의 사랑 안에 있는 사람은 하나님 안에 있으며, 하나님께서는 그 사람 안에 계시게 되는 것"(요일4:16)입니다. 이렇게 "우리가 하나님 안에서 살고 하나님께서 우리 안에 계시는 이것으로, 우리는 하나님의 사랑이 우리 안에서 완성된 사실을 분명하게 알게 되는 것"(요일4:16-17)입니다.

이처럼 하나님의 사랑이 우리 안에서 완성되었다는 사실을 분명하게 알게 되는 일이 얼마나 중요한지에 대하여 주님께서는 사도 요한을 통하여 이렇게도 기록하고 있지 않습니까?

"하나님의 사랑이 우리 안에서 완성되었다는 사실'은 이 점에 있으니, 그것은 곧 **'우리로 하여금 심판 날**(마25:31-46; 그리스도 최후의 심판 날)**에 담대함을 가지게 하려는 것입니다.**"(요일4:17) 이렇게 말입니다. 그렇습니다.

우리가 서로 사랑함으로써 하나님의 사랑이 우리 안에서 완성되어, 사랑하는 사람들 모두가 심판 날에 담대함을 가지게 된다는 사실입니다. 이처럼 하나님의 사랑이 우리 안에서 완성되었다는 사실을 알게 되는 일은, 우리에게 있어서 심판 날에 담대함을 가질 만큼이나 중요한 것입니다. 그러므로 우리가 서로 사랑하되 심판 날에 담대해질 만큼 사랑해야만 하는 것입니다. 그렇다면 우리가 심판 날에 담대해질 만큼 사랑을 하려면 어떻게 사랑해야만 합니까?

그 말씀에 대하여 주님께서는 사도 요한을 통하여 아래와 같이 말씀하고 있습니다.

"우리가 이렇게 담대해지는 것은, **'그리스도께서 사신**(요일3:16; **예수님이 우리를 위해 스스로 목숨을 버리신 일**로 우리는 사랑이 무엇인가를 알게 되었습니다) **대로 또한 우리도**(요일3:16; 그러므로 **우리도 형제를 위해 목숨을 버리는 것이** 마땅합니다) **이 세상에서 그렇게 살기 때문입니다.'"**(요일4:17; 새번역 성경) 이렇게 말입니다.

그러므로 형제 여러분, 우리가 "그리스도처럼 살려면" 어떻게 살아야 하겠습니까?

우리도 위의 말씀과 같이 그렇게 "그리스도께서 우리를 위하여 자기 목숨을 버려 우리에게 사랑하는 법을 가르치신 것처럼, 우리도 형제들을 위하여 목숨을 버림으로써"(요일3:16) 서로 사랑하는 법을 가르쳐야만 하는 것입니다. 그리하여 마침내 "그리스도께서 우리의 짐을 지신 것처럼, 우리도 서로의 짐을 지는 법을 배워서, 그리스도의 사랑의 법"(갈6:2)을 실천하며 살아야만 하는 것입니다. 그와 같이 사는 것이 우리가 그리스도처럼 사는 것입니다.

그러므로 사랑하는 형제들이여, 서로 행동으로 진실하게 사랑합시다. 우리는 이렇게 사랑함으로써, 우리가 진리에 속해 있다는 것을 알게 되는 것이며, 하나님 앞에서도 마음을 편안하게 가질 수 있게 되는 것(요일3:19)입니다.

그리스도의 형제들이 자신의 형제처럼 서로 행동으로 진실하게 사랑하는 교회가, 진정한 교회인 것입니다. 이러한 교회가 하나님의 사랑 안에 있는 교회인 것입니다.

물론 하나님의 사랑을 나눔에는 믿음에 따라 다소 차이가 있을 수는 있습니다.

대표적으로 "삭개오가 주님을 영접한 후에 **'자기의 재산 절반을 가난한 사람들에게 나누어 주겠다고 고백'**하였고, 또 삭개오가 자신이 '남의 것을 뺏은 것이 있으면 4배로 갚겠다고도' 주님께 그와 같이"(눅 19:1-10) 대답한 것처럼 말입니다.

그리고 "바나바(번역하면 '위로의 아들')라고 부른 키프로스 태생의 레위 사람 요셉도 **'자기 밭을 팔아'** 그 돈을 사도들에게 가져왔습니다." (행4:36-37) 하고 초대 교회 생활에 기록되어 있는 것처럼 말입니다.

그리고 "아나니아와 삽비라도 **'그들의 땅을 팔아'** 얼마를 숨기고 남은 것을 사도들에게 가져오기는 하였으나, 그들은 주의 영을 시험하려다 부부 둘 다 급사하였습니다."(행5:1-11) 하고 성경에 기록되어 있는 것처럼 말입니다.

그리고 "안디옥 교회의 신자들이 **'힘닿는 대로'** 유대에 사는 형제들을 도와주기로 정하고, 헌금을 모아 바나바와 사울 편으로 예루살렘 교회 장로들에게 보냈습니다."(행11:29-30) 하고 성경에 기록된 것처럼 말입니다.

그리고 "마케도니아 여러 교회의 사람들은 **'온갖 어려운 시련과 가난에 쪼들리면서도 오히려 넘치는 기쁨으로 헌금을 많이 하였다고'** 했습니다. 그와 같이 사도 바울은 그들이 힘껏 헌금했을 뿐만 아니라 오히려 힘에 겹도록 헌금했다고 자신 있게 말할 수 있다고 편지하였습니다. 그들은 예루살렘에 있는 성도들을 돕는 일에 참여하게 해달라고 사도 바울 일행에게 여러 차례 부탁했다고도 하였습니다. 그리고 그들은 바울 일행의 기대 이상으로 먼저 '자신들을 주님께 바치고'

또한 하나님의 뜻을 따라서 **'바울과 그 일행에게도 헌신했다고'** 그와 같이 사도 바울은 고린도 교회에 편지를 썼습니다."(고후8:1-5) 하고 위와 같이 성경에 기록된 것처럼 말입니다.

그리고 사도 바울은 아들 디모데에게 "이 세상의 부자 형제들에게 교만하거나 **'곧 없어질 재물에 소망'**을 두지 말고, 오직 모든 것을 넘치게 주셔서 누리게 하시는 **'하나님께 소망'**을 두라고 가르치라고 하였습니다. 그리고 부자 형제들에게 **'선을 행하고 선한 일에 부요하며 나누어 주기를 좋아하고 남의 어려움을 깊이 동정하는 사람이 되라고'** 그렇게 가르치라고도 하였습니다." 그렇습니다.

하나님을 섬긴다고 하면서도 자신이 소유한 재물이 많다고 교만해지거나, 없어질 재물을 의지하여 믿음의 형제들과 나누지 못하고 있다면, 그런 사람이 바로 "하나님과 재물을 함께 섬기고 있는 사람인 것"(눅16:13)입니다.

왜냐하면, 그렇게 세상 재물에 의지한다는 것은, 위에서도 몇 번 말씀을 드린 바와 같이 "잔과 접시의 겉은 깨끗이 닦아 놓지만(딤후3:5; 공동번역; 겉으로는 종교 생활을 하는 듯이 보이겠지만) 속은 탐욕과 악이 가득하다는 뜻(딤후3:5; 종교의 힘은 부인할 것입니다. 라는 뜻)"(눅11:39)이 되기도 한 것이기 때문입니다.

그러므로 그와 같은 사람은 "자기가 소유한 '세상 재물'을 성실히 다루지 못함으로써, '하늘에 참된 재물'을 주님께서는 그런 사람에게 맡기시지 못하는 것"(눅16:11)입니다. 이러하기에 주님은 또 제자들에게 이렇게 가르치시지 않았습니까?

"또 너희가 남의 일(불의한 일 또는 세속의 재물을 다루는 데도)에 성실하지 못하다면 누가 너희의 몫을 너희에게 주겠느냐?"(눅16:12)라고 말입니다.

이러하듯 "한 종이 두 주인을 섬길 수는 없다고 주님께서는 제자들을 가르치신 것입니다. 그러므로 만일 그렇게 되면 한편은 '미워'하고 다른 한편을 '사랑'하든가 아니면 한편에게는 '충성'을 다 하고 다른 편은 '무시'하게 될 것이기 때문"(눅16:13)이라고 말입니다. 오늘날과 같이 말입니다. 그래서, 예수님은 제자들을 아래와 같이 가르치시지 않았습니까?

"너희는 하나님과 재물을 함께 섬길 수 없다."(눅16:13) 하고 말입니다. 그렇습니다.

우리는 세상 재물을 다루는 데도 충실해야만 하는 것입니다. 그러면 "하나님께서 참된 재물로 여러분에게 맡기시는 것"입니다. 그리고 "여러분의 몫을 여러분에게 내어 주시는 것"입니다.

말씀의 뜻이 이러한데도 세상 재물을 자기를 위해 손에 움켜쥐고, 잘 다루지 못하는 사람들이 있는 것입니다.

이렇게 하나님과 세상 재물을 신으로 함께 섬기는 사람들이 있는 것입니다. 이렇게 "하나님의 법궤와 다곤 신을 그들의 신전에 함께 두었던 블레셋 사람들"(삼상5:1-5)처럼, 그와 같이 "이방 신들과 아스다롯 우상들(오늘날은 재물을 신으로)을 섬기는 사람들"(삼상7:1-3)이 있는 것입니다. 그러면서도 하나님을 사랑한다고 거짓말을 하는 거짓말쟁이들이 있는 것입니다.

이처럼 세상 재물을 다루는 데도 충실하지 못함으로써, 그리스도의 몸의 균형을 잃어서 그분의 몸이 기울어지며, 그분의 몸이 상하여 병들어 가고 있는 것입니다. 그만큼 자기에게 세상 재산이 없으면 불안하게 생각하는 사람들이 많은 것입니다. 그렇게 자신의 막강한 재산의 힘을 믿고 믿음의 생활을 하고 있는 것입니다. 주님께서는 "주님이신 너희 하나님을 경배하고 그분만을 섬겨라."(마4:10) 하고 사탄에게 말씀하셨는데 말입니다.

그와 같이 오늘날 교회가 교인들이 **"두 주인을 함께 섬기도록 만들고 있는 것"**입니다. 현실이 이러하기에 그래도 경건한 목사들은 한목소리로 초대 교회로 돌아가자고 하는 것이 아니겠습니까?

그와 같이 초대 교회로 돌아가자고 하는 소리부터가, 오늘날 교회가 잘못 가고 있다는 것을 스스로 시인하는 것이 아니겠습니까?

그와 같이 경건한 목사들은 말로는 시인하고 있으면서도 왜 오늘날 교회는 초대 교회로 다시 돌아가지 못하고 있는 것일까요?

그것은 여러분이 사랑으로 나누는 잔치 자리가, 오히려 불경건한 목사들의 잔치 자리가 되어버렸기 때문은 아닐까요? 그리고 그와 같이 목사들의 과한 탐욕과 악독과 성도들의 호주머니를 터는 행위가 기승을 부리고 있기 때문은 아닐까요?

그러므로 여러분은 경건치 못한 목사들이, 그들의 욕심을 서로 경쟁이나 하듯이 증명하고 있는 것을 보십시오. 인터넷에서 대형 교회 목사들의 연봉을 검색하면, 누구는 수억 원씩, 누구는 수십억 원까지 받아 간다고 인터넷상에 파다하게 퍼져 있습니다. 어떤 교회 목사는 "5억이 많다고 하면 복 못 받아!" 하고, 오히려 교인들을 호통쳤다는 기사도 보도되고 있습니다. 이렇게 성경에 비추어 보면 교회 세상에도 거짓되고 속이며 그리스도의 사도(목사)로 가장하거나(고후11:12-15; 현대인의 성경) 자기네 배만 섬기는 사람도(롬16:17-18) 있는데, 어떻게 성도들이 세상 재물을 다루는 데, 충실할 수가 있겠습니까? 교회 세상이 이러한데, 어떻게 성도들이 자신들이 가진 것을 팔아서, 가난한 형제들을 도와줄 수가 있겠습니까?

세상 재물을 다루는 데 충실하려면, 목사부터가 자신의 재산을 솔선수범하여, 초대 교회와 같이(행2:44-45; 공동번역; "믿는 사람은 모두 함께 지내며 그들의 모든 것을 '**공동 소유로 내어놓고**,' 재산과 물건을 팔아서 모든 사람에게 필요한 만큼 나누어 주었다."라는 말씀처럼) 공동 소유로 내어놓고, 재산과 물건을 팔아서, 모든 성도에게 필요에 따라 나누어 주어야만 하지 않을까요?

"성령께서는 각 사람에게 각각 다른 은총의 선물을 주셨는데 그것은 '**공동이익을 위한 것입니다**.'"(고전12:7; 공동번역)라는 말씀처럼 진리를 따라 살아야만 하지 않을까요?

진리를 따라 사는 가이오처럼(요삼1:1-15) 말입니다. 그렇게 하지 않고서야, 어떻게 오늘날 교회가 초대 교회로 돌아갈 수가 있다는 말입니까?

위와 같이 하지 않고서야, 어떻게 목사 자신을 위하여 하늘에 보물을 쌓아 둘 수 있겠습니까? 목사부터가 변화되지 않는데, 어떻게 성도가 변화되겠습니까?

목사들이 먼저 자신의 소유를 공동 소유로 내어놓지 않고 있는데, 어떻게 성도들이 먼저 자신의 소유를 공동 소유로 내어놓겠습니까?

목사 자신들은 위와 같이 행하면서도, 교인들에게는 세상에 연약한 사회적 약자 곧 가난한 이웃들을 도와주면, 보물을 하늘에 쌓아 두는 것이라고 가르칩니다. 그와 같이 돕는 일이 참인 것처럼 하여, 자기를 따르는 사람들에게 두루뭉술하게 거짓을 가르치고 있는 것입니다.

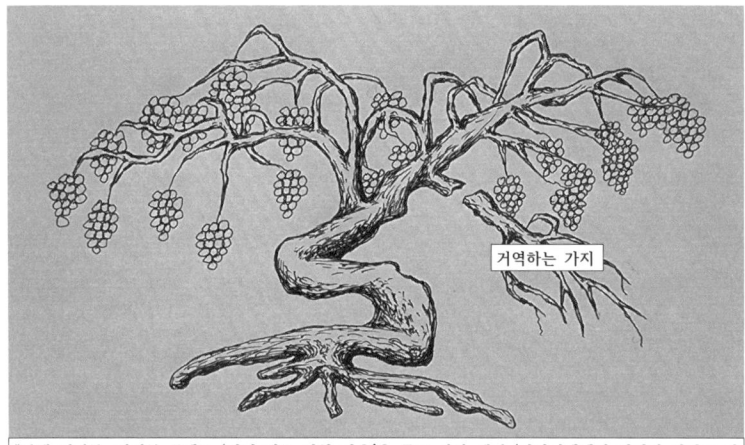

"형제 여러분, 여러분 중에는 '**믿지 않는 악한 마음**'을 품고 살아 계신 '**하나님에게서 떨어져 나가는 사람**'이 없도록 조심하십시오."(히3:12)
"나에게 붙어 있으면서 '**열매를 맺지 못하는 가지**'는 '**아버지께서 모두 잘라내시고**'"(요15:2)
"그러나 여러분이 계속 하나님의 은총 가운데 있으면 여러분에게는 자비를 베푸실 것입니다. '**그렇지 못할 때**'는 '**여러분도 잘리게 될 것입니다.**'"(롬11:22)

주님께서는 분명하게 "가지가 포도나무에 붙어 있지 않고서는 스스로 열매를 맺을 수 없듯이, 너희도 내 안에 있지 않으면 열매를 맺지 못할 것이다."(요15:4; 현대인의 성경) 이렇게 말씀하셨는데 말입니다.

성경에서 가난한 사람들은 누구를 가리키는 말씀일까요?

그리고 하나님 여호와께서는 분명하게 "하나님의 백성 가운데 가난한 사람들을 도와주는 규정"에 대하여 모세를 통해 아래와 같이 "명령"하셨는데 말입니다.

"여러분 중에는 언제나 가난한 사람이 있기 마련입니다.' 그래서 내가 여러분에게 가난한 사람을 아낌없이 도와주라고 **'명령'**하는 것입니다."(신15:11; 현대인의 성경) 하고 말입니다. 앞에 말씀이 하나님 여호와께서 세상 사람들을 걱정하신 말씀입니까? 오히려 하나님의 백성을 걱정하신 말씀이 아니었습니까?

이렇게 "하나님 여호와께서는 오직 자기의 자녀들을 걱정하고 계시는 것"입니다. "그래서 내가(하나님 여호와가 모세를 통하여) 여러분에게 가난한 사람(동족 또는 형제를)을 아낌없이 도와주라고 **'명령'**하는 것입니다."라고 그렇게 말씀하시는 것입니다.

이렇게 옛날 옛적부터 "가난한 형제들을 도와주는 규정"을 만들어서, 여러분 가운데는 언제나 가난한 사람들이 있기 마련이므로, 하나님 여호와께서는 여러분의 가난한 형제들에게 반드시 "빌려주어"(신15:7-11) 그들을 도와주라고 그 당시 자기의 백성에게 "명령"을 내리셨습니다.

그러나 예수님이 하늘에서 오신 이후로는, 여러분 가운데 있는 **"가난한 형제에게 빌려주어서 도와주는 것"**이 아니라, 아예 **"너희는 가진 것을 팔아 가난한 사람들을 도와주고,'** 너희 자신을 위하여 낡아지지 않는 주머니를 만들어라. 그것은 없어지지 않는 보물을 하늘에 쌓아 두는 것이다."(눅12:33) 하고 그렇게 말씀하셨습니다.

이렇게 주님께서는 제자들에게 위와 같이 "너희는 가진 것을 팔아 가난한 사람들을 도와주고, '너희 자신을 위하여' 낡아지지 않는 주머니를 만들어라." 하고 "명령"하셨습니다. 그런데요, 여러분은 잘 보십시오.

위와 같이 가르치시는 예수님의 말씀을 듣고 그대로 실천한 사람들이 있었습니다. 그 사람들은 바로 위에서도 말씀을 드렸던 우리의 자랑스러운 초대 교회의 형제들입니다.

초대 교회 형제들의 공동생활은 이러하였습니다.

"사도들이 계속해서 놀라운 일과 기적을 많이 나타내어 보이자, 사람들은 모두 하나님을 두려워하게 되었다. 믿는 사람들은 모두 함께 지내며, **'그들의 모든 것을 공동 소유로 내어놓고, 재산과 물건을 팔**

아서, 모든 사람에게 필요한 만큼 나누어 주었다.'** 그리고 한마음이 되어 날마다 열심히 성전에 모였으며, 집집마다 돌아가며 같이 빵을 나누고, 순수한 마음으로 기쁘게 음식을 함께 먹으며, '**하나님을 찬양하였다.**' 이것을 보고 '**모든 사람이 그들을 우러러보게 되었다.**' 주께서는 구원받을 사람을 날마다 늘려 주셔서 신도의 모임이 커 갔다."(행2:43-47; 공동번역) 하고 "초대 교회 신도들의 공동생활에 대하여" 성경에 기록되어 있으며 또 이렇게도 기록되어 있습니다.

"그 많은 신도들이 다 한마음 한뜻이 되어, 아무도 '**자기 소유를 자기의 것이라고 하지 않고, 모든 것을 공동으로 사용하였다.**' 사도들은 놀라운 기적을 나타내며 주 예수의 부활을 증언하였고, 신도들은 모두 하나님의 크신 축복을 받았다. '**그들 가운데 가난한 사람은 하나도 없었다.**' '**땅이나 집을 가진 사람들이 그것을 팔아서, 그 돈을 사도들 앞에 가져다 놓고 저마다 쓸 만큼 나누어 받았기 때문이다.**' 키프로스 태생의 레위 사람으로, 사도들에게서 '위로의 아들'이라는 뜻인 바르나바라고 불리는 요셉도, '**자기 밭을 팔아**' 그 돈을 사도들 앞에 가져다 바쳤다."(행4:32-37; 공동번역)라고 말입니다. 이렇게 초대 교회 형제들은 땅이나 집을 가진 사람들이 그것을 팔아서 가난한 형제들에게 나누어 줌으로써, 예수님의 말씀대로 자신을 위하여 낡아지지 않는 돈주머니를 만들게 된 것입니다. 이렇게 없어지지 않는 보물을 자신을 위하여 하늘에 쌓아 두게 된 것입니다. 그렇습니다.

"나는 포도나무요, 너희는 가지이다. 사람이 내 안에 살고, 내가 그 사람 안에서 살면 그는 많은 열매를 맺는다."(요15:5)라는 말씀처럼 예루살렘 교회 성도들은 그리스도 안에서 많은 열매를 맺게 된 것(고후 9:9-10)입니다. 그리고 예루살렘 성도들은 밭에 숨겨 놓은 보물과 값진 진주를 발견하고 기뻐하며 돌아가서 가진 것을 다 팔아 숨겨 놓은 보물의 밭과 극히 값진 진주를 산 사람들과 같은 것입니다.

주님의 말씀이 그러하기에 예수님의 비유에서도, 밭에 숨겨 놓은 보물과 값진 진주를 발견한 사람은 가진 것을 다 팔아서 그 밭을 사고, 값진 진주를 만난 사람도 가진 것을 다 팔아서 그 진주를 산다. 라고 그와 같이 말씀하시지 않았습니까?

"천국은 마치 밭에 감추인 보화와 같으니 사람이 이를 발견한 후 숨겨 두고 기뻐하여 돌아가서 자기의 소유를 다 팔아 그 밭을 샀느니라."(마13:44) 하셨고 "또 천국은 마치 좋은 진주를 구하는 장사와 같으니 극히 값진 진주 하나를 만나매 가서 자기의 소유를 다 팔아 그 진주를 샀느니라."(마13:45-46) 하고 말입니다. 이렇게 **하나님의 자녀들이 밭에 숨겨 놓은 보물이며 극히 값진 진주라는 것**입니다. 우리가 그러한 사람들이기에 주님께서는 제자들에게 "밭은 세상이다."(마13:38) 하시지 않았습니까?

우리 성도들이 이러한 사람들인데요, 이렇게 밭에 숨겨 놓은 보물과 극히 값진 진주를 발견한다고 한들, "하나님께 소망을 두지 않는 사람들"이 어떻게 밭에 숨겨 놓은 보물의 그 밭과 값진 진주를 찾아다니는 장사꾼처럼, 값진 진주 하나를 발견하면 돌아가서 있는 것을 다 팔아 그 진주를 살 수 있을까요?

이렇게 땅이나 집을 가진 사람들이 믿음이 없이, 그것을 팔아서, 가난한 형제들에게 나누어 줄 수 있을까요? 믿음이 없이는 절대로 행할 수 없는 일인 것입니다. 그러기에 성경에 "여러분이 수행하는 봉사의 일에 대하여" "하나님께 순종하는 일이라고 하였고 그리스도의 복음을 고백하는 일"(고후9:13)이라고도 하였습니다.

그리고 이렇게 가난한 성도들을 돕는 일은 결과적으로 자신을 위한 일인 것입니다. 낡아지지 않는 자신의 보물 주머니에 하늘 보화를 가득하게 채우는 일인 것입니다. 썩어질 것으로 심고, 썩지 않는 것으로 거두게 되는 일인 것입니다. 그러므로 여러분 자신을 위하여 가난한 성도들을 도와주십시오. 그리하여 없어지지 않는 자신의 보물을 하늘에 쌓아 두십시오.

사랑하는 형제 여러분, 가난한 성도들을 도와주는 일은 하나님께서 기뻐하실 뿐만 아니라 성도들도 기뻐하는 일인 것입니다.

"선을 행하는 일과 서로 나누어 주는 것을 잊지 마십시오. 이런 제사는 하나님이 기뻐하십니다."(히13:16; 현대인의 성경) 이렇게 선을 행하는 것 가난한 형제들에게 서로 나누어 주는 것을 하나님 아버지께서는 기뻐하시는 것입니다.

그리고 성도들도 이렇게 기뻐하는 것입니다.

"여러분이 수행하는 이 봉사의 일은 **'성도들의 가난을 덜어 줄 뿐만 아니라,'**(행4:34) **'많은 사람들로 하여금, 하나님께 무한한 감사를 드리**

게 할 것'(행2:47)입니다. 여러분의 '**이 봉사의 결과로, 그들은 하나님을 찬양하게 될 것**'(행2:47)입니다. 그것은 여러분이 그리스도의 복음을 믿고 순종한다는 것과 예루살렘 성도들과 그 밖에 모든 사람을 아낌없이 돕는다는 증거가 되었기 때문입니다. 그들은 또한 여러분에게 주신 넘치는 은혜를 보고 여러분을 그리워하며 '**여러분을 위하여 기도할 것**'(행2:42)입니다."(고후9:12-14) 이렇게 말입니다. 그렇습니다.

여러분의 도움을 받은 가난한 성도들뿐만 아니라 모든 성도가 기쁨이 넘쳐서 하나님을 찬양하게 되고, 여러분에게 주신 넘치는 은혜를 보고, 여러분을 그리워하며 여러분을 위하여 기도하게 되는 것입니다.

위와 같이 가난한 성들을 돕는 일에 대하여 옛 성경에도 "그가 가난한 사람들에게 아낌없이 뿌려 주셨으니 '**그의 의가 영원히 있다.**'"(시112:9) 하고 기록되어 있지 않습니까?

이렇게 하나님 여호와께서는 미리 수천 년 전부터 선지자들을 통해 "가난한 성도들을 돕는 일에 대하여" 말씀하셨던 것입니다. 그러므로 주님께서도 제자들에게 "영원히 썩지 않을 열매를 맺을 것에 대하여" 이렇게 말씀하시지 않았습니까?

"너희가 나를 택한 것이 아니라 내가 너희를 택하여 세운 것이다. 그러니 너희는 세상에 나가 '**언제까지나**(영원히) **썩지 않을 열매를 맺어라.**'"(요15:16; 공동번역) 하고 말입니다. 그렇습니다.

주님께서는 위와 같이 우리가 세상에 나가 모든 족속으로 제자를 삼아, 아버지와 아들과 성령의 이름으로 세례를 주고, "언제까지나 썩지 않을 열매를 맺도록" "주님께서 명령한 모든 것(요15:17; 서로 사랑하는 법, 갈6:2; 서로 짐을 짐으로써 그리스도의 사랑의 법을 실천하는 법)을, 가르쳐 지키게 하라고 우리에게 명령"하셨습니다.

위의 괄호 안의 말씀과 같이 말입니다. 그와 같이 새로 입교한 신도들에게 서로 사랑하는 법을 가르치고, 서로의 짐을 짐으로써 그리스도의 사랑의 법을 실천하도록 말입니다. 그렇게 앞의 말씀 그대로 실천했던 사람들이 초대 교회 성도들이었습니다. 그렇게 초대 교회 성도들과 같이 한마음 한뜻이 되어 서로 사랑함으로써, 가난한 성도들을 구제하는 그러한 봉사활동을 하나님께서는 기뻐하시는 것(히13:16)입니다.

그렇다면 구제대상이 가난한 성도들이어야만 하는 이유는 무엇일까요?

그것은 "하나님을 믿는 사람들 가운데는 언제나 가난한 사람들이 있기 마련이므로, 하나님 여호와께서는 여러분에게 가난한 사람을 아낌없이 도와주라고 명령하셨기 때문"(신15:11)입니다.

그리고 "주님을 많이 사랑하는 사람은 많은 자기의 죄가 용서받는 것이기 때문이라고 하셨고, 적게 용서받은 사람은 주님을 적게 사랑하는 것이라고 그렇게도 말씀하셨기 때문"(눅7:47)입니다.

그리고 "눈에 보이는 형제를 사랑하는 것이 보이지 않는 하나님을 사랑하는 것이라고 말씀하셨기 때문"(요일4:20-21)입니다. 그리고 포도나무 안에서 가지가 맺는 열매이기 때문(요15:4-5)이기도 한 것입니다.

그리고 "**우리는** 그리스도의 **몸**과 그의 **살**과 그의 **뼈**의 **지체임이라**고 그렇게 말씀하셨기 때문"(엡5:30; 킹 제임스 성경)입니다. 우리가 그러한 사람들이기에 그것을 증명하는 성경 말씀이 있습니다. 그 말씀은 개종 전 사울에 관한 말씀입니다.

예수님께서 사울이 개종하기 전, 형제들을 핍박하던 그에게 정오의 빛보다 더 밝은 빛으로 나타나셨습니다. 그와 같이 주님께서 형제들을 핍박하던 청년 사울 앞에 나타나셔서 "사울아, 사울아, 왜 나를 핍박하느냐?" 말씀하시며 사울을 막아서셨습니다. 그래서 사울이 "당신은 누구십니까?" 하고 물었습니다. 그러자 예수님은 강력한 빛 가운데서 이렇게 대답하셨습니다.

"**나는 네가 핍박하는 예수이다.**" 하고 말입니다. 이렇게 예수님께서 사울에게 대답하신 것처럼, "여러분들이 그리스도의 **몸**과 그의 **살**과 그의 **뼈**의 **지체**임이 예수님에 의하여 확실하게 확인이 된 것"입니다.

위와 같이 하나님의 아들 예수 그리스도의 이름을 믿는 사람들 모두가 그리스도의 몸의 지체들이기 때문에, 여러분이 정말 그리스도인이라면, 그리스도의 형제가 어떤 형편에 처해 있든지 간에, 같은 형제들끼리 어떠한 핍박도 가해서는 "절대로" 안 되는 것입니다.

그것은 왜 그러한가 하면, 만일 여러분이 그리스도인이라고 하면서도 같은 형제를 핍박한다면, 개종 전 사울처럼 예수님을 핍박하게 되는 것이기 때문입니다. 이렇게 예수님을 믿는 사람들이 그러하기에, 주님께서 제자들을 전도를 보내시기 전에, 그들에게 아래와 같이 말씀하시지 않았습니까?

"**너희를 배척**하면 **나를 배척**하는 것이요, **나를 배척**하면 **나를 보내신 분을 배척**하는 것이다."(눅10:16) 하고 말입니다. 그러므로 위의 말씀에서 가리키는 "너희"는, 제자들을 가리키는 말씀으로써, 그리스도의 형제들을 가리키는 말씀이 되는 것입니다. 말씀의 뜻이 이와 같음으로 위의 말씀 중에서 "너희를 배척하면"이라는 말씀에서 "너희" 자리에 "**형제**"를 대체하여 말씀을 읽어 보십시오. 그러면 이러한 말씀이 보일 것입니다.

"**형제를 배척**하면 **나를 배척**하는 것이요, **나를 배척**하면 **나를 보내신 분을 배척**하는 것이다."(눅10:16) 하는 말씀이 보이게 되는 것입니다. 가지를 흔들면 포도나무 본체를 흔드는 것이 되듯이 말입니다. 이렇듯 여러분의 형제들은 여러분뿐만 아니라, 믿음의 형제들 모두가 주님의 몸의 지체들이기 때문에, 형제를 대할 때에 조심성 없이 함부로 대한다면, 주님을 조심성 없이 마구 대하는 것이 되는 것이기에, 심판을 자초하게 되는 것(롬14:1-10)입니다. 주님의 말씀이 이러하므로 만일 "그리스도의 형제를 자신의 몸처럼 사랑한다면, 누구를 자신의 몸처럼 사랑하는 것이 되겠습니까?" 그렇습니다.

개종 전, 사울이 다메섹까지 쫓아가서 **형제들을 핍박할 때**, 주님께서 정오의 태양보다 더 강렬한 빛으로 나타나셔서 "**사울아, 사울아, 네가 왜 나를 핍박하느냐?**"라고 크게 꾸짖으신 것과는 반대로 "주님을 열렬히 자신의 몸처럼 사랑하는 것이 되는 것"입니다.

위의 말씀과 같이 그렇게 "그리스도의 형제들이 예수님의 몸의 지체들"이기에 주님께서 마태복음 25장에 심판장으로 오셔서 "하늘과 땅을 불러 하나님의 모든 백성을 모아 놓고 심판하실 것"(시50:1-23)에 대하여 아래와 같이 예언하시지 않았습니까?

"너희가 여기 있는 '**형제** 중에 가장 보잘것없는 사람' 하나에게 해 준 것이 바로 **나**에게 해 준 것이다.'"(마25:40) 하셨고 또 "여기 있는 '**형제** 중에 가장 보잘것없는 사람' 하나에게 해 주지 않은 것이 곧 **나**에게 해 주지 않은 것이다.'"(마25:45; 공동번역)라고 말입니다. 그리고 예수님께서는 제자들에게 "너희는 다 형제니라."(마23:8) 하고 말씀하시지 않았습니까? 그렇습니다.

"하나님의 아들 예수 그리스도의 이름을 믿는 사람들이 다 그리스도의 형제들이기에," 가난한 그리스도의 형제를 도와준 사람과 가난한 그리스도의 형제들을 도와주지 않은 사람들을, 주님께서는 그리스도의 최후 심판에서 가려내시는 것(마25:31-46)입니다. 그러므로 여러분은 또 보십시오.

주님께서는 하나님을 아는 사람과 하나님을 알지 못하는 사람에 대하여 아래와 같이 말씀하시지 않았습니까?

"사랑하는 여러분에게 당부합니다. 우리는 서로 사랑합시다. 사랑은 하나님에게서 오는 것입니다. 사랑하는 사람은 누구나 하나님에게서 났으며 '**하나님을 압니다.**' 사랑하지 않는 사람은 '**하나님을 알지**

못합니다.' 하나님은 사랑이시기 때문입니다."(요일4:7-8) 하고 말입니다. 그렇습니다.

자기의 형제를 사랑하는 사람은 하나님에게서 나서 하나님을 아는 사람인 것입니다. 그러나 자기의 형제를 사랑하지 않는 사람은 하나님에게서 나지 않은 사람이기에 하나님을 모르는 사람인 것입니다. **"그것을 증명하는 강력한 증거"**는 **"하나님은 사랑이시기 때문입니다."** (요일4:8)

그러므로 그리스도께서는 최후의 심판 날에 재판장으로 오셔서 **"그리스도인으로 흉내를 내는 그리스도 안에 거하지 않는 사람들"**을 **'가려내어'** '그들을 심판하시는 것'"입니다. 그러므로 여러분은 또 보십시오.

"사람마다 항상 자기 육신을 미워하지 않고 오히려 육성하고 아끼기를 주께서 교회에게 하심같이 하나니, 이는 우리가 그의 몸과 살과 뼈의 지체임이라."(엡5:29-30; 킹 제임스 성경) 하고 성경에 기록되어 있습니다. 그렇습니다.

우리가 그리스도의 몸과 그리스도의 살과 그리스도의 뼈의 지체이기 때문에, 사람마다 항상 자기 육신을 미워하지 않고 오히려 육성하고 아끼기를 주께서 교회에게 하심같이 하듯이, 우리도 그와 같이 자기가 자신의 몸을 아끼듯이 서로 사랑해야만 하는 것입니다. 그 말씀이 바로 "네 이웃을 네 몸과 같이 사랑하여라."(레19:18) 하신 말씀인 것입니다.

약속된 메시아를 위해 받는 고난

이처럼 주님의 말씀이 증명하고 있듯이 "하나님의 백성이 다 그리스도의 몸의 지체들인 것"입니다. 그와 같이 우리가 다 그리스도의 몸의 지체들이기에, "모세는 하나님의 백성과 함께 고통을 당하는 것을, 약속된 메시아를 위해 받는 고난"(히11:25-26)이라고 하지 않았습니까?

그렇게 "약속된 메시아를 위해 고난을 받음으로써, 모세는 앞으로 받을 상을 기대하고 있었다고"(히11:26) 말입니다.

그러므로 주님께서는 사도 바울을 통해 우리가 그리스도와 함께 영광을 받으려면, "모세가 하나님의 백성과 함께 고통을 당하는 것을, 약속된 메시아를 위해 받는 고난이라고 여긴 것처럼," "그분과 함께 고난도 받아야 합니다."라고 하지 않았습니까?

"우리가 하나님의 자녀라면 하나님의 상속자로서 그리스도와 공동

상속인이 되는 것입니다. 그러므로 '**우리가 그리스도와 함께 영광을 받으려면 그분과 함께 고난도 받아야 합니다.**'(롬8:17) 하고 말입니다.

이렇게 하나님의 백성과 함께 고통을 당하는 것이 바로 그리스도와 고난을 같이 나누는 일인 것입니다. 그와 같이 모세는 광야 교회 생활을 하는 동안, 하나님의 모든 백성이 하늘에서 내려 주신 만나를 서로 나누고, 서로 채워 줌으로써, 하나님의 백성과 함께 고난을 받은 것입니다.

그와 같이하여 많이 거둔 사람들과 적게 거둔 사람들의 것을 되어 보니, 많이 거둔 사람도 남은 것이 없었고, 적게 거둔 사람도 부족함이 없이, 각자 필요한 만큼 거두었다고(출16:13-18) 성경에 기록되어 있는 것입니다. 이렇게 광야 교회 사람들은 서로 고통을 분담하였던 것입니다.

그와 같이 하나님의 모든 백성과 함께 고통을 당하는 그것을, 모세는 약속된 메시아를 위해 받는 고난이라고 여겼던 것(히11:25-26)입니다.

"성경은 모두 이렇게 우리에게 교훈을 주려고 기록된 것입니다. 그래서 우리는 성경에서 인내를 배우고 위로를 받아서 소망을 지니게 하려 함이라."(롬15:4)라고 그렇게 기록되어 있는 것입니다.

그렇다면 위의 말씀에서 "만나의 교훈"은 우리에게 어떠한 교훈을 주시려고 기록하신 것일까요? 그 교훈에 대하여 주님께서는 사도 바울을 통해 이렇게 말씀하셨습니다.

"그러므로 이제는 그 일을 완성하십시오. 여러분이 자원해서 시작할 때에 보여 준 그 열성에 어울리게, 여러분이 가지고 있는 것으로 그 일을 마무리 지어야 합니다. 마음이 내켜서 하는 일이라면, **'가진 것에서 얼마를 바치든지'** 하나님께서는 기꺼이 받으실 것입니다. **'없는 것까지 바치는 것'**을 바라지 않으십니다. 내가 다른 사람들을 편안하게 하고, 그 대신에 여러분을 괴롭게 하려는 것이 아니라 **'골고루 나누어 갖게 하려는 것'**입니다. **'지금 넉넉하게 사는 여러분이 가난한 사람들을 도와준다면,'** 그들이 넉넉하게 살게 될 때에는, 그들도 역시 여러분을 도와줄 것입니다. 그렇게 되면 결국 서로 도움을 받게 됩니다. 성경에도 '많이 거둔 사람도 남은 것이 없었고, 적게 거둔 사람도 부족함이 없었다.'라고 쓰여 있습니다."(고후8:11-15; 새 번역 성경, 현대인의 성경, 공동번역) 하고 말입니다. 그렇습니다.

"지금 넉넉하게 사는 여러분이 가난한 사람들을 도와준다면, 그들도 살림이 넉넉해질 때, 가난했던 그들도 마찬가지로 여러분을 도와준다는 것입니다. 그렇게 되면 결국, 서로 도움을 받게 된다는 그러한 교훈"을 주시려고, 만나에 대한 교훈을 기록한 것이라고 주님께서는 사도 바울을 통해 말씀하신 것입니다. 이렇게 "그리스도의 형제들이 서로 도움을 주고받는 그것이 그리스도와 고난을 같이 나누는 것"(빌3:10)입니다.

그러므로 바로 위와 같은 말씀을 주님께서는 모세를 통하여 아래와 같이 말씀하신 것입니다.

"모세는 어른이 되었을 때, **'믿음으로,' '파라오의 딸의 아들이라 불리는 것을 거부'**하고, **'죄의 일시적인 쾌락을 즐기기'**보다는, 오히려 **'하나**

님의 백성과 함께 고통을 당하는 길'을 택했습니다. 모세는 '**약속된 메시아를 위해 받는 고난**'을 '**이집트의 보물보다 더 값진 것**'으로 여겼습니다. 그는 '**앞으로 받을 상을 바라보고 있었던 것**'입니다."(히11:25-26) 이렇게 말입니다. 그렇습니다.

모세는 하나님의 백성과 함께 고통을 당하는 그것이, 바로 약속된 메시아를 위해 받는 고난이라고 여겼던 것입니다.

그리고 또 위의 말씀이 바로 주님께서 사도 바울을 통해 말씀하신 아래의 말씀이신 것입니다.

"지금 넉넉하게 사는 여러분이 가난한 사람들을 도와준다면, 그들도 살림이 넉넉해질 때, 가난했던 그들도 마찬가지로 여러분을 도와줄 것입니다. 그렇게 되면 결국, 서로 도움을 받게 되지 않겠습니까?"(고후8:14; 공동번역) 하고 말입니다. 그렇습니다.

여러분의 몸도, 여러분의 몸 안에 있는 각 지체가 그 기능대로 다른 지체를 도와서, 온몸이 건강하게 자라듯이, 그리스도를 머리로 하는 교회도 그와 같이(각 지체가 그 기능대로 다른 지체를 도와서 건강하게 자라듯이 그렇게) 사랑으로 완성해 나가는 것(엡4:16; 현대인의 성경, 공동번역)입니다. 그렇습니다.

주님께서는 바로 그 말씀을 자기를 믿는 모든 사람에게 하시고자 하시는 것입니다.

그러므로 믿음으로, 예수 그리스도로 갈아입은 여러분 모두가, 머리이신 그리스도와 한 몸이 된 그분의 몸의 지체들로서, 우리의 몸도 몸에 갖추어져 있는 각 마디를 통하여 연결되고 결합하듯이, 그리스도를 머리로 하는 교회도, 그리스도 안에서 "각 지체가 서로 고통을 분담하여," 그와 같이 사랑으로 그리스도의 몸을 세워 나가야 한다는 그러한 교훈에 관한 말씀을, 주님께서는 말씀하시고자 하신 것입니다.

이렇게 여러분이 자신의 친형제같이 서로 사랑함으로, 건강한 그리스도의 몸을 세워 나가는 교회가, **"참 그리스도의 교회"**인 것입니다. 이렇게 참 포도나무에서 진액을 공급받은 굵은 가지들이 그다음 가지로 그다음 가지들은 또 그다음 가지로 그렇게 끝까지 공급되어 가느다란 가지에서 풍성한 열매를 맺듯이, **우리도 한마음 한뜻**이 되고 **한 몸**이 되어 **"사랑함으로 서로 도와서 많은 열매 맺으며 온 세계로 계속 뻗어 나가기를 바라시는 것"**입니다.

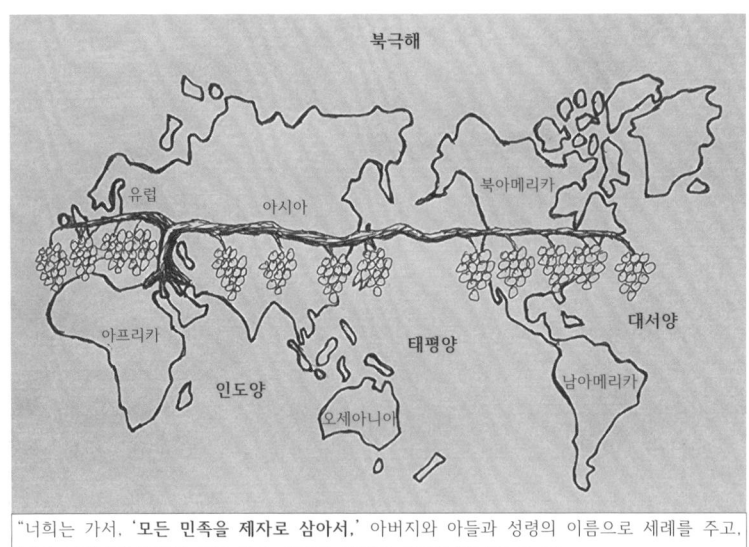

"너희는 가서, '모든 민족을 제자로 삼아서,' 아버지와 아들과 성령의 이름으로 세례를 주고, '내가 너희에게 명령한 모든 것을 가르쳐 지키게 하여라.'"(마28:19-20)

주님께서는 위와 같은 교회를 온 세상에 세우시고자 "너희는 가서 모든 민족을 제자로 삼아, 아버지와 아들과 성령의 이름으로 세례를 주고, **'내가 너희에게 명령한 모든 것을, 가르쳐 지키게 하라.'**"(마28:19-20; 현대인의 성경) 하신 것입니다.

그러므로 여러분은 아래의 말씀을 잘 깨달아야만 하는 것입니다.

위의 말씀과 같이 참 포도나무 안에서 가지들이 한마음 한뜻이 되어 세계로 뻗어 나갈 때, "각 지체가 서로 고통을 분담하여" 사랑으로 그리스도의 몸을 세워 나가는 그러한 일이 바로, "그리스도의 고난에 동참하는 일"이라는 것을 말입니다. 그것은 왜 그렇습니까?

그것은 성경에 "우리는 그리스도의 몸의 지체들입니다."(엡5:30; 공동번역) 하고 말씀하고 있기 때문입니다. 그렇습니다.

우리가 그리스도의 몸의 지체들이기 때문입니다.

이렇게 "하나님의 모든 백성이" 위의 말씀과 같이 "그리스도의 몸의 지체들이기에," 모세가 "하나님의 백성과 함께 학대받는 길"을 택하였는데, 그와 같이 모세가 하나님의 백성과 함께 학대받는 그것을, 성경에 기록하기를, 이렇게 '메시아를 위해서 당하는 모욕'을, 모세는 '이집트의 보물보다 더 값진 것'으로 여겼던 것"(히11:25-26)이라고 그렇게 기록한 것입니다.

그러므로 "여러분도 그리스도의 형제들과 함께 서로 고통을 분담하여, 사랑으로 건강한 그리스도의 몸을 세워 나가십시오. 바로 그와 같이 고통을 분담하는 사람들이 모세와 같이 **'그리스도를 위해서 당**

하는 모욕'을 '**세상의 보물보다 더 값진 것으로 여기는 사람들**'이 되는 것"입니다.

그리고 위와 같이 "그리스도를 위해서 당하는 모욕"을 "세상의 보물보다 더 값진 것으로 생각하는 그와 같은 사람들"이 바로 **"그리스도와 고난을 같이 나누는 사람들"**(빌3:10)이 되는 것입니다. 그리고 또 위의 말씀과 같이 "그리스도와 고난을 같이 나누는 사람들"이 바로 "자신을 위하여 하늘에 보물을 쌓는 사람들"이 되는 것입니다. 말씀이 그렇다면 왜 "그리스도와 고난을 같이 나누는 사람들"이 바로 "자신을 위하여 하늘에 보물을 쌓는 사람들"이 되는 것일까요? 그 말씀에 대한 대답을 성경에서는 이렇게 대답하고 있습니다.

"하나님께서는 모든 은총을 충분히 주실 수 있는 능력이 있으십니다. 그래서 여러분(성도들)은 언제나 모든 것을 넉넉하게 가질 수 있고 온갖 선한 일을 얼마든지 행할 수 있습니다. 이것은 성경에 '**그가 가난한 사람들**(성도들)**에게 아낌없이 뿌려 주셨으니 그의 의가 영원히 있다.**' 한 것과 같습니다. 뿌릴 씨와 먹을 빵을 마련해 주시는 하나님께서는 '**여러분**(성도들)**에게도 뿌릴 씨를 마련해 주시고 그것을 여러 갑절로 늘려 주셔서 열매를 풍성히 맺게 해 주십니다.**' '**그것은 여러분**(성도들)**이 뿌린 자선의 열매입니다.**'"(고후9:8-10; 새 번역 성경, 공동번역) 하고 말입니다. 그렇습니다.

하나님께서는 모든 은총을 자기 백성에게 충분히 주실 수 있는 능력이 있으신 분이어서, 성도들은 언제나 모든 일에 쓸 것을 넉넉하게 가지게 되는 것입니다. 이렇게 언제나 모든 일에 쓸 것을 넉넉하게 가지게 된 그것으로, 하나님께서는 온갖 선한 일을 얼마든지 가난한 형제들에게 행할 수 있게 하시는 것입니다.

그와 같이하여 가난한 성도들을 아낌없이 도와주는 사람들에 대하여 성경에 아래와 같이 기록한 것입니다.

"**그가 가난한 사람들을 후하게 구제해 주었으니 그의 의로운 행위가 영원히 남을 것이다.**"(시112:9) 하고 말입니다. 여기서 가난한 사람들은 세상 사람들을 가리키는 말씀이 아니라, 하나님을 믿는 백성이요, 동족이요, 그들의 형제들로서, 그리스도의 형제들을 가리키는 말씀이라고 위에서도 말씀을 드렸습니다.

"**여러분 중에는 언제나 가난한 사람이 있기 마련입니다.**' 그래서 내가(하나님 여호와께서 모세를 통해) 여러분에게 '**가난한 사람을 아낌없이 도와주라고 명령**'하는 것입니다."(신15:11; 현대인의 성경) 하고 말입니다. 여호와의 말씀이 그러하시기에 "하나님께서는 여러분에게도 뿌릴 씨를 마련해 주시고 그것을 여러 갑절로 늘려 주셔서 열매를 풍성히 맺게 해 주십니다. 그것은 여러분이 뿌린 자선의 열매입니다."(고후9:10) 하고 그와 같이 말씀하시지 않았습니까?

그리고 "여러분이 수행하는 이 봉사의 일은 '**성도들의 궁핍**'을 채워줄 뿐만 아니라, '**많은 사람들**(예루살렘 교회 성도들뿐 아니라 모든 성도)**로 하여금 하나님께 감사를 넘치게**' 드리게 할 것입니다."(고후9:12; 새 번역 성경) 하고 주님께서는 사도 바울을 통하여 그와 같이 말씀하시지 않았습니까?

그래서 예루살렘 교회 성도들이 그들의 모든 것을 공동 소유로 내어놓고, 재산과 물건을 팔아서 모든 사람에게 필요한 만큼 나누어 주었다고, 성경에 그와 같이 기록되어 있지 않습니까?

"믿는 사람은 모두 함께 지내며 그들의 모든 것을 공동 소유로 내어놓고, 재산과 물건을 팔아서 모든 사람에게 필요한 만큼 나누어 주었다."(행2:44-45) 이렇게 말입니다.

이렇게 예루살렘 교회 성도들이 그들의 모든 것을 공동 소유로 내어놓고, 재산과 물건을 팔아서 모든 사람에게 필요한 만큼 나누어 주었다고, 성경에 그와 같이 기록되어 있는 말씀이, 세상 어려운 이웃에게 나누어 주었다는 말씀입니까? 아니면 예루살렘 성도들에게 나누어 주었다는 말씀입니까? 그렇습니다.

세상 어려운 이웃이 아니라, 예루살렘 교회 성도들에게 나누어 주었다는 말씀입니다. 아래와 같이 말입니다.

"사도들은 놀라운 기적을 나타내며 주 예수의 부활을 증언하였고 신도들은 하나님의 크신 축복을 받았다. 그들 가운데 가난한 사람은 하나도 없었다. 땅이나 집을 가진 사람들이 그것을 팔아서 그 돈을 사도들 앞에 가져다 놓고 **'저마다'** 쓸 만큼 나누어 받았기 때문이다."(행4:33-35; 공동번역) 이렇게 말입니다. 그러므로 여러분은 예수님의 말씀을 잘 들어 보십시오.

주님께서는 자기의 제자들에게, "제자들 자기 자신을 위하여 하늘에 보물을 쌓아 두는 방법"을 이렇게 가르치시지 않으셨습니까?

"너희는 가진 것을 팔아 가난한 사람들을 도와주고,' '너희 자신을 위하여 낡아지지 않는 주머니를 만들어라.' '그것은 없어지지 않는 보물을 하늘에 쌓아 두는 것이다.'"(눅12:33; 현대인의 성경) 하고 말입니다. 여러분은 예수님의 말씀을 잘 들어 보셨나요?

어떠셨나요? 예루살렘 교회 성도들의 의로운 행위가, 너희 자신을 위하여 보물을 하늘에 쌓아 두라고 가르치신, 예수님의 말씀과 일치하지 않았나요?

예루살렘 교회 성도들은, 이렇게 사도들이 가르치는 예수님의 말씀을 듣고, 말씀 그대로 실천함으로써, 그들 자신을 위하여, 그와 같이 없어지지 않는 보물을 하늘에 쌓아 두게 되었던 것입니다.

위와 같이 가난한 성도들을 돕는 의로운 행위가, 성경에 기록한 바와 같이(시112:9; 그가 가난한 사람들을 후하게 구제해 주었으니 그의 의로운 행위가 영원히 남을 것이다) 영원히 남아 있게 되는 것입니다.

이렇게 **"하나의 참 포도나무에서 '영양분을 공급받아' 가지가 '둥그런 지구촌' 온 세상으로 뻗어 나가면서, 의의 열매가 가득하게 맺히게 되는 것"**입니다.

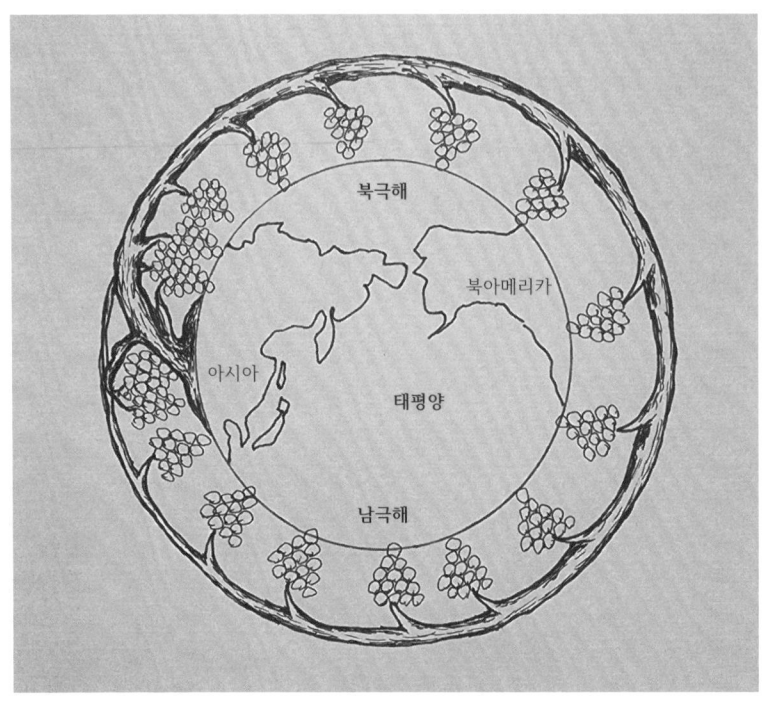

　그러므로 교회는 그리스도의 가난한 형제들을, 서로 돕는 봉사의 일(고후8:13-15; "내가 다른 사람들을 편안하게 하고, 그 대신에 여러분을 괴롭게 하려는 것이 아니라 골고루 나누어 갖게 하려는 것입니다. 지금 넉넉하게 사는 여러분이 가난한 사람들을 도와준다면, 그들이 넉넉하게 살게 될 때에는, 그들도 역시 여러분을 도와줄 것입니다. 그렇게 되면 결국 서로 도움을 받게 됩니다. 성경에도 '많이 거둔 사람도 남은 것이 없었고, 적게 거둔 사람도 부족함이 없었다.'라고 쓰여 있습니다." 하신 말씀처럼)을 주님 오실 때까지 계속해야만 하는 것입니다. 이러한 일들이 "여러분이 성도들과 함께 나누는 사랑의 잔치 자리"이며 "그리스도와 고난을 같이 나누는 일인 것"입니다.

그러므로 여러분은 또 보십시오. 히브리서 기자는 "가난한 성도들을 계속하여 돕는 일에 대하여" 구원과 관련된 보다 나은 축복이 있음을 확신한다고 그렇게 선포하고 있지 않습니까?

"사랑하는 여러분, 말은 이렇게 하지만, 여러분에게는 **구원과 관련된 보다 나은 축복이 있음을 우리는 확신**합니다. 하나님은 공정하셔서, '**여러분이 이미 성도를 도왔고 지금도 계속 도우면서 보여 주는 여러분의 행위와 하나님의 이름을 위하여 나타낸 사랑**'을 절대로 잊지 않으십니다. 그러므로 여러분 각 사람은 '같은 열성을 끝까지 나타내서,' 소망을 이루시기를 바랍니다. 여러분은 게으른 사람이 되지 말고, 믿음과 인내로 약속된 것을 상속받는 사람들을 본받으십시오."(히 6:9-12; 새 번역 성경, 현대인의 성경) 이렇게 말입니다.

그러므로 여러분은 눈에 보이는 형제를 사랑하십시오. "여러분이 여러분의 눈에 보이는 자기의 형제를 사랑하지 않고서는, '**절대로**' 보이지 않는 하나님을 사랑할 수 없다고"(요일4:20) 그렇게 성경에 기록되어 있습니다.

그러므로 여러분은 또 보십시오.

"믿음이 없이는 하나님을 기쁘게 해 드릴 수 없습니다. 하나님께 나아가는 사람은 하나님이 계시는 것과 하나님은 자기를 찾는 사람들에게 **상**을 주신다는 것을 믿어야 합니다."(히11:6) 하고 기록되어 있습니다. 그렇습니다.

믿음이 있어야 하나님을 기쁘시게 해 드릴 수가 있는 것입니다. 그리고 믿음이 있어야 하나님이 계시는 것을 알게 되고, 그리고 또 믿음이 있어야 하나님께서 자기를 찾는 사람들에게 상을 주신다는 것을 믿을 수 있게 되는 것입니다.

그러므로 **첫 번째로** 여러분에게 믿음이 있습니다. 그렇다면, 하나님을 어떻게 하면 기쁘시게 해 드릴 수가 있을까요?

성경에서는 "선을 행하는 일과 서로 나누어 주는 것을 잊지 마십시오. 이런 제사는 하나님이 기뻐하십니다."(히13:16)라고 하셨습니다. 그렇습니다.

하나님께서는 선을 행하는 일과 서로 나누어 주는 제사를 기뻐하십니다. 그렇다면 본문 말씀에서는 누구에게 선을 행하는 일과 서로 나누어 주는 일을 해야 하나님께서 기뻐하신다는 말씀입니까? 하나님의 자녀들이겠습니까? 아니면 믿지 않는 세상 어려운 이웃들이겠습니까? 그렇습니다.

"하나님은 공정하셔서, '**여러분이 이미 성도를 도왔고 지금도 계속 도우면서 보여 주는 여러분의 행위와 하나님의 이름을 위하여**(성도들에게) **나타낸 사랑**'을 절대로 잊지 않으실 정도로 기뻐하시는 것"입니다. 위와 같은 일은 **믿음으로**(고후9:13; 그리스도의 복음에 순종하고 있다는 것) 가난한 성도들을 돕는 일이기에 **영원히 남아 있게 되는 의의 열매가 맺어지는 것**(요15:16, 고후9:9-10)입니다. 그와 같이 **하나님께서는 그리스도의 형제가 되어, 형제끼리 계속해서 서로 사랑하는 것을 기**

뻐하시는 것(요15:8,16, 히13:16, 요일3:22)입니다. 여러분도 그렇지 않습니까?

자기 자녀가 자기의 자녀는 제쳐 두고, 남의 자녀를 계속해서 도와주는 것을 여러분은 기뻐하시겠습니까? 그럴 만한 부모는 이 세상에 아무도 없습니다.

두 번째로 여러분에게 믿음이 있습니다. 그렇다면 하나님께 나아가는 사람은 하나님이 계신다는 것을 믿어야 하는데, 어떻게 하면 하나님이 계신다는 것을 믿을 수가 있을까요?

1, 성령님이 계시는 증거를 받으면(고전12:7; 각 사람에게 성령님이 계시는 증거를 주신 것은) 그분이 주시는 그 믿음으로, 하나님이 하늘에 계신다는 것을 믿게 됩니다.

"너희 아버지는 한 분밖에 없으니 곧 하늘에 계시는 분이시다."(마23:9)

"너희는 이렇게 기도하라. '하늘에 계신 우리 아버지, 아버지의 이름이 거룩히 여김을 받게 하시고'"(마6:9)

"하늘에 계신 아버지께서야 구하는 사람에게 성령을 주시지 않겠느냐?"(눅11:13)

"시몬 베드로가 '주님은 그리스도시며 살아 계신 하나님의 아들이십니다.' 하고 대답하였다. 그래서 예수님이 베드로에게 말씀하셨다. '요한의 아들 시몬아, 너는 행복한 사람이다. 이것을 너에게 알리신 분은 사람이 아니라 하늘에 계시는 내 아버지이시다.'"(마16:16-17)

"나는(하나님은) 하늘과 땅 어느 곳에나 존재한다는 것을 모르느냐?"(렘23:24)

"악한 행동으로 진리를 막는 모든 죄인들에게 하나님이 하늘에서 노여워 하십니다."(롬1:18)

"하나님은 여러분에게 하늘에서 비를 내려 주시고 열매 맺는 계절을 주셔서 선한 일을 하시고 음식과 기쁨으로 여러분의 마음을 만족하게 하셨습니다."(행14:17)

2, 그리고 성령님이 주시는 믿음으로 무소부재하시며 살아 계신 하나님이심을 믿게 되는 것입니다.

"나는(하나님은) 하늘과 땅 어느 곳에나 존재한다는 것을 모르느냐?"(렘23:24)

"우리 모두의 아버지이신 하나님도 한 분이십니다. 그분은 모든 것 위에 계시고 모든 것을 통해 일하시며 모든 것 안에 계십니다."(엡4:6)

"하나님이 세상을 창조하신 그때부터 보이지 않는 그의 속성, 곧 그의 영원하신 능력과 신성이 그가 만드신 만물을 통해 분명히 나타나서 알게 되었으니 이제 그들은 변명할 수가 없습니다."(롬1:20)

"이 세상에 있는 부유한 자들에게 명하여 마음이 교만해지지 말고 불확실한 재물에 소망을 두지 말며 오직 우리에게 풍요하게 주셔서 누리게 하시는 '살아 계신 하나님께 두라고 하라.'"(딤전6:17)

"여러분, 왜 이러십니까? 우리도 여러분과 같은 사람입니다. 여러분은 이런 헛된 일을 버리고 하늘과 땅과 바다와 그 가운데 있는 '모든 것을 창조하신 살아 계신 하나님을 믿으십시오.' 그래서 우리가 여러분에게 기쁜 소식을 전하는 것입니다. '하나님께서는' 과거의 모든 민족이 각자 자기 길을 가게 내버려두셨지만 그렇다고 **자기를 증거하시지 않은 것이 아닙니다.' '하나님은'** 여러분에게 하늘에서 비를 내려 주시고 열매 맺는 계절을 주셔서 선한 일을 하시고 음식과 기쁨으로 여러분의 마음을 만족하게 하셨습니다."(행14:15-17)

3, 성령님이 주시는 믿음으로 복음에 순종하는 것을 보아, 자신이 하나님 안에서 살고 하나님도 그 사람 안에 계심을 믿게 됩니다.

"우리가 하나님의 아들 예수 그리스도를 믿고 그리스도께서 명령하신 대로 서로 사랑하는 것이 바로 하나님의 계명을 지키는 것입니다. 하나님의 계명을 지키는 사람은 하나님 안에서 살고 하나님께서도 그 사람 안에 계십니다. 그러므로 우리는 **하나님이 우리에게 주신 성령을 통해** 하나님께서 우리 안에 계신다는 것을 알게 됩니다."(요일 3:23-24)

"내가 너희에게 명령하는 것은 이것이다. 너희는 서로 사랑하여라." (요15:17)

"너희가 내 계명을 지키면 내 사랑 안에서 머물러 있을 것이다. 그것은 마치 내가 아버지의 계명을 지켜서 그 사랑 안에 머물러 있는 것과 같다."(요15:10)

"내 계명은 이것이다. 내가 너희를 사랑한 것과 같이 너희도 서로 사랑하여라."(요15:12)

"하나님 안에서 산다고 하는 사람은 예수님이 사신 것과 똑같이 살아야 합니다."(요일2:6)

"우리는 하나님이 우리에게 베푸시는 사랑을 알았고 또 믿었습니다. 하나님은 사랑이십니다. 그 사랑 안에 있는 사람은 하나님 안에 있으며 하나님께서도 그 사람 안에 계십니다."(요일4:16)

"누구든지 하나님의 말씀을 지키면, 그 사람은 진실로 하나님을 완전히 사랑하고 있는 것입니다. 이렇게 해서 우리는 우리가 하나님 안에 있다는 것을 알게 됩니다."(요일2:5)

"하나님께서 우리에게 당신의 성령을 나누어 주셨습니다. 그러므로 우리가 하나님 안에 있고 또 하나님께서 우리 안에 계신다는 것을 알 수 있습니다."(요일4:13)

세 번째로 여러분에게 믿음이 있습니다. 그렇다면 하나님께 나아가는 사람은 하나님이 자기를 찾는 사람들에게 상 주시는 이심을 믿어야 하는데, 어떻게 하면 하나님이 자기를 찾는 사람들에게 상 주시는 이심을 믿을 수가 있을까요?

1, 믿음으로 구하고, 찾고, 두드리면 하나님께서 자기를 찾는 사람들에게 상 주시는 이심을 믿을 수 있게 됩니다. 그와 같이 구하고, 찾고, 두드리는 사람에게 하나님께서는 하나님 자신의 영을 보내 주심으로 상을 받게 되는 것을 알게 되는 것입니다.

"구하여라, 그리하면 너희에게 주실 것이다. 찾아라, 그리하면 찾을 것이다. 문을 두드려라, 그리하면 너희에게 열어 주실 것이다. 구하는 사람마다 받을 것이요, 찾는 사람마다 찾을 것이요, 문을 두드리는 사람에게 열어 주실 것이다. 너희 가운데 아버지가 되는 사람으로서 아들이 생선을 달라고 하는데, 생선 대신에 뱀을 줄 사람이 어디 있으며, 달걀을 달라고 하는데, 전갈을 줄 사람이 어디에 있겠느냐? 너희가 악할지라도 너희 자녀에게 좋은 것들을 줄 줄 알거든, 하늘에 계신 아버지께서야 구하는 사람에게 **성령**을 주시지 않겠느냐?"(눅11:9-13)

2, 믿음으로 하나님을 찾는 사람들 곧 그리스도의 형제를 영접하는 사람들에게 상(영원한 생명을 얻는 상) 주시는 이심을 믿게 됩니다.

"너희를 영접하는 사람은 **나를 영접**하는 것이며 나를 영접하는 사람은 나를 보내신 **하나님을 영접**하는(상) 것이다."(마10:40)

"누구든지 예언자를 영접하면 예언자가 받을 **상**을 받을 것이며, 의로운 사람을 영접하면 의로운 사람이 받을 **상**을 받을 것이다."(마10:41)

"내가 분명히 말해 둔다. 아주 보잘것없는 사람이지만 그가 내 제자라는 이유로 그에게 냉수 한 그릇이라도 대접하는 사람은 반드시 **상**을 받을 것이다."(마10:42)

"그때 예수님이 말씀하셨습니다. '보라! 내가 속히 가겠다. 너희에게 줄 **상**이 내게 있으니 각 사람에게 일한 대로(상) 갚아 주겠다."(요일 22:12)

"내가 천사들과 함께 아버지의 영광으로 올 것이다. 그때 내가 각 사람이 행한 대로(상, 벌) 갚아 주겠다."(마16:26)

"그때 왕이 오른편에 있는 사람들에게 '내 아버지의 복을 받은 사람

들아, 와서 세상이 창조된 때부터 너희를 위해 **준비된 나라**를(상) 물려받아라."(마25:34)

"모세는 약속된 메시아를 위해 받는 고난을 이집트의 보물보다 더 값진 것으로 여겼습니다. 그것은 장차 **상** 받을 것을 기대하고 있었기 때문입니다."(히11:26)

"여러분이 하나님의 빛을 받은 후에 심한 고난과 싸우며 견디어 내던 그때를 생각하여 보십시오. 그때 여러분은 모욕과 핍박을 당하여 사람들의 구경거리가 된 적도 있었고 그런 처지에 놓인 사람들의 친구가 되기도 했습니다. 여러분은 감옥에 갇힌 사람들과 고통을 함께 나누었고 또 자기의 재산을 빼앗긴 일이 있어도 그보다 더 좋고 더 영구한 재산을 차지할 수 있다는 것을 깨닫고 그 일을 기쁘게 당하였습니다. 그러므로 여러분의 용기를 잃지 마십시오. 이것으로 **큰 상**을 받게 될 것입니다."(히10:32-35)

"이 세상에 있는 부유한 자들에게 명하여 마음이 교만해지지 말고 불확실한 재물에 소망을 두지 말며 오직 우리에게 풍요하게 주셔서 향유케 하시는 살아 계신 하나님께 두라고 하라. 곧 그들이 선을 행하고 선한 일에 부요하며 기꺼이 나누어 주고 아낌없이 베풂으로써 자신을 위하여 오는 때를 대비한 튼튼한 기초를 쌓도록 하라. 이는 **영원한 생명**(상)을 붙들기 위함이라."(딤전6:17-19)

"그가 가난한 사람들에게 뿌려 주셨으니 그의 의가 **영원히**(상) 있다." (고후9:9)

여기까지 나열하여 하나님의 아들 예수 그리스도를 믿음으로, 거짓이 없는 믿음에서 나오는 행위들을 살펴보았습니다.

그렇다면 반대로, 기쁜 소식을 전해 들었는데도 불구하고 "하나님의 말씀을 믿음으로 받아들이지 않는 사람들은" 어떻게 행동을 할까요?

성경에 기록된 말씀대로, 믿음이 없이는 하나님을 기쁘게 해 드릴 수 없게 되는 것입니다. 그리고 하나님께 나아가는 사람은, 하나님이 계시는 것과 하나님은 자기를 찾는 사람들에게 상을 주신다는 것을 믿어야만 하는데도, 그렇게 믿지 못하게 되는 것입니다. 그러므로서 바로 위에까지 나열한 말씀에서 일부분만 알기 때문에 반대로 행동하게 되는 것입니다.

그러기에 성경에 "형제를 사랑하지 않는 사람은 하나님을 알지 못합니다."(요일4:8) 하고 기록되어 있지 않습니까? 이렇게 입으로는 하나님을 사랑한다고 하지만, 실제로는 형제를 사랑하지 않으므로 의도했던 것과는 달리, 자신은 하나님을 알지 못하는 사람으로 그렇게 행동으로 부인(딛1:16)하게 되는 것입니다. 그와 같은 행동으로 예수님을 모른다고 딱 잡아떼는 사람이 되는 것(유1:4)입니다.

그렇게 행동으로 아버지와 아들을 모른다고 하는 것(요일2:22)입니다.

그와 같은 사람들은 겉모습은 믿는 사람(그리스도인처럼)처럼 보일는지는 몰라도, 그들의 열매는 "그의 열매로 그들을 알찌니"(마7:16)라는 말씀처럼, 자신이 어떤 열매를 맺고 있는지를 행동으로 그렇게 자기 자신이 자신(요일2:22; 거짓말쟁이임을)을 나타내어 보여 주게 되는 것입니다.

그러므로 여러분은 그리스도의 복음을 믿음으로 받아들이지 못하여, 순종하지 않는 사람들을 조심하십시오. 그런 사람들은 가난한 성도들의 궁핍을 채워줄 수 없을 뿐만 아니라, 오히려 그들은 욕심을 채우려고 감언이설로 여러분의 호주머니를 털어 가는 것(벧후2:3)입니다. 그리고 자신의 소유를 공동의 소유로 내어놓고 성도들과 나누지도 못하기 때문에, 그런 사람들은 자신을 위하여 하늘에 보물을 쌓을 수도 없게 되는 것입니다.

하나님께서는 하늘에서 만나를 내려 주시면서, 처음부터 하나님의 백성에게 서로 공평하게 나누는 법을 가르치셨습니다. 그렇게 광야 교회는 오실 메시아를 상징하는 것이었고, 하나님의 백성은 머리이신 그리스도의 몸을 상징하는 것이었습니다. 그러하기에 모세는 "하나님의 백성과 함께 학대받는 그것을 오실 메시아를 위해서 받는 고난이라고 여겼다고 성경에 그와 같이 기록하고 있는 것"(히11:25-26)입니다.

이처럼 모세는 광야 교회 생활 동안 하나님의 백성과 함께 만나를 나누며, 그 가운데서 겪는 모든 고통을, 약속된 메시아를 위해서 받는 고난이라고 여겼던 것입니다. 이렇게 모세처럼 "성도들과 함께 고통을 당하는 그것이 바로 그리스도를 위해서 받는 고난인 것"입니다.

그리고 모세와 같이 **"하나님의 백성과 함께 고통을 당하는 그것이 바로 오늘날 공동체 교회의 예표인 것입니다."** 그러므로 성경에서 가리키는 가난한 사람들이란, 하나님의 백성과 함께 고통을 당하는 그것이 그리스도를 위해서 받는 고난인 것처럼, 바로 "우리 모든 믿음의 형제들 가운데 가난한 자기의 형제들을 가리키는 말씀인 것"입니다.

심고 거둠의 법칙

그래서 주님께서 고린도 교회에 사도 바울을 통해서 편지하시기를 이렇게 쓰시지 않았습니까?

"내가 다른 사람들을 편안하게 하고, 그 대신에 여러분을 괴롭게 하려는 것이 아니라 골고루 나누어 갖게 하려는 것입니다. **'지금 넉넉하게 사는 여러분이 가난한 사람들을 도와준다면,'** 그들이 넉넉하게 살게 될 때에는, 그들도 역시 여러분을 도와줄 것입니다. 그렇게 되면 결국 서로 도움을 받게 됩니다. 성경에도 **'많이 거둔 사람도 남은 것이 없었고, 적게 거둔 사람도 부족함이 없었다.'** 라고 쓰여 있습니다." (고후8:13-15) 하고 말입니다. 이렇게 많이 거둔 사람은 많이 나누었고 적게 거둔 사람은 적게 나눈 것입니다. 이것이 바로 "나눔의 법칙이며 심음의 법칙"인 것입니다. 그런데 여러분은 보십시오.

예수님을 영접한 삭개오는 심음의 법칙에 따라 주님께 아래와 같이 말씀드리지 않았습니까?

"주님, 제 재산의 절반을 가난한 사람들에게(신15:11; 여러분 중에는 가난한 사람이 있기 마련입니다. 그래서 내가 여러분에게 가난한 사람을 아낌없이 도와주라고 명령하는 것입니다. 말씀과 같이 '이스라엘 민족 중에 가난한 사람들에게') 나누어 주겠습니다. 그리고 제가 남의 것을, 속여 뺏은 것이 있으면 4배로 갚겠습니다."(눅19:8) 하고 말입니다. 이렇게 삭개오와 같이 나누면 남는 것이 없는 것 같지만, "심음의 법칙은" 삭개오와 같이 넉넉하게 사는 사람이 가난한 사람을 도와준다면, 도움을 받은 그들도 살림이 넉넉할 때, 가난한 형제들을 도와준 삭개오가 만일 자신도 가난해졌다면, 그들도 역시 가난해진 삭개오를 도와주는 것입니다. 그러면 서로 공평하게 되는 것(고후8:14)입니다. 이것이 바로 "심음의 법칙"인 것입니다. 이러한 의로운 일을 그리스도인은 서로 형제간에 계속해야만 하는 것입니다. 이러함으로 여러분은 보십시오. 주님은 성경에 "심고 거둠의 법칙"에 대하여는 이렇게도 기록하시지 않았습니까?

"적게 심는 사람은 적게 거두고 많이 심는 사람은 많이 거둡니다." (고후9:6) 하고 말입니다. 그렇습니다.

낡아지지 않는 자신의 하늘 보물 주머니에 계속하여 보화가 가득하게 쌓이게 되는 것(눅12:33, 18:22)입니다.

그리고 위와 같이 "심음의 법칙과 거둠의 법칙"을 예수님께서는 "주님을 사랑하는 법칙"에도 적용하셨습니다.

"그러므로 내가 네게 말한다. 이 여자의 많은 죄가 용서받았다. 그것은 이 여자가 **나를 많이 사랑했기 때문**'이다. 용서받는 것이 적은 사람은 적게 사랑한다."(눅7:47; 현대인의 성경) 이렇게 말입니다. 같은 구절을 카톨릭 성경은 이렇게 해석합니다.

"그러나 내가 네게 말한다. 이 여자는 많은 죄를 용서받았다. 그래서 '**큰 사랑을 드러내는 것이다.**' 그러나 적게 용서받은 사람은 적게 사랑한다."(눅7:47) 하고 말입니다. 그렇습니다.

이렇게 주님을 많이 사랑하는 사람은 자신의 많은 죄를 용서받는 일인 것이며, 자신의 큰 사랑을 드러내는 일인 것입니다.

그래서 성경에 "무엇보다도 먼저 서로 뜨겁게 사랑하십시오. **사랑은 허다한 죄**(많은 죄)**를 덮어 줍니다.**"(벧전4:8; 새 번역 성경) 하고 기록되어 있지 않습니까?

이렇게 성령에 많이 심은 사람은 많은 죄를 용서받는 것입니다. 이처럼 많이 심음으로써 자신의 많은 죄를 용서받음과 같이, 자기 자신이 믿고 있는 믿음을, 심음의 법칙을 통해 큰 사랑을 그렇게 드러내는 것입니다. 그래서 주님께서 그 여자에게 "**네 믿음**'이 너를 구원하였다. 평안히 가거라."(눅7:50) 하고 그와 같이 말씀하시지 않았습니까?

그러므로 성령에 적게 심은 사람은 용서받는 것이 적은 것입니다. 이처럼 적게 심음으로써 자신의 적은 죄를 용서받는 것과 같이, 자기 자신이 믿고 있는 믿음을, 심음의 법칙을 통해 적은 사랑을 그렇게 드러내는 것입니다.

이처럼 "심음의 법칙은" "자신의 깨끗한 마음이며 선한 양심이고 거짓이 없는 믿음에서 우러나오는 사랑을 드러내는 일인 것"(딤전1:5)입니다. 우리 성도들은 이러한 거짓이 없는 믿음에서 우러나오는 사랑을 공동체 교회에 불러일으켜야만 하는 것입니다. 그와 같이하여 사랑으로 그리스도의 몸을 세워야만 하는 것입니다.

사도들 당시에는 많은 교회가 자신들을 하나님께 바치고 사랑으로 그리스도의 몸을 세우며 그와 같이 하나님의 의로운 일에 전념하였습니다. 아래와 같이 말입니다.

마케도니아 온 교회들(고후8:1-7, 9:1-5)과 그리고 안디옥 교회(행11:19-30), 그리고 데살로니가 교회(살전1:1-10), 그리고 아가야 교회(롬15:25-33), 그리고 고린도 교회(고후8장, 9장) 등등 "여러 교회가 자기들만 하나님께 바친 것이 아니라, 기대 이상으로 사도 바울 일행에게도 바친 것"(고후8:5)입니다.

이렇게 그들은 먼저 그들의 교회 가난한 그리스도의 식구들을 사랑한 것을, 성경은 "그들은 먼저 주님께 그들 자신을 바치고"(고후8:5)라고 기록한 것입니다. 그런 다음에 예루살렘 교회와 사도 바울 일행에게까지 손을 펴서 구제한 것을, 사도 바울은 "하나님의 뜻을 따라서 우리에게도 바쳤습니다."(고후8:5)라고 고린도 교회에 그렇게 편지를 써 보낸 것입니다. 이렇게 사도 바울 당시의 교회들은, 자기들의 교회 가난한 식구들만 구제한 것이 아니라, 예루살렘 교회와 사도 바울 일행들까지도 구제하였던 것입니다.

위와 같이 가난한 성도들을 구제하는 그런 일을 보고, 주님께서는 사도 바울을 통해 말씀하시기를 "여러분이 그리스도의 복음을 믿고 순종하고 있는 것"으로서, 여러분의 "신앙 고백"이라고 그렇게 말씀하신 것입니다.

"**여러분의 의연금**'(의연금; wordrow.kr; 사회적 공익이나 자선을 위하여 내는 돈)은, '**여러분이 그리스도의 복음을 믿고 순종한다는 것**'과 '**예루살렘의 성도들과 그 밖에 모든 사람을 아낌없이 돕는다는 증거**'가 되어, 그들이 하나님을 찬양하게 될 것입니다."(고후9:13; 공동번역)라고 말입니다. 같은 구절을 새 번역 성경은 이렇게 해석합니다.

"'여러분이 수행하는 이 봉사의 결과로,' 그들은 하나님께 영광을 돌리게 될 것입니다. 그것은 '**여러분이 하나님께 순종하여, 그리스도의 복음을 고백하고,**' 또 '그들과 모든 다른 사람에게 너그럽게 도움을 보낸다는 사실이 **입증**'되었기 때문입니다."(고후9:13)라고 말입니다. 이렇게 오늘날도 자신의 신앙을 고백하는 일이 계속 공동체 교회에서 일어나야만 했던 것입니다.

한 번 구제해 주었다고 멈추지 말고, "**주님이 오시는 그날까지**,' 서로 그리스도의 몸을 세우는 그러한 일을, '**계속**'하여야만 하는 것"입니다.

그래서 히브리서 기자는 우리게 아래와 같이 "자신의 신앙을 고백"하는 그러한 "성도들을 돕는 일"을, "하나님께서는 절대로 잊지 않으신다고," 그들은 이미 성도를 도왔고 여전히 지금도 도와주고 있는 것처럼, 그렇게 계속하여 "같은 열성을 끝까지 나타내서, 소망을 이루라고" 하지 않았습니까?

"사랑하는 여러분, 말은 이렇게 하지만, '여러분은 더 좋은 구원의 축복을 받고 있다는 것을 우리는 확신'합니다. **'하나님은 공정하셔서,' '여러분이 이미 성도를 도왔고 지금도 계속 도우면서 보여 주는 여러분의 행위와 하나님의 이름을 위하여 나타낸 사랑'을 '절대로 잊지 않으십니다.'** 그러므로 여러분 각 사람은 '같은 열성을 끝까지 나타내서,' 소망을 이루시기를 바랍니다. 여러분은 게으른 사람이 되지 말고, 믿음과 인내로 약속된 것을 상속받는 사람들을 본받으십시오."(히 6:9-12; 새 번역 성경, 현대인의 성경, 공동번역) 이렇게 말입니다. 그렇습니다. **"여러분은 더 좋은 구원의 축복을 받고 있다는 것을 우리는 확신합니다."**라는 말씀처럼 여러분이 성도를 계속하여 도와줌으로써, 더 좋은 구원의 축복을 받고 있다는 것을 확신하게 되는 것입니다.

위와 같이 여러분이 가난한 성도들을 도와주는 그런 일로 말미암아, 여러분의 보물을 하늘에 쌓아 두게 되는 것입니다. 그러나 여러분이 세상 가난한 사람들을 도와주었다고 해서, 여러분의 보물을 하늘에 쌓아 두게 되는 것은 아닙니다. 그것은 왜 그렇습니까?

유대인 가난한 형제들을 도울 의무

그것은 우리가 세상 사람들에게 빚을 진 것이 아니라 처음부터 하나님의 백성으로 부르심을 받고, 그 가운데서 우리 주 예수 그리스도의 택하심(요15:16)을 받아, 처음 세워진 "예루살렘 교회 성도들에게 빚을 지고 있는 것"이기 때문입니다. 그와 같이 "예루살렘 교회 성도들의 영적 은혜"를 나누어 받았기 때문에, "빚을 갚을 의무"가 있는 마케도니아 교회, 아가야 교회, 고린도 교회, 데살로니가 교회, 안디옥에 사는 성도들 등등이 예루살렘 교회 성도들 가운데 가난한 이들을 도우려고 구제헌금을 하게 된 것입니다. 그 일에 대한 말씀을 주님께서는 사도 바울을 통해 그렇게 성경에 아래와 같이 기록한 것입니다.

"지금은 예루살렘에 사는 성도들에게 구제금을 전하러 갑니다. 마케도니아와 아가야 사람들이 기쁜 마음으로 예루살렘에 사는 성도들에게 보낼 구제금을 마련하였기 때문입니다. 그들은 기쁜 마음으로 이렇게 하였지만, 그들에게는 또한 '**그렇게 할 의무**'도 있습니다. 이방인들은 예루살렘에 있는 성도들의 '**영적인 축복**'을 나누어 받았으니, 이제는 '**물질적인 것**'을 가지고 그들을 '**도울 의무**'가 있지 않겠습니까?"(롬15:25-27; 새 번역 성경, 공동번역) 하고 말입니다.

그러므로 최초의 교회 예루살렘 교회가 생기고, 2,000년이 지난 오늘에 와서도 예수님께서 세우신 그 뿌리의 지체인 그리스도의 형제들이 이스라엘에 살고 있다면, 여전히 우리는 유대인 성도들의 영적인 것을 나누어 받은 사람들로서, 그들 곧 유대인 형제들에게 빚을 지고 있는 셈인 것입니다.

이렇게 우리가 유대인 형제들의 신령한 복을 나누어 받았으면, 변함없이 오늘날에도 물질적인 것을 가지고 "유대인 가난한 성도들을 도울 '**의무**'가 여전히 있는 것"입니다.

그러므로 오늘날 교회가 우리를 지탱해 주는 뿌리가 되는 "이스라엘 성도들을 돕는 의무"를 잊어버리지 말고, 하나님께서 마케도니아 여러 교회에 베풀어 주신 은혜(고후8:1-5)처럼 지금의 교회들도 먼저 주님께 여러분 자신을 바치고, 하나님의 뜻을 따라서 이스라엘 성도들에게도 바치시기를 바랍니다.

이렇게 교회가 자기의 가난한 성도들을 도움으로써, 성도들 누구나의 생활을 공평하게 하는 일(고후8:12-15)이 바로 하나님의 뜻(고후8:5)인 것입니다. 그리고 그와 같이 자기의 가난한 성도들을 돕는 일이 바로, 먼저 자신을 하나님께 바치는 일인 것입니다. 이렇게 마케도니아 교회가 자기들이 먼저 하나님께 바치고, 또 하나님의 뜻을 따라서 예루살렘 교회와 사도 바울의 일행에게도 바쳤던 것(고후8:5)입니다. 이렇게 여러분들이 "서로 사랑함으로 자신을 하나님께 바치도록 가르치는 것이 복음의 목적"(요일3:16)인 것입니다. 그것을 주님께서는 사도 바울을 통해서 이렇게 가르치시고 있지 않습니까?

"**우리가 그리스도를 전파하며 온갖 지혜로 모든 사람을 권면하고 가르치는 것은,**' '**그들을 그리스도 안에서 완전한 사람**(요17:23; 완전히 하나 되게, 요일4:17; 사랑이 우리 안에서 완성된 것)**으로 하나님께 바치기 위한 것입니다.**'"(골1:28) 하고 말입니다. 그래서 사도 바울은, 그 당시의 사람들을 그리스도 안에서 완전한 사람으로 하나님께 바치기 위해 성령님의 능력으로 힘써 일한다고 하지 않았습니까?

"'**이 일을 위해 나는**' 내 속에서 힘 있게 일하시는 분(마10:20; '**이때 말하는 이는** 너희가 아니라 **너희 속에서 말씀하시는 너희 아버지 성령이시다.**')의 능력으로 최선을 다해 일하고 있습니다."(골1:29; 현대인의 성경) 이렇게 말입니다. 그러므로 여러분은 또 보십시오.

주님께서는 "그리스도 안에서 이미 완성된 사람에 대하여" 사도 요한을 통해서 이렇게 말씀하시지 않았습니까?

"지금까지 하나님을 본 사람은 아무도 없습니다. 그러나 '**우리가 서로 사랑하면,**' **하나님께서는 우리 안에 계시고, 또 하나님의 사랑이 우리 안에서 이미 완성된 것입니다.**'"(요일4:12; 새 번역 성경, 공동번역) 하고 말입니다. 말씀이 그렇다면 우리가 서로 사랑함으로써, 하나님의 사랑이 우리 안에서 완성되게 하시는 이유는 무엇 때문일까요? 그 대답을 주님께서는 사도 요한을 통해 이렇게 말씀하셨습니다.

"사랑이 우리 안에서 '완성되었다는 사실'은 이 점에 있으니, 곧 우리로 하여금 '심판 날에 담대함'을 가지게 하려는 것입니다."(요일4:17; 새 번역 성경) 하고 말입니다. 그렇습니다.

마태복음 25장에 예수님께서 미리 예언하신 대로 "그리스도의 최후 심판 날에 양의 대열에 서게 하시려는 것"(마25:32-34; "**양은 오른편에, 염소는 왼편에 세울 것이다.**")입니다. 이처럼 자기의 형제를 서로 사랑함으로써 먼저 자신을 하나님께 바치고, 또 하나님의 뜻에 따라서 다른 많은 형제에게도 바치게 하시려고, 거룩한 사도들을 통해서 주님께서는 가르치시고 있는 것(골1:28)입니다.

그러기에 예수님께서도 아버지께 기도하시기를 이렇게 기도하시지 않았습니까?

"이 사람들이 진리를 위하여 **몸을 바치는 사람들이 되게 하여 주십시오.**' 아버지의 말씀이 곧 진리입니다."(요17:19; 공동번역) 하고 말입니다. 무슨 말씀입니까?

위 말씀에 대하여 주님께서는 사도 요한을 통해서 이렇게 말씀하셨습니다.

"나는 성도들로부터 '그대가 **진리대로 살고 있다는 소식**을 듣고 무척 기뻤습니다.' '나에게는 **내 자녀들이 진리 안에서 생활한다는 소식**

을 듣는 것보다 더 기쁜 일이 없습니다.' 사랑하는 가이오여, 그대는 순회 전도자들을 위해 모든 일을 성실하게 처리하고 있습니다. 그들은 이곳 교우들 앞에서 그대의 사랑에 관하여 증언했습니다. '**그들이 하나님의 일꾼으로 부족함이 없도록 잘 보살펴서 보내는 것은 잘하는 일**'입니다. 그들은 그리스도의 이름을 전하기 위하여 나선 사람들인데 이방 사람들에게서는 아무것도 받지 않습니다. 그러므로 우리는 그런 사람들을 도와야 합니다. '**그러면**' 우리가 '**진리를 위해 그들과 함께 일하는 사람**'이 될 것입니다."(요삼1:3-8) 하고 말입니다. 그렇습니다.

마케도니아 여러 교회가 예루살렘 교회 성도들과 사도 바울의 일행들을 도와주었듯이(고후8:5), 그리고 스데바나의 가정은 아가야 지방에서 제일 먼저 믿었으며 또 성도들을 섬기는 일에 몸을 바쳐 일해왔다고 성경에 기록하고 있듯이(고전16:15; 현대인의 성경), 그리스도의 이름을 전하기 위해 나선, 나그네가 된 선교사들을 돕는 일을 말씀하고 있는 것입니다. 그래서 사도 요한은 사랑하는 가이오에게 "그대가 진리대로 살고 있다는 소식을 듣고 무척 기뻤습니다."(요삼1:3) 하지 않았습니까? 그리고 이어서 "나에게는 내 자녀들이 진리 안에서 생활한다는 소식을 듣는 것보다 더 기쁜 일이 없습니다."(요삼1:4) 하지 않았습니까?

그와 같이 가이오처럼 그리고 스데바나의 가정처럼 성도들을 돕는 일이 바로 "**진리를 위하여 몸을 바치는 일이 되는 것**"입니다. 그러기에 "세상 재물로 가난한 자기의 형제를 돕는 것을 보고, 우리가 진리에 속해 있다는 것을 알게 되고 하나님 앞에서 확신을 가질 수 있습니다."(요일3:17-19) 하고 그와 같이 성경에 기록되어 있지 않습니까?

이렇게 눈에 보이는 형제를 사랑하는 것을 보고, 보이지 않는 하나님을 사랑하는 것(요일4:20-21)이라고 말씀하시지 않았습니까?

"선을 행함과 가진 것을 나누어 주기를 소홀히 하지 마십시오. 하나님께서는 **'이런 것을 제물'**로서 기쁘게 받아 주십니다."(히13:16) 하고 말씀하시지 않았습니까?

이렇게 하나님께서는 **"선을 행함과 가진 것을 나누어 주는 것을 제물'**로서 기쁘게 받아 주시는 것에 대하여" 사도 바울을 통하여 아래와 같이 말씀하시지 않았습니까?

"여러분의 몸을 하나님께서 기뻐하실 거룩한 산 제물로 드리십시오."(롬12:1) 이렇게 말입니다. 그리고 바로 이어서 **"이것이 여러분이 드릴 영적 예배입니다."**(롬12:1) 하고 말입니다. 그래서 사도 바울은 무엇이라고 하였습니까?

우리가 그리스도를 전파하며 온갖 지혜로 모든 것을 권면하고 가르치는 것은 그들을 그리스도 안에서 완전한 사람으로 하나님께 바치기 위한 것이라고 하지 않았습니까?

"우리가 그리스도를 전파하며 온갖 지혜로 모든 사람을 권면하고 가르치는 것은 **'그들을 그리스도 안에서 완전한 사람으로 하나님께 바치기 위한 것입니다.'"**(골1:28; 현대인의 성경) 이렇게 말입니다. 이렇게 가이오처럼 그리고 "성도들을 섬기는 일에 몸을 바쳐" 일해온 스데바나의 가정처럼, 자신이 가진 것으로 성도들을 돕는 일이 바로 **"여러분의 몸을 하나님께서 기뻐하실 거룩한 산 제물로 드리는 일인 것이며, 진리를 위하여 몸을 바치는 일이 되는 것"**입니다.

이렇게 "그리스도의 몸의 교회는 하나님의 은혜 가운데(고후8:1; '하나님께서 마케도니아 여러 교회에 얼마나 **큰 은총을 내려주셨는지를** 여러분에게 알려 드립니다.') 서로 사랑함으로 성장하는 것"(엡4:16)입니다.

이러하기에 주님께서는 제자들에게 "너희는 서로 사랑하여라. **'내가 너희에게 명령하는 것이 이것이다.'**"(요15:17) 하고 그렇게 명령하시지 않았습니까?

그리고 이렇게 "너희는 가서, 모든 민족을 제자로 삼아서, 아버지와 아들과 성령의 이름으로 세례를 주고, **'내가**(그리스도께서) **명령한 모든 것을,' '그들에게**(그리스도의 제자가 된 사람들에게) **가르쳐 지키게 하라."** 하고 그와 같이 부활하신 주님께서는 자기 제자들에게 "지상 최대의 명령"을 내리시지 않았습니까?

그러므로 사도들이 새로 입교한 그리스도의 제자가 된 사람들에게, "예수님께서 명령하신 대로 가르쳐서," 그들이 서로 형제들을 사랑하도록 "사랑의 의무를 실천하게 함"으로써, 그와 같이 "그리스도께서 **'명령한 모든 것'**을 지키도록" 하지 않았습니까?

"그때 베드로의 말을 기꺼이 받아들인 사람들은 **'세례를 받았는데,'** 그날에 **'제자의 수가 3,000명'**이나 늘어났다."(행2:41)

"그들은(새로 입교한 신자들은) **계속 사도들의 가르침을 받고,**' 서로 교제하며 성찬을 나누고 기도하는 일에 전적으로 힘썼다. 사도들을 통하여 놀라운 일과 기적이 많이 나타나자 사람들은 모두 하나님을 두려워하게 되었다. 믿는 사람은 모두 함께 지내며 '**그들의 모든 것을 공동 소유로 내어놓고,**' '**재산과 물건을 팔아서 모든 사람에게 필요한 만큼 나누어 주었다.**'"(행2:42-45) 이렇게 말입니다. 또 이렇게도 성경에 기록되어 있지 않습니까?

"그러나 사도들의 말을 들은 사람들 가운데는 믿는 사람이 많아 '**제자의 수가 약 5,000명**'이나 되었다."(행4:4)

"그 많은 신도들이 다 한마음 한뜻이 되어, 아무도 '**자기 소유를 자기의 것이라고 하지 않고, 모든 것을 공동으로 사용하였다.**' 사도들은 놀라운 기적을 나타내며 주 예수의 부활을 증언하였고, 신도들은 하나님의 크신 축복을 받았다. '**그들 가운데 가난한 사람은 하나도 없었다.**' '**땅이나 집을 가진 사람들이 그것을 팔아서, 그 판 돈을 사도들 앞에 가져다 놓고, 저마다 쓸 만큼 나누어 받았기 때문이다.**'"(행4:33-35; 공동번역) 이렇게 말입니다. 이렇게 사도들은 예수님께서 "너희는 서로 사랑하여라. '내가 너희에게 명령하는 것이 이것이다.'"(요15:17) 하고 자신들에게 명령하신 것을, 하나님 품으로 돌아온 신자들에게 가르쳐 지키게 한 것입니다.

그러므로 여러분은 또 보십시오.

위와 같이 자신들의 재산을 팔아서 가난한 성도들에게 나누어 줌으로써, 그 형제들은 어떻게 되었습니까? 그렇습니다.

예수님의 말씀대로 자신을 위하여 낡아지지 않는 주머니를 만들게 되었고, 없어지지 않는 보물을 하늘에 쌓아 두게 된 것입니다.

"너희는 가진 것을 팔아 가난한 사람들을 도와주고, 너희 **'자신을 위하여 낡아지지 않는 주머니를 만들어라.'** 그것은 **'없어지지 않는 보물을 하늘에 쌓아 두는 것이다.'**"(눅12:33; 현대인의 성경) 이렇게 말입니다. 이렇게 자신을 위하여 낡아지지 않는 주머니를 만들었고, 없어지지 않는 보물을 하늘에 쌓아 두게 된 것이 유대인 형제들뿐이겠습니까?

그러므로 여러분은 또 보십시오.

사도 바울은 이방인의 전도사역을 맡은 그리스도의 전권대사입니다. 그는 직접 주님을 만나 회심하였고, 주님의 지상명령(행9:15; "주님은 아나니아에게 이렇게 말했다. '가거라, **그는 내 이름을 이방인들**과 왕들과 **이스라엘 사람들**에게 널리 전하도록 **내가 선택한 사람이다.**'")을 받아, 이방인들을 그리스도의 제자로 삼았습니다. 이렇게 그리스도의 제자가 된 갈라디아 교회 이방인들을 사도 바울은 어떻게 가르쳤습니까? 그는 그리스도의 제자가 된 갈라디아 교회 이방인들을 아래와 같이 가르쳤습니다.

"여러분은 서로 짐을 짐으로써 그리스도의 사랑의 법을 실천하십시오."(갈6:2; 현대인의 성경) 하고 말입니다. 그리고 이렇게도 가르쳤습니다.

"사람은 무엇을 심든지 심은 대로 거두는 법입니다. '자기 육체를 위해 심는 사람은' '**그 육체에서 썩어질 것을 거두고,**' '성령님을 위해 심는 사람은' '**성령님에게서 영원한 생명을 거둘 것입니다.**'"(갈6:7-8) 하고 말입니다. 그래서 사도 바울은 "성령님을 위해 심는 법에 대하여" 이 세상에 있는 부유한 형제들에게 이렇게 명령하여 가르치라고 디모데에게 편지하지 않았습니까?

"그대는 이 세상의 부자들에게 명령하여, 교만해지지도 말고, '**덧없는 재물에 소망**'을 두지도 말고, 오직 우리에게 '**풍성히 주셔서 즐기게 하시는 하나님께 소망**'을 두라고 하십시오. 또 '**선을 행하고, 좋은 일을 많이 하고, 아낌없이 베풀고, 즐겨 나누어 주라고 하십시오.**' '**그렇게 하여**' '**자신들의 미래를 위하여 든든한 기초를 쌓아서,**' '**참된 생명**'을 얻으라고 하십시오."(딤전6:17-19; 새 번역 성경, 공동번역) 하고 말입니다.

위와 같이 "교만해지지 말고, 덧없는 재물에 소망을 두지도 말고,"(딤후6:17) "**이렇게 재물에 의지하여 교만해져서, 재물을 섬기지 말라고,**" 말입니다. 그렇게 "**자기 육체에 심지 말라고**"(갈6:8) 말입니다.

위와 같이 "오직 우리에게 풍성히 주셔서 즐기게 하시는 하나님께 소망을 두라고 하십시오."(딤후6:17) 이렇게 "**오직 우리에게 풍성히 주셔서 즐기게 하시는 하나님만을 섬기게 하라고**" 말입니다. 이렇게 "**성령에 심으라고**"(갈6:8) 말입니다.

그리고 이렇게 하나님께 돌아온 이방인 성도들에게 "성령님을 위해 심는 방법에 대하여"는 아래와 같이 가르치지 않았습니까?

"선을 행하고, 좋은 일을 많이 하고, 아낌없이 베풀고, 즐겨 나누어 주라고 하십시오."(딤전6:18) 하고 말입니다. 그렇다면 이방인 성도들에게 이렇게 선을 행하고, 좋은 일을 많이 하고, 아낌없이 베풀고, 즐겨 나누어 주면 어떻게 된다고 가르쳤습니까? 사도 바울은 이방인 성도들에게 아래와 같이 참된 생명을 얻게 된다고 가르쳤습니다.

"'자신들의 미래를 위하여 든든한 기초를 쌓아서,' '참된 생명을 얻으라고 하십시오.'"(딤전6:19) 하고 가르쳤습니다. 그렇습니다.

이 세상 부자 형제들에게 자신이 가진 것을 가난한 사람들에게 나누어 줌으로써, 그들이 **참된 생명** 곧 **영원한 생명**"을 얻을 수 있게 하라고 이방인 성도들을 가르친 것입니다.

이렇게 부자 형제들이 "영원한 생명을 얻는 방법"을 말입니다.

위의 해석은 여러분이 어디에선가 많이 들어본 적이 있는 말씀과 같다고 생각이 들지는 않으십니까? 네, 그렇습니다.

예수님께서 한 부자 청년에게 하셨던 말씀과 같은 말씀입니다. 예수님께서 "선한 선생님, 제가 무엇을 해야 '영원한 생명'을 얻겠습니까?"(막10:17) 하고 물어보았던 부자 청년에게 하셨던 말씀을 여러분은 많이 들었던 것입니다. 아래의 말씀은 예수님께서 그 부자 청년에게 "영원한 생명을 얻는 방법에 대하여" 말씀하셨던 결론 부분입니다.

"예수님께서 그를 눈여겨보시고, 사랑스럽게 여기셨다. 그리고 그에게 말씀하셨다. '너에게는 한 가지 부족한 것이 있다. **가서, 네가 가진 것을 다 팔아서, 가난한 사람들에게 주어라. 그리하면, 네가 하늘**

에서 보화를 얻게 될 것이다. 그러니, 내가 시키는 대로 하고 나서, 나를 따라오너라.'"(막10:21; 새 번역 성경, 공동번역) 하고 예수님께서는 한 부자 청년에게 "영원한 생명을 얻는 방법에 대하여" 가르치셨습니다. 그렇습니다.

자신이 가진 것을 다 팔아서, 가난한 사람들에게 나누어 주면, "그가 하늘에서 보화(영원한 생명)를 얻게 되는 것"입니다. 그렇다면 여기서 질문을 하나 하겠습니다.

예수님께서 한 부자 청년에게 말씀하신 말씀 가운데서 그렇다면 "가난한 사람들"은 누구일까요? 하는 것입니다.

가난한 사람을 도와주는 것은
여호와께 빌려주는 것

　예수님의 말씀에서 가난한 사람들이 어떠한 사람들이기에 그들을 도와주면, 자신을 위하여 없어지지 않는 보물을 하늘에 쌓아 두게 되는 것일까요? 그에 대한 대답을 하나님 여호와께서는 성경에 이렇게 기록해 두셨습니다.

　"가난한 사람을 돕는 것은, 여호와께 빌려주는 것이니' 여호와께서 그의 선행을 반드시 갚아 주실 것이다."(잠19:17) 하고 말입니다. 그렇습니다.

　가난한 사람을 도와주는 것은, 여호와께 빌려주는 것입니다. 그러므로 여기서 다시 여러분에게 질문을 또 하겠습니다.

　위의 말씀에서 "가난한 사람을 돕는 것은 여호와께 빌려주는 것"이라고 하셨는데요, 과연 가난한 사람들이 누구이길래, "가난한 그들을 도와줌으로써, 가난한 사람을 돕는 그 사람에게 여호와께서 빚을 지게 되는 것일까요?" 하는 것입니다. 그에 대한 대답을 주님께서는 사도 바울을 통해 이렇게 하셨습니다.

"우리는 그리스도의 몸의 지체들입니다."(엡5:30; 현대인의 성경) 하고 말입니다. 그렇습니다.

우리는 그리스도의 몸의 지체들이기에, 그리스도의 몸의 지체들인 우리 가운데 가난한 사람들을 도와주면, 여호와께서 가난한 사람들을 돕는 그에게 빚을 지게 되는 것입니다.

또 그렇다면 왜 그리스도의 몸의 지체들을 도와주었다고 하여, 여호와께서 그리스도의 지체들을 도와준 그 사람에게 빚을 지게 되는 것일까요? 그 대답을 예수님께서는 이렇게 말씀하셨습니다.

"나와 아버지는 하나이다."(요10:30; 현대인의 성경) 하고 말입니다. 그렇습니다.

이렇게 "예수님과 아버지는 하나이시기에, 그리스도의 몸의 지체들인 우리도 그리스도 안에서 아버지와 하나가 된다는 그러한 말씀이 되는 것"(요17:21-23)이기 때문입니다. 그리고 **"그리스도인들은 본래부터 그리스도의 아버지의 것"**(요17:6, 9, 24)이기 때문입니다. 그리고 또 **"그리스도의 것은 모두 아버지의 것이며, 아버지의 것은 다 그리스도의 것"**(요17:10)이기 때문입니다.

우리가 이러한 사람들이기에 가난한 그리스도인을 돕는다면, 가난한 그리스도인을 돕는 그 사람은 곧 그리스도와 완전 하나이신 여호와를 돕는 것이 되어서, 하나님 여호와께서 가난한 그리스도인을 돕는 그 사람에게 빚을 지게 되는 것입니다. 그러므로 성경에서 가리키는 "가난한 사람들은" 바로 "가난한 그리스도인들을 가리키고 있는 말씀이라는 것"을 우리는 알 수가 있는 것입니다. 예수 그리스도 영접의 법칙처럼 말입니다.

"내가 분명히 너희에게 말한다. 누구든지 내가 보내는 사람을 영접하는(도와주는) 사람은 나를 영접하는(도와주는) 자이며 나를 영접하는(도와주는) 사람은 나를 보내신 분을 영접하는(도와주는) 자이다."(요 13:20; 현대인의 성경)

그러기에 주님께서는 마태복음 25장에서 그리스도의 궁핍한 형제를 돕는 사람들에 대하여 이렇게 말씀하시지 않았습니까?

"여기 있는 내 형제들 중에 지극히 작은 자 하나에게 한 것이 곧 나에게 한 것이니라."(마25:40) 하고 말입니다.

그러기에 하나님 여호와께서 하나님의 백성에게 아래와 같이 말씀하시지 않았습니까?

"**여러분 중에는'** 언제나 가난한 사람이 있기 마련입니다. 그래서 내가 여러분에게 가난한 사람을 아낌없이 도와주라고 명령하는 것입니다."(신15:11; 현대인의 성경) 하고 말입니다.

이렇게 옛날 옛적부터 "자신의 육신에 심지 않고(히11:25), 성령에 심음으로써(갈6:8), 영원한 생명을 얻는 법"(딤전6:19)을 하나님 여호와께서 하나님 자기의 백성에게 가르치셨던 것(출16:16-18; "여호와께서는 여러분의 필요에 따라 '**가족 수 대로 한 사람 앞에 약 2리터씩 거두라고 명령**'하셨습니다." "그래서 이스라엘 백성들은 그것을 거두었는데 '**많이 거둔 사람도 있고 적게 거둔 사람도 있었다.**' 그들이 거둔 것을 되어 보니 '**많이 거둔 사람도 남은 것이 없었고, 적게 거둔 사람도 부족함 없이**' 각자 필요한 만큼 거두었."라고 기록된 것처럼 그렇게 가르치셨던 것)입니다.

위의 괄호 안에 있는 말씀을 주님께서는 사도 바울을 통해 아래와 같이 말씀하시지 않았습니까?

"적게 심는 자는 적게 거두고, 많이 심는 자는 많이 거둔다는 것이라."(고후 9:6; 킹 제임스 성경)라고 말입니다. 이렇게 만나의 법칙은 믿지 않는 세상 어려운 이웃들과 나누는 것이 아니라, 하나님의 가족끼리 나누는 것(출16:16-18)을 말씀하시는 것입니다. 앞과 같이 이렇게 자기의 가난한 성도들을 돕는 것이, 곧 여호와께 빌려주는 것이 되는 것입니다. 그래서 여호와께서 그의 선행을 반드시 갚아 주시는 것입니다.

자신의 육신에 심는 사람, 성령에 심는 사람
(잔과 접시의 겉은 깨끗이 닦아 놓지만 속에는)

이렇게 주님께서는 하나님의 가족들이 욕심을 부려 자기의 육신에 심지 않고, 오히려 그리스도 형제들과 서로 나눔으로써, 성령에 심어서 영원한 생명을 얻게 된다는 것을 가르치시는 것입니다. 이렇게 우리가 성령에 심음(요3:3-8; "성령으로 다시 태어난 가난한 성도를 도와줌으로써,")으로써, 영원한 생명을 얻는 것 같이, 자신이 가진 것을 팔아 가난한 사람들(성도 곧 그리스도의 형제들)을 도와줌으로써, 자신을 위하여 보물을 하늘에 쌓아 두게 되는 것입니다.

"너희는 가진 것을 팔아 가난한 사람들을 도와주고 너희 자신을 위하여 낡아지지 않는 주머니를 만들어라. 그것은 없어지지 않는 '**보물**'을 하늘에 쌓아 두는 것이다."(눅12:33) 하고 예수님께서 제자들에게 하신 말씀 그대로 말입니다. 그러므로 여러분은 아래의 말씀을 꼭,

꼭 기억하십시오. 그리고 깨달아 알고 아무리 해도 다 할 수 없는 그리스도의 사랑의 의무를 성령님을 모신 그리스도의 형제들에게 다하십시오.

그러면 영원한 생명을 얻게 될 것입니다.

"자신의 육신에 심는 자는 육신으로부터 썩은 것을 거두고,' '성령에 심는 자는 성령으로부터 영생을 거두리라."(갈6:8; 킹 제임스 성경) 이렇게 말입니다. 그리고 이렇게 "성령에 심는 사람의 열매에 대하여" 성경에 아래와 같이 기록되어 있지 않습니까?

"성경에도 '그가 가난한 사람들을 후하게 구제해 주었으니 그의 의로운 행위가 영원히 남을 것이다.'라고 기록되어 있습니다."(고후9:9; 현대인의 성경) 하고 말입니다. 이렇게 "성령에 심음으로써, 영원히 남을 영생의 열매가 맺게 되는 것"입니다.

그러므로 사회적 약자 곧 세상 어려운 이웃을 도와줌으로써, 보물이 하늘에 쌓인다고 하는 그와 같은 허황한 거짓말에 더는 속지 마십시오.

위의 말씀(갈6:8)과 같이 성령에 심는 사람이란, 바로 성령으로 다시 태어난 사람(요3:4-8)을 도와주는 것(심는 것)을 말씀하고 있는 것입니다. 그러기에 주님께서 사도 바울을 통해 **"적게 심는 자"**는 적게 거두고, **'많이 심는 자'**는 많이 거둔다는 것이라."(고후9:6; 킹 제임스 성경) 하고 "하나님의 가족들이 서로 나누던 만나의 법칙"을 인용하여 고린도 교회 성도들에게 하나님의 말씀을 가르치지 않았습니까?

이렇게 "뿌릴 씨와 먹을 빵"을 '농부에게 마련해 주시는 하나님께서는,' **'여러분에게도 뿌릴 씨를 마련해 주시고,'** '그것을 여러 갑절로 늘려 주셔서,' **'열매를 풍성히 맺게 해 주십니다.'** 그것은, **'여러분이 뿌린 자선의 열매입니다.'"**(고후9:10; 공동번역) 하고 말입니다.

이렇게 자신이 가진 것으로 씨를 뿌리면, 어떻게 된다고 하셨습니까? "이리하여 여러분은 언제나 부요하게 되어 아낌없이 남(성도들)을 도울 수 있게 될 것이며, **'우리를 통해 그 선물이 전달될 때,'** 많은 사람이(많은 성도가) 하나님께 감사하게 될 것입니다."(고후9:11)라고 하셨습니다. 그렇습니다.

뿌릴 씨와 먹을 빵을 농부에게 마련해 주시는 하나님께서는, 여러분들이 하는 모든 일과 여러분들이 손을 대는 모든 일에 복을 내려 주셔서, 마음이 넉넉하게 되어 아낌없이 남(가난한 성도들)에게 베풀 수 있도록 해 주신다고 하신 것입니다. 아래의 말씀처럼 말입니다.

"여러분은 반드시 그(동족 곧 형제)에게 꾸어 주고, 꾸어 줄 때는 아깝다는 생각을 하지 마십시오. 그러면 주 여러분의 하나님이 여러분들이 하는 모든 일과 여러분이 손을 대는 모든 일에 복을 내려 주실 것입니다."(신15:10) 그렇습니다.

이렇게 여러분이 가진 것으로 성령에 심으면, 다시 말해서 "여러분의 몸을 하나님께서 기뻐하시는 거룩한 산 제사로 드리면,"(롬12:1, 히13:15-16, 벧전2:5, 4:7-11) 여러분의 하나님께서 여러분들이 하는 모든 일과, 여러분이 손을 대는 모든 일에, 복을 내려 주신다고 하신 것입니다.

그렇다면 위와 같이 여러분에게 뿌릴 씨를 마련해 주신 하나님께서는 어디에 자선의 씨를 뿌리라고 말씀하시는 것일까요? 그렇습니다.

성령으로 다시 태어난 가난한 성도들에게 자선의 씨를 뿌리라는 그 말씀을 하신 것입니다. 아래의 말씀과 같이 말입니다.

"이와 같이 여러분이 애써 거두는 의연금은 '**성도들의 가난을 덜어 줄 뿐만 아니라,**' 많은 사람으로 하여금 하나님께 무한한 감사를 드리게 할 것입니다."(고후9:12) 이렇게 말입니다. 그렇다면 이렇게 여러분이 가난한 성도들을 도와주는 구제헌금은 어떠한 깊은 뜻이 들어 있을까요? 그에 대한 대답을 주님께서는 사도 바울을 통해 이렇게 제시하고 있습니다.

"**여러분의 의연금**(가난한 성도를 도와주기 위해 가진 것을 나누어 주는 돈)**은 여러분이 그리스도의 복음을 믿고 순종한다는 것**'과 또 '**그들과 그 밖에 모든 사람을 아낌없이 돕는다는 증거**'가 되어, '**그들이 하나님을 찬양하게 될 것입니다.**'"(고후9:13) 그렇습니다.

여러분이 애써 거둬들인 의연금은 "여러분이 그리스도의 복음을 믿고 순종한다는 것"과 또 "그들과 그 밖에 모든 사람을 아낌없이 돕는다는 증거가 되어, 그들(성도들)이 하나님을 찬양하게 되는 그런 깊은 뜻"이 들어 있는 것입니다. 그리고 이런 말씀의 뜻도 들어 있습니다.

"내 자녀들이 진리 안에서 살아가고 있다는 소식을 듣는 것보다 더 기쁜 일이 나에게는 없습니다."(요삼1:4; 새 번역 성경) 하는 뜻 말입니다. 그렇습니다.

가난한 성도들을 섬기는 일은(요일3:17-19; "진리에 속해 있다는 것을 알게 되고," 요삼1:5-8; "우리가 진리를 위해서 그들과 함께 일하는 협력자가 될 것입니다.") 곧 자신이 진리 안에서 살아가고 있다고 하는 그런 깊은 뜻이 들어 있는 것입니다. "이렇게" "가난한 성도들을 돌보아 주는 일은," "성령에 심어 영원한 생명을 거두게 되는 일이 되는 것"입니다.

이렇게 거룩한 사도들은, 그리스도에게로 돌아온 이방인 성도들에게 그들의 가난한 성도들을 서로 도와주도록 가르쳐서, 그리스도의 복음에 순종하도록 한 것입니다. 그와 같이 성령에 심어 성령님으로부터 영원한 생명을 얻을 수 있도록 한 것입니다. 이렇게 형제들이 서로 나누어 주는 것을 하나님께서는 기뻐하시는 것입니다.

"**예수님을 통해서**" 언제나 하나님께 '**찬양의 제사**'를 드립시다. 이것은 그분의 이름에 감사하는 우리 입술의 열매입니다. 그리고 '**선을 행하는 일**'과 '**서로 나누어 주는 것**'을 잊지 마십시오. 이런 제사는 하나님이 기뻐하십니다." 이렇게 말입니다.

그러므로 여러분은 하나님께 돌아온 이방인 형제들이, "하나님께서 기뻐하시는 거룩한 산 제사 드리는 모습들"을 보십시오.

사도들이 가르친 이방인 교회들 가운데 "안디옥에서 예수님의 제자들은 처음으로 '**그리스도인**' 곧 '기름 부음을 받은 사람'(요일2:27)이라는 말을 들었다고 하였습니다."(행11:26) 그리고 "아가보라는 사람의 예언대로 글라우디오 황제 때 온 세상에 기근이 들었다고도 하였습니다. 그래서 '**신도들은 각각 힘닿는 대로 헌금하여 유대에 있는 교우**

들을 돕기로 하였다고 하였습니다.'** 이렇게 하여 헌금한 것을 바나바와 사울 편으로 예루살렘 교회 장로들에게 보냈다고도 하였습니다."
(행11:30)

그리고 여러분은 데살로니가 교회를 보십시오. 데살로니가 교회에 대하여 성경에 이렇게 기록하고 있습니다.

"우리는 **'여러분이 믿음으로 행한 일과 사랑의 수고와 우리 주 예수 그리스도에 대한 희망을 가지고 인내한 것'**을 우리 하나님 앞에서 쉬지 않고 늘 기억합니다."(살전1:3) 하고 기록하고 있으며 또 "여러분은 많은 고난 중에서도 성령님이 주시는 기쁨으로 하나님의 말씀을 받아들여, **'우리와 주님을 본받는 사람들이 되었습니다.'** 그래서 여러분은 마케도니아와 아가야에 있는 모든 성도들의 **'모범'**이 되었습니다. 주님의 말씀이 여러분으로부터 마케도니아와 아가야 지방에 두루 퍼져 나갔을 뿐만 아니라, **'여러분이 하나님을 잘 믿고 있다는 이야기가 사방에 널리 퍼져 나갔으니'** 그 이야기는 더 할 필요가 없게 되었습니다."(살전1:6-8) 하고 성경에 기록하고 있습니다.

그리고 여러분은 마케도니아 여러 교회를 보십시오. 마케도니아 여러 교회에 대하여 이렇게 기록되어 있습니다.

"마케도니아 여러 교회에 베풀어 주신 은혜를 여러분에게 알려 주려고 합니다. 그들은 환란의 큰 시련을 겪으면서도 기쁨이 넘치고, 극심한 가난에 쪼들리면서도 넉넉한 마음으로 남(성도들)에게 베풀었습니다. 내가 증언합니다. 그들은 힘이 닿는 대로 구제하였을 뿐만 아니라, 오히려 힘에 지나도록 자원해서 하였습니다. 그들은 '성도들을 구제하는 특권'에 동참하게 해 달라고, 우리에게 간절히 청하였습니다. 그들은 우리가 기대한 이상으로, **'하나님의 뜻을 따라서 먼저 자신들을 주님께 바치고, 우리에게도 바쳤습니다.'**"(고후8:1-5) 하고 말입니다.

그리고 여러분은 아가야 교회를 보십시오. 아가야 교회에 대하여 성경에 이렇게 기록되어 있습니다.

"지금 나는 성도들을 돕는 일로 예루살렘에 갑니다. 마케도니아와 아가야 신자들이 기쁜 마음으로, 예루살렘 성도들 가운데 가난한 이들에게 자기들의 것을 나누어 주기로 하였기 때문입니다. 사실은 그들은 예루살렘 성도들에게 빚을 지고 있어서 그렇게 결정하였습니다. **다른 민족들이 예루살렘 성도들의 영적 은혜를 나누어 받았으면, 그들도 물질적으로 성도들을 돌볼 의무가 있습니다.**"(롬15:25-27) 하고 말입니다.

그리고 "여러분이 아는 바와 같이, 스데바나의 가정은 아가야에서 맺은 '첫 열매요, 성도들을 섬기는 일에 몸을 바친 가정입니다.'"(고전16:15; 새 번역 성경) 하고 기록하고 있는 것처럼 말입니다. 이렇게 하나님께 돌아온 이방인 형제들이, 사도들의 가르침을 받아 그들의 몸을, 하나님께서 기뻐하시는 거룩한 산 제사로 드린 것입니다. 이렇게 이방인 형제들은 그들의 몸을 영적 도구로 사용한 것입니다.

위와 같이 거룩한 사도들은 세상에 나가 모든 민족으로 제자 삼아서, 그들에게 세례를 주고 예수님께서 명령하신 모든 것을 가르쳐 지키게 한 것입니다.

이렇게 다른 민족들이 예루살렘 성도들의 영적 은혜를 나누어 받았으면, 그들도 물질적으로 유대에 있는 성도들을 돌볼 의무가 있음과 같이, 죽었다가 다시 살아 돌아온 성도들에게 그들이 가진 것을 자기의 친형제처럼 서로 나누며, 그와 같이 서로 사랑하도록 **"돌보고 가르칠 의무"**가 믿음이 성숙한 사람들에게 있는 것입니다.

그러므로 모든 민족으로 제자 삼았다면 새로 입교한 성도들로 하여금 "자기를 위해서 재산을 쌓아 놓지 말고, 자기의 그리스도 형제와 나누게 함으로써, 하나님께 대하여 부요한 사람"(눅12:21)이 되도록 가르쳐 지키게 하는 의무를, 오늘날에도 앞서간 거룩한 사도들처럼 온 힘을 다해야만 하는 것입니다.

위와 같이 "성령에 심어 성령님으로부터 영원한 생명을 거두도록 가르쳐야만 하는 것"(갈6:8)입니다. 이렇게 "자신이 가진 것으로 형제들과 나누어 주는 것이 바로 그리스도와 고난을 같이 나누는 것"(빌3:10, , 히13:11-13, 요일3:16)이며, "그리스도의 죽음을 본받는 일"(빌3:10, 히13:11-13, 요일3:16)이라는 것도 가르쳐야만 하는 것입니다.

"그러다가 마침내 죽은 자들 가운데서 부활하기를 바라는 것"(요5:29, 빌3:11)이라는 것도 말입니다. 이렇게 사도 바울과 같이 목표를 향하여 달음질칠 수 있도록 가르칠 의무가 믿음이 성숙한 사람들에게 있는 것입니다.

그러므로 목표를 향하여 달려가는 사도 바울을 보십시오. 그는 목표를 향한 마음가짐에 대해서 빌립보 교회에 이렇게 편지하였습니다. "나는 이 희망을 이미 이루었다는 것도 아니고 또 이미 완전한 사람이 되었다는 것도 아닙니다. 다만 나는 그것을 붙들려고 달음질칠 뿐입니다. 예수 그리스도께서 나를 붙드신 목적이 바로 이것입니다."(빌 3:12; 공동번역) 하고 말입니다. 그렇습니다.

예수님께서 사도 바울 자신을 위해 마련하신 상을 받으려고 그는 뒤에 있는 것은 잊어버리고, 앞에 있는 것만 바라보면서, 목표를 향하여 계속 달려가고 있었던 것입니다. 그것이 예수 그리스도께서 사도 바울을 붙드신 목적이었던 것입니다.

그러므로 다시 말씀드리지만, 여러분도 사도 바울과 같이, 하나님께서 여러분을 위하여 마련하신 상을 받으려고 뒤에 있는 것은 잊어버리고, 앞에 있는 것만 바라보면서, 목표를 향하여 계속 달음질을 치십시오.

사도 바울은 또 자신의 목표에 대하여, 빌립보 모든 교회와 성도들에게 편지를 쓰기를, "하나님께서는 그리스도 예수를 통하여 **나를 부르셔서 높은 데 살게 하십니다.**' 그것이 나의 목표이며 내가 바라는 상입니다."(빌3:14; 공동번역) 이렇게 편지를 썼습니다. 그렇습니다.

하나님께서는 그리스도 예수를 통하여 여러분을 부르셔서, 높은데 살게 하시려는 것입니다. 그러므로 여러분도 사도 바울과 같이 하나님의 고귀한 부르심의 그것이, 여러분의 목표이며 여러분이 바라는 상이라고 여기십시오.

그러므로 여러분도 사도 바울과 같이 그리스도를 바로 알고, 그리스도 부활의 능력을 깨닫고, 그분의 고난에 동참하여, 그분의 죽음을 본받으십시오. 그리하여 여러분은 마침내 죽은 자들 가운데서 다시 살아나는 부활에 이르기를 바라십시오.

"이것이 바로 예수 그리스도께서 여러분을 붙드신 목적"이라는 것을 아십시오.

그러므로 이제부터는 모세처럼 하나님의 백성과 함께 고통당하는 길(히11:25)을 택하십시오. 그리하여 하나님의 백성과 함께 고통당하는 것을, 모세처럼 메시아를 위해서 당하는 치욕(히11:26)이라고 생각하십시오. 그와 같이 하나님의 백성과 함께 고통을 당하는 그것이 바로 여러분 자신을 위하여 보물을 하늘에 쌓아 두는 것(눅12:33)이라고 그렇게 생각하십시오. 그리고 그와 같이 하나님의 백성과 함께 고통을 당하는 그것이 바로 사도 바울처럼 그리고 모세처럼 여러분이 앞으로 받을 상을 바라보는 그러한 사람이 되는 것(히11:26)이라고 그렇게 생각하십시오.

그리고 또한 그와 같이 하나님의 백성과 함께 고통을 당하는 그것이 바로 성령에 심는 사람으로서, 성령님으로부터 영생을 거두는 그러한 사람이 되는 것(갈6:8)이라고 그렇게 생각하십시오.

그러므로 여러분은 "성령에 심어 영원한 생명을 거두리라는 말씀"을 꼭, 꼭, 꼭 마음에 간직하고 그리스도 최후의 심판을 기억하십시오.

그리스도께서 재판장으로 오셔서, "성령에 심은 사람들과 성령에 심지 않고, 자신의 육신에 심은 사람들을 갈라 세워 놓고 최후의 심판을 하신다는 것"을 말입니다.

그래서 예수님께서 성령에 심은 사람과 자신의 육신에 심은 사람을 심판하실 때에, 중심적인 단어가 **"내 형제 중에 지극히 작은 자"**(마 25:40, 45; 공동번역)라고 말씀하시지 않았습니까?

그리고 성령에 심은 사람들을 심판하실 때에 "너희가 여기 있는 **내 형제 중에 지극히 작은 자** 하나에게 '**한 일**'이 바로 **나에게 한 일이다.**" (마25:40) 하고 말씀하신다고 그와 같이 말씀하시지 않았습니까?

그러나 성령에 심지 않고, 자신의 육신에 심은 사람들을 심판하실 때에는 "여기 있는 **내 형제 중에 가장 보잘것없는 사람** 하나에게 '**하지 않은 일**'이 바로 **나에게 하지 않은 일이다.**"(마25:45; 공동번역) 하고 말씀하신다고 그와 같이 말씀하시지 않았습니까?

그래서 부활하신 주님께서 자기의 제자들에 대하여, 마리아에게 호칭하시기를 이렇게 호칭하여 부르시지 않았습니까?

"이제 '**내 형제들에게로 가서**' 이르기를, '**내가 나의 아버지**' 곧 '**너희의 아버지,**' '**나의 하나님**' 곧 '**너희의 하나님께로 올라간다고 말하여라.**'"(요20:17; 새 번역 성경) 하고 말입니다.

주님의 말씀이 이러하듯이 "**성령에 심는 사람들**"(갈6:8)은 바로 '**성령으로 다시 태어난 그리스도의 형제들**'(요3:3-8; 새 번역 성경)을 말씀하고 있는 것"입니다. 그러므로 하나님 아버지께서 하늘에서 만나를 내려 주신 것(요6:32)을, 하나님의 백성들이 자기 동족에게 서로 나누게 하심으로써, 평균케 하심(출16:17-18)을 인용하여, 심고, 거둠의 법칙을 성경에 아래와 같이 기록하시지 않았습니까?

"요점은 이러합니다. '적게 심는 사람은 적게 거두고, 많이 심는 사람은 많이 거둡니다.'"(고후9:6; 새 번역 성경) 하고 말입니다. 이렇게 심고 거둠의 법칙이 누구에게 적용되었습니까? 그렇습니다.

가난한 성도들에게 적용되었습니다. 이렇게 말입니다.

"여러분이 수행하는 이 봉사의 일은 **'성도들의 궁핍을 채워 줄 뿐만 아니라,'**"(고후9:12; 새 번역 성경) 하고 말입니다. 이렇게 가난한 성도들의 궁핍을 채워 주는 그것을 주님께서는 성경에 아래와 같이 기록하시지 않았습니까?

"이것은 성경에 기록한바 **'그가 가난한 사람들에게 아낌없이 뿌려 주셨으니, 그의 의가 영원히 있다.'** 한 것과 같습니다."(고후9:9) 하고 말입니다. 그렇습니다.

이렇게 "가난한 성도들의 궁핍을 채워 주는 그것이, 바로 의를 행하는 일(요일2:29)이요, 의의 열매"인 것입니다. 위와 같이 "하나님께서는 참 포도나무에 붙어 있으면서 열매 맺는 가지는 더 많은 열매를 맺도록 증가시켜 주시는 것"(요15:2: 현대인의 성경; "**나에게 붙어 있으면서**' 열매 맺는 가지는 '**열매를 더 많이 맺게 하려고**' **깨끗이 손질하신다.**")입니다.

"심는 사람에게 심을 씨와 먹을 양식을 공급하여 주시는 하나님께서, **'여러분에게도 씨를 마련하여 주시고, 그것을 여러 갑절로 늘려**

주서서, 여러분의 의의 열매를 증가시켜 주실 것입니다."(고후9:10; 새번역 성경) 하고 말입니다. 이렇게 "성령으로 거듭난 그리스도의 가난한 형제들에게 의를 행하는 사람들이 바로 자신의 육신에 심는 자가 아니라 성령에 심는 사람들인 것"입니다.

그리고 위와 같이 "가난한 성도들의 궁핍을 채워 주는 사람들이 자신은 하나님의 자녀라는 것을, 세상에 나타내는 사람인 것"(요일2:29)입니다. 그리고 "하나님 아버지께서 예수님을 사랑하신 것처럼, 자신이 하나님의 자녀라는 사실을 세상에 나타내는 그들도, 하나님 아버지께서 사랑하셨다는 것을 세상이 알게 하는 사람인 것"(요17:23)입니다. 그리고 또한 "사랑에 진실함(고후8:8)과 자신이 그리스도의 복음을 고백하고, 하나님께 순종한다는 것을 나타내는 사람인 것"(고후9:13)입니다.

이렇게 "가난한 성도들을 돕는 직무"는 "자신이 하나님의 자녀라는 것을 세상에 나타내는 일"이 되는 것입니다. 그것은 또 왜 그렇습니까?

그것은 위에서도 잠깐 언급하여 드렸듯이 하나님이 의로우신 분이심으로, 하나님의 자녀들도 하나님을 닮아 의롭게 살기 때문이라고 말씀하고 있기 때문입니다.

"하나님이 의로우신 분이라는 것을 안다면, 의롭게 사는 사람들이 모두 그분의 자녀라는 것을 잊지 마십시오."(요일2:29; 현대인의 성경) 이렇게 말입니다.

그러므로 주님께서는 "하나님의 자녀와 악마의 자식을 구별하는 법"을 이렇게 성경에 기록하시지 않았습니까?

"'옳은 일을 하지 않거나 자기 형제를 사랑하지 않는 자'는 하나님에게서 난 자가 아닙니다. '이와 같이' **하나님의 자녀와 악마의 자식은 분명히 구별됩니다.**"(요일3:10; 공동번역) 하고 말입니다. 같은 구절을 새 번역 성경은 이렇게 해석합니다.

"**하나님의 자녀와 악마의 자녀는 여기에서 환히 드러납니다.**' 곧 '**의를 행하지 않는 사람과 자기 형제자매를 사랑하지 않는 사람**'은 '누구나' 하나님에게서 난 사람이 아닙니다."(요일3:10) 이렇게 말입니다. 말씀이 위와 같으므로, 가난한 성도들의 궁핍을 채워 주지도 않으면서, 세상에 나가 선교한다고 세상 이웃들의 궁핍을 채워 준다면 어떤 사람들이 되겠습니까?

성경에 기록한 그대로 형제를 사랑하지 않는 사람으로서 "악마의 자녀들이 되지 않겠습니까?"

그러므로 성경에 "악마의 자녀들 습성에 대하여" 이렇게 기록하고 있습니다.

"하나님을 사랑한다고 하면서 자기의 형제를 미워하는 사람(자기의 형제를 사랑하지 않는 사람)은 **거짓말쟁이입니다.**"(요일4:20; 공동번역) 하고 말입니다. 또 이렇게도 기록하고 있습니다.

"하나님을 알고 있다고 하면서 하나님의 계명(요일3:23; 하나님의 계명은; 요15:17; '너희는 서로 사랑하여라.' 하고 그리스도께서 명령하신 계명을 말씀하는 것임)을 지키지 아니하는 사람은 **'거짓말쟁이요,' '그 사람 속에는 진**

리가 없습니다.'"(요일2:4; 새 번역 성경) 하고 말입니다. 그렇다면 하나님을 사랑한다고 하면서 자기의 형제를 사랑하지 않는 사람은 왜 거짓말쟁이일까요? 그 물음에 대한 대답으로 성경은 이렇게 기록하고 있습니다.

"눈에 보이는 형제를 사랑하지 못하는 사람이 '**보이지 않는 하나님을 사랑할 수 없습니다.**'"(요일4:20; 현대인의 성경) 하고 말입니다. 그렇습니다.

위의 말씀과 같이 "자기의 눈에 보이는 자신의 형제를 사랑하지 못하는 사람은, '**절대로**' 보이지 않는 하나님을 사랑할 수가 없기에," "하나님을 사랑한다고 하면서 자기의 형제를 사랑하지 않는 사람은 '**거짓말쟁이가 되는 것입니다.**'"

그러므로 여러분이 거짓으로 하나님을 사랑한다고 하는, 그런 거짓말쟁이가 되지 않으려거든, 눈에 보이는 자기의 형제를 사랑하십시오. 눈에 보이는 자기의 형제를 사랑하는 사람이 진실로, 보이지 않는 하나님을 사랑하는 사람인 것입니다. 이처럼 자기의 형제를 사랑하는 것이 바로 하나님을 사랑하는 것이라는 말씀에 대하여도, 주님께서는 사도 요한을 통해서 아래와 같이 말씀하셨습니다.

"**하나님을 사랑하는 사람은 자기의 형제도 사랑해야 한다**는 이 계명을 우리는 '**그리스도에게서 받았습니다.**'"(요일4:21; 공동번역) 하고 말입니다. 주님의 말씀이 이러하기에 주님께서는 사도 요한을 통해 하나님을 사랑한다는 사람들에게 이렇게 되물어보시지 않았습니까?

"누구든지 세상 재물을 가지고 있으면서 **'자기의 가난한 형제'**를 보고도 도와주지 않는다면 어떻게 하나님을 사랑한다고 하겠습니까?"(요일3:17) 하고 말입니다. 그렇습니다.

위와 같이 "하나님을 사랑한다고 하면서 자기의 가난한 형제를 보고도, 그 형제의 궁핍을 채워 주지 않는 사람은, 하나님을 사랑한다는 그 말 자체가 **순 거짓말이라고 말씀하시는 것**"입니다. 그것은 왜냐하면 "눈에 보이는 형제를 사랑하지 못하는 사람이' '보이지 않는 하나님을 사랑할 수 없다고' 그와 같이 성경에 기록되어 있기 때문"(요일4:20)입니다.

그리고 성도들의 가난을 덜어 주는 일에 대하여 기록하기를 "여러분이 애써 거두는 의연금은 **'성도들의 가난을 덜어 줄 뿐만 아니라'** 많은 사람들로 하여금, 하나님께 무한한 감사를 드리게 할 것입니다. 여러분의 의연금은 여러분이 **'그리스도의 복음을 믿고 하나님께 순종하여 모든 사람**(성도를)**을 아낌없이 돕는다는 증거가 되어 그들이 하나님을 찬양하게 될 것이기 때문**'이라고 그와 같이 기록되어 있기 때문"(고후9:12-13)입니다.

이처럼 성경에 기록된 주님의 말씀이 증명하고 있듯이 **"성경에서 가난한 사람들이란,"** "하나님을 믿는 모든 백성 가운데서 가난한 성도들을 가리키는 말씀이 분명한 것"입니다. 성도들이 그러한 사람들이기에 하나님 여호와께서는 처음부터 너희 땅에 있는 "궁핍하고 가난한 동족"에게 너희의 손을 움켜쥐지 말고 활짝 펴 주라고, 하나님의 백성에게 그와 같이 명령하시지 않았습니까?

"그 땅에서 가난한 이가 없어지지 않을 것이다. 그러므로 내가, '**너희 땅에 있는 궁핍하고 가난한 동족**'에게 너희 손을 활짝 펴 주라고 너희에게 '**명령**'하는 것이다."(신15:11; 카톨릭 성경) 이렇게 말입니다. 성도들이 이러하기에 그리스도께서도 제자들에게 너희는 서로 사랑하라고 그렇게 명령하시지 않았습니까?

"**너희는 서로 사랑하여라.**' 내가 너희에게 '**명령**'하는 것이 바로 이것이다."(요15:17) 이렇게 말입니다. 그리고 예수님께서 제자들에게 "너희는 다 형제니라."(마23:8) 하고 그와 같이 말씀하시지 않았습니까? 이렇게 그리스도의 제자가 된 사람들은 다 같은 형제로서 서로 사랑하라고(요15:17) 그와 같이 명령을 내리시지 않았습니까?

이렇게 하나님의 백성이 된 사람들은, 자기의 가난한 동족에게 손을 활짝 펴서 아낌없이 도와주라고(신15:11) 말입니다.

이렇게 자기의 형제를 서로 사랑하는 사람은 하나님에게서 난 사람(요일4:7)이라고 말입니다.

이렇게 하나님에게서 난 사람(성령으로 다시 태어난 성도들)에게 심는 사람은 성령님으로부터 영원한 생명을 거둘 것이라고(갈6:8) 말입니다. 바로 앞에 구절의 말씀을 주님께서는 제자들에게 아래와 같이 말씀하시지 않았습니까?

"내가 너희에게 말한다. 너희는 자신을 위해 세상 재물로 친구(성령으로 다시 태어난 성도들)를 사귀라. 그러면 그것이(공동번역; 그러면 재물이) 없어질 때 그들이(그들 안에 거하신 성령님으로부터) 너희를 영원한 집 (**너희가 영원한 생명을**)으로 맞아들일(**거둘 것이다**) 것이다."(눅16:9; 현대인의 성경) 이렇게 말입니다. 그리고 앞에 구절의 말씀이 바로 "너희는 가진 것을 팔아 가난한 사람들을 도와주고 너희 자신을 위해 낡아지지 않는 주머니를 만들어라. 그것은 없어지지 않는 보물을 하늘에 쌓아 두는 것이다. 라는 말씀과 맥을 같이하는 말씀인 것"입니다. 아래의 괄호 안의 해석처럼 말입니다.

"**너희는 가진 것을 팔아**(세상 재물로) **가난한 사람들을 도와주고**(친구를 사귀라) **너희 자신을 위해 낡아지지 않는 주머니**(그러면 재물이 없어질 때)**를 만들어라. 그것은 없어지지 않는 보물**(그들이 너희를 영원한 집으로) **을 하늘에 쌓아 두는 것**(맞아들일 것이다)**이다.**"(눅12:33) 이렇게 말입니다. 그렇습니다.

우리가 위와 같이 "남의 것에 충실하면 하나님이 우리의 몫을 우리에게 주시는 것"(눅16:12)입니다. 우리가 위와 같이 남의 것에 충실히 행함으로써, 하나님이 우리의 몫을 우리에게 주시는 것처럼 "우리가 하나님과 재물을 함께 섬기지 않고 하나님만 섬기게 되는 것"(눅16:13)입니다.

이처럼 초대 교회 사람들은 주님께 가르침을 받은 사도들의 가르침을 받아서 위의 모든 말씀을 그대로 실천에 옮겼던 것입니다.

"그때 베드로의 말을 기꺼이 받아들인 사람들은 '**세례를 받았는데**,' 그날에 '**제자의 수가 3,000명**'이나 늘어났다. '**그들은**(새로 입교한 신자들은) **계속 사도들의 가르침을 받고,**' 서로 교제하며 성찬을 나누고 기도하는 일에 전적으로 힘썼다. 사도들을 통하여 놀라운 일과 기적이 많이 나타나자 사람들은 모두 하나님을 두려워하게 되었다. 믿는 사람은 모두 함께 지내며 '**그들의 모든 것을 공동 소유로 내어놓고,**' '**재산과 물건을 팔아서 모든 사람에게 필요한 만큼 나누어 주었다.**"(행2:41-45) 이렇게 말입니다.

또 이렇게도 성경에 기록되어 있지 않습니까?

"그러나 사도들의 말을 들은 사람들 가운데는 믿는 사람이 많아 '**제자의 수가 약 5,000명**'이나 되었다."(행4:4) "그 많은 신도들이 다 한마음 한뜻이 되어, 아무도 '**자기 소유를 자기의 것이라고 하지 않고, 모든 것을 공동으로 사용하였다.**' 사도들은 놀라운 기적을 나타내며 주 예수의 부활을 증언하였고, 신도들은 하나님의 크신 축복을 받았다. '**그들 가운데 가난한 사람은 하나도 없었다.**' '**땅이나 집을 가진 사람들이 그것을 팔아서, 그 판 돈을 사도들 앞에 가져다 놓고, 저마다 쓸 만큼 나누어 받았기 때문이다.**'"(행4:33-35; 공동번역) 하고 말입니다.

이렇게 초대 교회는 세속의 재물로 가난한 성도들에게 의의를 행함으로써, 자신들을 위하여 보물을 하늘에 쌓아 두었던 것이며, 그들은 그와 같이 행하여 "하나님과 재물을 함께 섬기지 않고, 오직 하나님만을 섬길 수 있었던 것"(눅16:13)입니다.

"주님이신 너희 하나님을 경배하고 그분만을 섬겨라."(마4:10) 하고 사탄의 시험을 물리치신 주님처럼 말입니다.

그렇다면 왜 초대 교회 성도들이, 자신의 재산을 팔아 가난한 성도들에게 나누어 줌으로써, 하나님만을 섬기고 있었다고 말할 수가 있겠습니까? 그것은 "자신의 그릇 속에 담긴 **'재물의 탐욕과 악'**을 비우거나 쫓아내는 역할을 하는 행동을 하게 되었기 때문"입니다. 그러므로 여러분은 그와 같이 말씀하신 주님의 말씀을 들어 보시겠습니다. 주님께서는 바리새파 사람들에게 이렇게 말씀하셨습니다.

"그래서 주님께서는 이렇게 말씀하셨다. '너희 바리새파 사람들은 잔과 접시의 겉은 깨끗이 닦아 놓지만, **속에는 착취와 사악이 가득 차 있다.** 어리석은 사람들아, 겉을 만드신 분이 속도 만드시지 않았느냐? **그릇 속에 담긴 것을 가난한 사람들에게 주어라. 그러면 모든 것이 다 깨끗해질 것이다.**'"(눅11:40-41; 공동번역) 하고 말입니다. 같은 구절을 카톨릭 성경은 이렇게 해석합니다.

"그러자 주님께서는 그에게 이르셨다. '정녕 너희 바리새파 사람들은 잔과 접시의 겉은 깨끗하지만 **너희의 속은 탐욕과 사악으로 가득 차 있다.** 어리석은 자들아, 겉을 만드신 분께서 속도 만들지 않으셨느냐? **속에 담긴 것으로 자선을 베풀어라. 그러면 모든 것이 깨끗해질 것이다.**'"(눅11:40-41) 하고 말입니다. 여러분은 또 보십시오. 현대인의 성경은 이렇게 해석합니다.

"그래서 예수님이 이렇게 말씀하셨다. '너희 바리새파 사람들은 잔과 접시의 겉은 깨끗하게 하지만 **속은 탐욕과 악으로 가득 차 있다.** 어리석은 사람들아, 겉을 만드신 분이 속도 만드시지 않았느냐? **너희**

가 가진 것을 가난한 사람들에게 주어라. 그러면 모든 것이 너희에게 깨끗해질 것이다.'"(눅11:39-41) 하고 말입니다. 이렇게 자신이 가진 것을 팔아 가난한 성도들에게 나누어 주게 됨으로써, "자신의 그릇 속에 담긴 '**재물의 탐욕과 악**'을, 비우거나 쫓아내는 역할을 하게 되는 것"입니다.

이처럼 "주님이신 너희 하나님을 경배하고 그분만을 섬겨라."(마4:10) 하고 성경에 기록된 말씀처럼 여러분도 하나님만을 섬기십시오.

그와 같이 하나님만을 섬긴다는 뜻으로, 오늘날도 "정말로 자신이 하나님을 믿는다면" 목사들부터가 자기의 소유를 공동 소유로 내어 놓고, 초대 교회와 같이 그것을 팔아서 가난한 성도들에게 나누어 주십시오. 그리하여, "**자신을 위하여 없어지지 않는 보물을 하늘에 쌓아 두십시오.**"(눅12:33) 그와 같이 행동 함으로써, 하나님과 함께 재물을 섬기지 않고, 오직 하나님만을 섬긴 후에, 성도들에게도 자신이 하나님만을 섬기는 것처럼, 오직 하나님만을 섬기라고 가르치십시오.

이렇게 "**성령에 심어 성령님으로부터 영원한 생명을 거두라고**"(갈6:8) 말입니다. 이렇게 우리가 그리스도에게서 받은 하나님의 계명대로 진리 안에서 살라고 가르치십시오. 하나님께서는 하나님의 자녀들이 진리 안에서 생활한다고 하는 것(요삼1:4)보다 더 기뻐하시는 일은 없습니다. 그러므로 그와 같이 그리스도 안에서 살라고 가르치십시오.

"우리는 그리스도의 몸의 지체들입니다."(엡5:30) 하고 성경에 기록되어 있지 않습니까? 그렇습니다.

우리는 그리스도의 몸과 그리스도의 살과 그리스도의 뼈의 지체들인 것입니다. 그러므로 그리스도의 몸의 지체들로서 자신의 몸처럼 서로 사랑하라고 가르치십시오.

그와 같이 서로 짐을 짐으로써 그리스도의 사랑의 법(갈6:2)을 성취하라고 가르치십시오. 사랑으로 그리스도의 몸(엡4:16)을 세우라고 가르치십시오.

위의 말씀과 같이 하나님 아버지의 계명을 따라 사는 것이 곧 사랑이며, 계명은 여러분이 처음부터 들은 대로 서로 사랑하는 것(요이1:6)입니다. 이처럼 진리와 그리스도 안에서 사는 하나님의 모든 자녀에게 하나님 아버지와 하나님의 아들 예수 그리스도께서 은혜와 자비와 평화를 내려 주시기를 기도합니다. 아멘.

가부장제도
하나님께서 세우셨습니다

사람들은 가부장 제도 하면, 우선 강력한 힘과 권력과 독단적인 통솔력 또는 지배력을 생각하곤 합니다. 그것은 위에 상사가 있고 아래에 부하직원이 있듯이, 사회가 그렇고 세상이 그러하기 때문입니다. 그와 같이 세상적 관점에서 가부장 제도를 생각하면 그렇게 생각할 수 있습니다. 그러나 성경적 가부장 제도는 세상과는 정반대입니다. 성경적 가부장 제도에 대하여 하나님께서는 남편에게 이렇게 말씀하셨습니다.

"남편들은 그리스도께서 교회를 사랑하시고 교회를 위하여 자신을 바치신 것처럼 아내를 사랑하십시오."(엡5:25) 하셨고 "남편들도 아내를 제 몸과 같이 사랑해야 합니다. 자기 아내를 사랑하는 것은, 곧 자기 자신을 사랑하는 것입니다."(엡5:28) 하셨으며 "여러분도 각자 자기 아내를 자신처럼 사랑하고 아내도 자기 남편을 존경하십시오."(엡 5:33; 현대인의 성경) 하고 말입니다. 또 이렇게도 말씀하셨습니다.

"남편들은 아내를 사랑하고 괴롭히지 마십시오."(골3:19; 현대인의 성경) 하고 말입니다. 그리고 또 이렇게도 말씀하셨습니다.

"남편이 된 여러분, 이와 같이 여러분도 아내가 여성으로서 자기보다 연약한 그릇임을 이해하고 함께 살아야 합니다. 그리고 생명의 은혜를 함께 상속받을 사람으로 알고 존중하십시오."(벧전3:7; 새 번역 성경) 하고 말입니다. 이렇게 서로 사랑하는 것이, 바로 성경적 가부장 제도입니다. 이렇게 성경적 가부장 제도는 하나님께서 세우셨습니다.

그러므로 여러분은 또 보십시오. 하나님 여호와께서는 아브라함에게 "이 여종과 그 아들을 내쫓으세요." 하고 말하는 그의 아내 사라의 말을 들어주라고 말씀하십니다.

"그래서 그녀는 아브라함에게 '이 여종과 그 아들을 내쫓으세요. 이 여종의 아들은 내 아들 이삭과 함께 유산을 받을 수 없습니다.' 하였다. 이스마엘도 자기 아들이었기 때문에 이 일로 몹시 근심하고 있었는데, 하나님이 아브라함에게 이렇게 말씀하셨다. '그 아이나 네 여종에 대하여 근심하지 말고, 사라가 너에게 말한 대로 하여라.'"(창21:10-12; 현대인의 성경) 하고 말입니다. 이렇게 가족의 가장으로서 아브라함이 몹시 근심하고, 그 결정을 하나님이 해 주신 것처럼, 가족의 모든 결정을 독단적으로 결정하는 그러한 세상적인 가부장 제도가 아니라, 가족의 의견을 수렴하여 결정하는 그러한 가부장 제도를 세우셨습니다. 이렇게 하나님께서는 성경적 가부장 제도를 세우셨습니다.

그러므로 앞으로는 강력한 힘과 권력과 독단적인 지배력으로 가정을 억누르는, 그러한 세상적인 관점에서 가부장 제도로 바라보지 마시고, 서로 존경하고 사랑하는 그러한 성경적 관점에서 가부장 제도로 바라보시기를 바랍니다.

이러하니 아내 여러분, 이제부터는 영원한 생명을 남편과 함께 상속받을 사람으로 여기고, 주님의 말씀에 순종하십시오.

주님께서는 사도 바울을 통해서 아내 된 사람들에게 이렇게 말씀하셨습니다.

"아내 된 사람들은 주님께 순종하듯 자기 남편에게 순종하십시오. 그리스도께서 당신의 몸인 교회의 구원자로서, 그 **교회의 머리가 되시는 것처럼, 남편은 아내의 주인이 됩니다.** 교회가 그리스도께 순종하는 것처럼, 아내도 모든 일에 자기 남편에게 순종해야 합니다."(엡 5:22-24; 공동번역) 하고 말입니다. 이렇게 그리스도께서 당신의 몸인 교회의 구원자로서, 그 "교회의 머리가 되시는 것처럼, 남편은 아내의 주인"(창3:16; "그는 너의 주인이 되리라."라는 말씀과 같이)이 된다고 말입니다. 그러므로 "교회가 그리스도께 순종하는 것처럼, 아내도 모든 일에 자기 남편에게 순종"해야 한다고 말입니다. 이렇게 성경은 아내들이 자기 남편에게 순종하는 일이 바로 마음속에 감추어진 자신을 온유하고 정숙함으로 치장하는 일(벧전3:4)이라고 하는 것입니다.

성경에는 이렇게 아내 된 사람들에게 남편에게 순종하십시오. 하고 주님께서 아내들에게 명령하신 말씀이 기록되어 있습니다. 아래와 같이 말입니다.

"아내 된 여러분은 남편에게 순종하십시오."(벧전3:1; 현대인의 성경) 이렇게 말입니다. 이렇게 아내 된 여러분은 자기 남편에게 순종하라 하고 "성경적 가부장 제도는 하나님께서 세우셨습니다."

이렇게 아내 된 사람들이 하나님의 말씀대로 자기 남편에게 순종하면, 믿지 않는 남편이라도 말없이 실천하는 아내들의 행동을 보고, 하나님을 믿게 될 것이라고 말입니다.

"그러면 믿지 않는 남편이라도 말없이 실천하는 여러분의 행동을 보고 하나님을 믿게 될 것입니다."(벧전3:1) 하고 말입니다. 남편들은 이렇게 아내 된 여러분이 하나님께서 여자에게 명령하신 말씀에 순종함으로 그와 같이 하나님을 섬기면서 경건하고 순결한 생활하는 것을 보고 하나님을 믿게 될 것이라고 말씀하신 것입니다.

"남편들은 여러분이 하나님을 섬기면서 경건하고 순결한 생활을 하는 것을 보고 그렇게 될 것입니다."(벧전3:2; 새 번역 성경, 현대인의 성경) 하고 말입니다. 그러므로 여러분은 머리를 땋거나 금으로 장식하거나 옷을 차려입거나 하는 겉치장을 하지 말고 썩지 않는 장식, 곧 온유하고 정숙한 마음으로 마음속에 감추어진 자신을 치장하라고 아내 된 여러분에게 명령하신 것입니다.

"여러분은 **'머리를 땋거나 금으로 장식하거나 옷을 차려입거나 하여 겉치장'**을 하지 말고 **'썩지 않는 장식, 곧 온유하고 정숙한 마음으**

로 속사람을 단장하도록 하십시오.'"(벧전3:3-4; 공동번역, 현대인의 성경) 하고 말입니다. 이렇게 마음속에 감추어진 자신을 치장하는 것이야말로 하나님께서 가장 귀하게 여기시는 것이라고 말입니다.

"**이것이야말로 하나님께서 가장 귀하게 여기시는 것입니다.**"(벧전3:4; 공동번역) 그렇습니다.

이렇게 여성들이 마음속에 감추어진 자신을 치장하는 것이야말로 하나님께서 가장 귀하게 여기시는 것입니다. 같은 구절을 현대인의 성경은 아래와 같이 해석합니다.

"그것은 하나님이 보시기에 매우 귀한 일입니다."(벧전3:4) 하고 말입니다. 이렇게 성경은 전에 하나님께 희망을 두고 살던 거룩한 여자들도 위와 같이 자신을 가다듬고 자기 남편에게 복종했다고 하는 것입니다.

"전에 하나님께 희망을 두고 살던 거룩한 여자들도 이와 같이 자신을 가다듬고 자기 남편에게 복종했습니다."(벧전3:5; 공동번역) 이렇게 말입니다. 그렇다면 사라는 어떻게 썩지 않고 온유하고 정숙한 마음으로 마음속에 감추어진 자신을 치장했을까요? 사라는 그 마음속에 감추어진 자신을 아래와 같이 치장하였다고 주님께서는 사도 베드로를 통해서 말씀하고 있습니다.

"**사라는 자기 남편 아브라함**'을 '**주**'라고 부르면서 '**그에게 복종했습니다.**'"(벧전3:6) 이렇게 말입니다. 사라가 바로 그런 아브라함의 아내였다는 것입니다.

"**사라가 바로 그런 부인이었습니다.**"(벧전3:6; 공동번역) 그렇습니다. 이처럼 사라가 자기 남편을 "주"라고 부르면서 아브라함에게 복종하였다고 하는 것은, 아브라함의 아내 사라가 그와 같이 하나님의 말씀에 순종하고 있었다는 것을 증명하여 주는 것입니다.

그 말씀을 입증하여 주고 있는 말씀이 바로, 여호와 하나님께서 뱀의 간사한 꾐에 넘어가, 최초로 죄를 범한 하와에게 벌을 내리신 말씀입니다.

"너는 남편을 사모하고 **남편은 너를 다스릴 것이니라.**"(창3:16) 같은 구절을 카톨릭 성경은 이렇게 해석합니다.

"너는 남편을 갈망하고 **그는 너의 주인이 되리라.**"(창3:16) 하고 말입니다. 이렇게 사라는 "그는 너의 주인이 되리라." 하고 말씀하심과 같이, 자기 남편을 "**주**"라고 부름으로써 하나님의 말씀에 절대적으로 순종하였던 것입니다.

그러므로 여러분들도 사라와 같이 하나님의 말씀에 순종하십시오. 그러므로 자기 남편에게 순종함으로써 여러분들도 사라와 같이 선을 행하며, 어떤 놀랄 만한 일에도 무서워하지 않는다면, 사라의 딸이 될 것이라고 하지 않았습니까?

"여러분들도 '**선을 행하고**' 어떤 놀랄 만한 일에도 무서워하지 않는다면 '**사라의 딸이 될 것입니다.**'"(벧전3:6) 하고 말입니다. 위와 같이 여러분들이 사라의 딸이 되려면, 자기 남편에게 순종하여 유순하고 정숙한 마음가짐으로, 마음속에 감추어진 자신을 아름답게 해야만 하는 것입니다. 이렇게 "아내들이 온유하고 정숙한 마음가짐으로, 그리고 썩지 않는 것으로 마음속에 감추어진 자신을 아름답게 치장할 수 있는 것은, 하나님의 말씀대로 사라와 같이 자기 남편에게 순종하는 일"이었습니다.

이렇게 "가부장 제도는 하나님께서 세우셨습니다." 그러므로 여러분은 보십시오. 주님께서는 위와 같은 말씀을 사도 바울을 통해서도 하셨습니다.

"그리고 여자들은 정숙하고 단정한 옷차림을 해야 합니다. 머리를 지나치게 꾸미거나 금이나 진주로 치장하거나 비싼 옷을 입지 말고 **'오직 착한 행실로써 단장해야 합니다.'** 그래야 하나님을 공경한다는 여자에게 어울립니다."(딤전2:9-10) 하셨고 "그러나 여자가 자녀를 낳아 기르면서 '믿음과 사랑과 순결로서 단정한 생활을 계속하면' 구원을 받을 것입니다."(딤전2:15; 공동번역) 하셨습니다. 같은 구절을 카톨릭 성경은 이렇게 해석합니다.

"여자들도 마찬가지로, '얌전하고 정숙하게 단장한 옷차림으로 단장하기를 바랍니다.' **'높이 땋은 머리와 금이나 진주나 값비싼 옷'**이 아니라, 하나님을 공경한다는 여자답게 **'선행으로 치장하십시오.'**"(딤전2:9-10) 하셨고 "그러나 여자가 자녀를 낳아 기르면서, '믿음과 사랑과 거룩함을 지니고 정숙하게 살아가면' 구원을 받을 것입니다."(딤전2:15) 하셨습니다. 그렇습니다.

위에서도 사도 베드로를 통하여 말씀하신 것처럼, "**아내들은 남편**

에게 순종하고," **"여자가 자녀를 낳아 기르면서"** 겉 사람과 같이 '높이 땋은 머리와 금이나 진주나 값비싼 옷'이 아니라, "마음속에 감추어진 자신을 믿음과 사랑과 거룩함으로 아름답게 꾸미고, 그와 같은 정신으로 하나님을 섬기면서 정숙하게 살아가면 구원을 받는다는 것"입니다. 그렇습니다.

디모데의 어머니 유니게를 낳아서 기른 디모데의 할머니 로이스와 그리고 아들 디모데를 낳아 기른 그의 어머니 유니게처럼 말입니다.

"나는 그대의 거짓 없는 믿음을 생각하고 있습니다. '**그 믿음은**' 먼저 '**그대의 할머니 로이스와 또 어머니 유니게**'에게 있었던 것입니다. 그리고 '**그대도 지금 그 믿음을 간직하고 있다는 것**'을 나는 확신합니다."(딤후1:5; 공동번역) 하고 주님께서 사도 바울을 통해 말씀하신 것처럼 자녀를 낳아 기르면서 말입니다.

이렇게 여자가 자녀를 낳아 기르면서 육체의 맵시를 위하여, '높이 땋은 머리와 금이나 진주나 값비싼 옷'이 아니라, 썩지 않는 것으로 마음속에 감추어진 자신을 믿음과 사랑과 거룩함으로 치장하며, 그와 같은 정신으로 하나님을 섬기면서 정숙하게 살아가면 구원을 받게 된다는 것(딤전2:15)입니다. 그와 같이 사는 사람들이 주님께서 여자들에게 베푸신 그분의 은혜에 감사하는 사람인 것이요, 구원을 이루어 가는 사람인 것입니다.

그러하기에 "아내 된 여러분은 자기 남편에게 순종하십시오."(벧전3:1) 하고 하나님께서는 사도 베드로를 통하여 그렇게 말씀하시지 않았습니까? 그러므로 위와 같이 하나님께서 사도 베드로를 통해 말씀하신, 하나님의 말씀에 아내 된 여러분들이 순종하여, '높이 땋은 머리와 금이나 진주나 값비싼 옷'으로 하지 말고, 마음속에 감추어진 자신을 사라와 같이 아름답게 치장하는 사람들이 되십시오. 그리하여 사라의 진정한 딸이 되십시오.

이렇게 "아내 된 여러분은 자기 남편에게 순종하십시오."(벧전3:1) 하고 가부장 제도를 하나님께서 세우시지 않았습니까?

"너는 남편을 갈망하고 그는 너의 주인이 되리라."(창3:16; 카톨릭 성경) 하고 말입니다. 그러므로 아내 된 여러분은, 아브라함의 아내 사라가 자기 남편에게 순종함과 같이, 자신의 남편에게 순종하십시오. 그렇게 하는 것이 썩지 않는 유순하고 정숙한 마음가짐으로 마음속에 감추어진 자신을 아름답게 치장할 뿐만 아니라 하나님 보시기에도 값진 일인 것(벧전3:4)입니다.

가부장적 관점으로 성경을 해석하는 오류?

 이처럼 아내 된 사람들은, 주님께서 여자에게 명령하신 말씀과 같이 행하여야만 하는데도, 어떤 이들은 하나님의 말씀에 불순종하는 사람들이 있는 것입니다. 그리하여 교회와 가정의 질서를 어지럽히는 이들이 있는 것입니다.

 그들은 여성 안수를 찬성하는 사람들입니다. 그들은 하나님께서 세우신 가부장 제도를 세상적인 관점에서 바라보고, **"여성 안수 반대에 대한 성경적 근거는 가부장적 관점으로 성경을 해석하는 오류"** 라고 하며, 구약시대에는 여성 사사가 있었고, 예수님의 제자 중에도 마리아 등등 여성들이 있었다고 여성 안수 반대하는 사람들에게 자기들의 주장이 올바른 것이라고 그와 같이 강력하게 제시하는 것입니다.

그리고 개역 성경에 "욥바에 다비다라고 하는 여제자가 있었으니" (행9:36) 하고 "다비다를 여제자라는 명칭을 사용"하고 있다고 하여, "제자라는 호칭은 아무나 부르게 되는 것이 아니라 예수님의 열두 제자들"(마10:1, 막3:13-15, 요15:16)처럼, "주님에 의해서 선택받아야만 한다고 열두 제자와 같이 그렇게 동등한 부르심처럼 그와 같이 주장"합니다. 그렇다면 다른 성경도 모두 다 그렇게 다비다를 "여제자"로 해석하고 있을까요? 현대인의 성경을 보겠습니다.

"한편 욥바에는 다비다(그리스 말로는 도르가) 라는 여신도가 있었는데"(행9:36) 하고 "다비다를 여신도"로 해석하였습니다. 공동번역도 같은 구절을 이렇게 해석하고 있습니다.

"한편 요빠에는 다비타라는 여신도가 살고 있었다."(행9:36)라고 말입니다. 이렇게 "다비다를 여신도"로 해석하였습니다. 그러나 만일 다비다가 여제자라는 명칭을 사용하고 있음으로써, 열두 제자와 같이 그렇게 동등한 부르심으로 주장한다면, 아래의 말씀은 어떻게 해석을 하시겠습니까?

"너희는 가서 **'이 세상 모든 사람들을 내 제자로 삼아'** 아버지와 아들과 성령의 이름으로 그들에게 세례를 베풀고"(마28:19)라고 명령하셨습니다. 예수님께서는 이렇게 "이 세상 모든 사람들을 주님의 제자로 삼으라고" 주님의 제자들에게 명령하셨습니다. 만일 이렇게 여러분이 세상에 나가 선교하여 하나님의 부르심으로 "이 세상 모든 사람들이 **'주님의 제자가 되었다면,' '열두 사도들과 같이'** 이 세상 모든 사람들도 **동등한 부르심으로 부르심을, 그렇게 받았다고** '주장'할 것입니까?"

그리고 주님을 믿는다는 여성 여러분들은 여러분이 세상에 있었을 때, 하나님께서 부르신 사람들이 아니었습니까? 다비다만 위와 같이 특별히 여제자로 부르셨습니까? 주님을 믿는 모든 여성은 주님의 여제자가 아니었습니까? 주님의 이름을 부르는 사람들은 남자이건 여자이건 모두 하나님의 부르심을 받은 주님의 남제자요, 여제자인 것입니다. 이러함으로 "모든 성도의 유익을 위해서" 하나님께서는 각 사람에게 성령님이 계시는 증거로 은사를 나누어 주셨다고 하시지 않았습니까?

"각 사람에게 성령님이 계시는 증거를 주신 것은, 모든 사람의 유익을 위해서입니다."(고전12:7; 현대인의 성경) 하고 말입니다. 앞과 같이 말씀하시고 나서 주님께서는 사도 바울을 통해 또 어떻게 말씀하셨습니까?

"우리가 한 몸에 많은 지체를 가졌으나 이 지체들이 다 같은 기능을 가진 것이 아닙니다."(롬12:4) 하고 이렇게 말씀하시지 않았습니까?

그리고 계속하여 "이와 같이 우리 많은 사람이 그리스도 안에서 한 몸이 되어 서로 지체가 되었습니다."(롬12:5) 말씀하셨고 "그래서 우리에게 주신 은혜에 따라 우리가 받은 은사가 각각 다릅니다."(롬12:6) 하고 주님께서는 우리에게 말씀하셨습니다. 그리고서 각 사람에게 나누어 주신 은사가 나옵니다. 이렇게 말입니다.

"만일 그 선물이 예언이라면 믿음의 정도에 맞게 하고, '**섬기는 일이면 봉사함으로,**' 교사는 잘 가르침으로 하십시오. 권면하는 사람은 격려의 말로, '**남을 구제하는 사람은 후하게,**' 지도자는 열심히, '**자선을 베푸는 사람은 기쁨으로 하십시오.**'"(롬12:6-8; 현대인의 성경) 하고 말입니다. 그러므로 사도 베드로 그 당시 "욥바에 사는 다비다"는 "열두 제자와 같이 사도와 같은 그런 직분을 받은 여제자로서의 부르심을 받은 것이 아니라," "이렇게" "성도를 섬기는 일과 남을 구제하는 일과 자선을 베푸는 은사를 받은 주님의 여제자요, 여신도로서 부르심을 받은 것"입니다.

욥바에 사는 다비다에 관한 말씀이 그러한 말씀인데도, 전혀 말씀에 맞지 않는 해석을 그와 같이하여 여러분에게 전하는 것입니다. 그렇게 그들은 하나님의 말씀을 멸시하면서까지 여성들의 환심을 사고 싶어 하는 것입니다. 그렇게 성경을 잘못 해석하여 스스로 파멸을 불러들이게 하는 무법한 자들이 있는 것(벧후3:16-17)입니다.

그러므로 위와 같이 성경을 잘못 해석하는 사람들은, 하나님께서 "너는 네 남편을 갈망하고 그는 너의 주인이 될 것이다."(창3:16) 하셨으며 "아내 된 여러분은 남편에게 순종하십시오."(벧전3:1) 하고 그와 같이 "성경적 가부장 제도를 우리 주님이 세우셨다는 것"을 일부러 잊어버리려고 하는 것입니다. 그러기에 그와 같이 무법한 자들은 성경을 억지로 해석하여 스스로 멸망을 불러들이고 있는 것(벧후3:16)입니다. 그것뿐입니까?

무법한 자들은 성경을 억지로 해석함으로 하나님의 말씀에 불순종함으로써, "모퉁이에 머릿돌이 된 돌이요, 걸리는 돌과 넘어지게 하는 바위에 그들은 걸려서 넘어지는 것입니다. 그리고 그렇게 되도록 (모퉁이에 머릿돌에 걸려 넘어지도록) 하나님께서는 정해 놓으셨다고 하신 대로 **'그들은 그렇게 장애물에 걸리고 머릿돌에 넘어지고 있는 것'**(벧전2:7-8)입니다. 주님의 말씀이 이러하니 우리는 하늘에서 말씀하시는 하나님의 말씀에 불순종하면 안 되는 것입니다.

왜 이렇게 주님을 믿는다는 어떤 여성들은 하나님을 믿지를 못하는 것일까요?

하나님께서 죄를 범한 하와에게 명령하시기를, 네가 아이를 낳을 때 고통을 겪게 하리라. 하고 말씀하신 그대로, 여성이라면 누구든지 자신의 아이를 낳을 때, 실제로 여성 자신들이 온몸으로 고통을 체험하고 있으면서도 말입니다.

"나는 네가 임신하여 커다란 고통을 겪게 하리라. 너는 괴로움 속에서 자식을 낳으리라."(창3:16) 하고 말씀하신 대로 말입니다. 이렇게 여자가 임신하여 아이를 낳을 때, 괴로움 속에서 자식을 낳는 고통이, 여호와께서 최초의 여성 하와에게만 내리신 벌이었습니까?

지구가 존재하는 날까지(벧후3:10-12) 모든 여성에게 내리신 벌이 아니었습니까?

그러므로 여러분은 보십시오. 하나님 여호와께서 모든 여성에게 내리신 벌이었기에 사도 바울을 통해서 주님은 이렇게 말씀하시지 않았습니까?

"아담이 속은 것이 아니라, 하와가 속아서 죄에 빠진 것입니다."(딤전2:11-14; 공동번역) 하고 말입니다. 이렇게 뱀에게 아담이 속은 것이 아니라 하와가 뱀에게 속아서 죄에 빠졌기 때문에, 하나님 여호와께서는 하와에게 잉태하는 고통을 크게 더하신 것이라고 하셨습니다.

주님의 말씀이 위의 말씀과 같기에, 하나님 여호와의 말씀대로 하와와 같이 모든 여성이 임신하여 아이를 낳을 때, 여전히 산통을 겪으며 자신의 아이를 낳고 있는 것입니다.

이렇게 모든 여성이 자기 자녀를 낳을 때 고통을 겪고 있는 그 것으로서, 하와에게 내리신 벌에 대하여 명령하신 하나님 여호와의 말씀이라는 것을, "그와 같이 여성 여러분들이 온몸으로 확실하게 체험함으로써, **증명하고 있는 것**"입니다.

이렇게 여성 여러분들이 하나님 여호와께서 **"하와에게 내리신 죄에 대한 벌을 직접 체험**"하고 있으면서도 하나님의 말씀을 믿지 못하는 사람들이 많은 것입니다. 이렇게 하나님 여호와께서 최초의 여성 하와에게 내리신 벌이, 창세 당시에 독특한 상황에서 하와에게만 내리신 하나님 여호와의 벌이었습니까?

만일 여러분의 주장이 그러하다면, 수천 년을 흘러오는 동안 모든 여성이 고통을 겪으며 아이를 낳았으며, 계속하여 오늘날에 와서도 여전히 온 세상 모든 여성이 아이를 낳을 때, 고통을 겪고 있는 것을 무엇이라고 말할 수 있겠습니까?

모든 여성이 아이를 낳을 때 고통을 겪게 되는 것을, 믿지 않는 세상 사람들처럼, 자연적 이치라고 말하겠습니까?

만일 그렇게 말한다면 여러분은 하나님을 믿지 않는 것이 분명한 것입니다. 그렇지 않고서야, 하나님 여호와께서 하와에게 "나는 네가 임신하여 커다란 고통을 겪게 하리라. 너는 괴로움 속에서 자식을 낳으리라."(창3:16) 하고 말씀하신 대로 실제로 체험하고 있으면서도 어떻게 하나님 여호와의 말씀을 믿지를 못한다는 말입니까?

그러나 여러분이 정말로 하나님 여호와의 말씀을 믿는다면, "너는 네 남편을 갈망하고 그는 너의 주인이 되리라."(창3:16) 하고 하와에게 명령하신 말씀을 믿으십시오.

그와 같이 "여호와 하나님께서 성경적 가부장 제도를 세우셔서 지나온 세대뿐만 아니라 오늘날과 오고 있는 미래의 세대들에게까지 가정의 질서를 세우셨다는 것"을 말입니다. 그래서 주님께서는 사도 바울을 통해서 아래와 같이 말씀하시지 않았습니까?

"아내들은 주님께 순종하듯 남편에게 순종하십시오. 이것은 그리스도께서 교회의 머리가 되시는 것처럼, 남편은 아내의 머리(공동번역; 주인이)가 되기 때문입니다."(엡5:22; 현대인의 성경) 하고 말입니다. 또 이렇게도 말씀하셨습니다.

"아내들은 남편에게 복종하십시오. 이것은 주님을 믿는 사람으로서 마땅히 해야 할 일입니다."(골3:18) 하고 말입니다. 이렇게 가정에 남편을 가장으로 하여 하나님께서 세우셨습니다. 남편의 독단적인 힘과 권력이 아니라 남편의 권위로써 말입니다. 그래서 성경에 "남편의 권위에 대하여" 아래와 같이 기록되어 있지 않습니까?

"천사들이 보고 있으니 여자는 자기가 **'남편의 권위를 인정하는 표시'**로 머리를 가려야 합니다."(고전11:10; 공동번역) 하고 말입니다. "이렇게 남편의 독단적인 힘과 권력이 아니라, 남편은 자기 아내를 자신의 몸처럼 사랑하고, 아내는 자기 남편을 존경하는 그러한 가부장 제도를 하나님께서 세우셨습니다."

그러하시기에 예수님께서는 제자들에게 이렇게 말씀하시지 않았습니까?

"예수님이 그들을 가까이 불러 이렇게 말씀하셨다. '너희가 아는 대로 **세상의 통치자들은 백성을 권력으로 지배하고 고관들은 세도를 부린다. 그러나 너희는 그럴 수 없다.** 너희 중에 누구든지 크게 되고 싶은 사람은 **남을 섬기는 사람**이 되어야 하고, 으뜸이 되고 싶은 사람은 **남의 종**이 되어야 한다. 나는 섬김을 받으러 온 것이 아니라 **섬기러 왔으며, 많은 사람의 죗값을 치르기 위해서 왔다.**'"(마20:25-28; 현대인의 성경) 하고 말입니다.

이렇게 여러분이 처음부터 여기까지 보았어도 하나님의 말씀이 이러하신데요, 여성 안수 찬성하는 사람들의 주장처럼, 여성 안수 반대에 대한 성경적 근거가 소위 그들이 말하는 가부장적 관점으로 성경을 해석하는 오류일까요?

여성들의 가르치는 일에 대하여

성경에서는 여성들의 가르치는 일에 대하여 어떻게 기록되어 있을까요?

주님께서는 사도 바울을 통하여 그 말씀에 대한 대답을 이렇게 제시하고 있습니다.

"**나이 많은 여자들도,**' 이와 같이 거룩한 생활을 하며, 남을 헐뜯거나 술을 좋아하지 말고, '**선한 것을 가르치라고 하세요.**' '그러면 그들이' '**젊은 여자들에게 남편과 자녀를 사랑하고,**' 절제하며, 순결하고, 부지런히 집안일을 하며, 친절하고, '자기 남편에게 복종하라고 교훈할 수 있을 것'입니다. '이것은' '하나님의 말씀이 **비난**을 받지 않게 하려는 것입니다.'"(딛2:3-5; 현대인의 성경) 하고 말입니다.

같은 구절의 말씀을 새 번역 성경은 이렇게 해석합니다.

"이와 같이 **나이 많은 여자들도**,' 행실이 거룩하고, 헐뜯지 아니하고, 과도한 술의 노예가 아니고, **'좋은 것을 가르치는 사람이 되게 하십시오.**' '그리하여 그들이' '젊은 여자들을 훈련 시켜서 남편과 자녀를 사랑하고,' 신중하고, 순결하고, 집안 살림을 잘하고, 어질고, '남편에게 순종하는 사람이 되게 해야 할 것'입니다. '그래야' '하나님의 말씀이 **비방**을 받지 않을 것입니다.'"(딛2:3-5) 하고 말입니다.

같은 구절을 공동번역은 이렇게 해석합니다.

"**또 나이가 많은 여자들에게는**' 남을 헐뜯거나, 술의 노예가 되거나 하지 말고, 경건한 몸가짐으로 '**선한 것을 가르치는 사람이 되라고 하시오.**' '그러면 젊은 여자들은' '늙은 여자들의 훈련을 받아 자기 남편과 자식들을 사랑하게 되고,' 신중하고, 순결하고, 착한 여자가 되어, 집안 살림을 잘하고, '남편에게 복종하는 아내가 될 것입니다.' '그래야,' '하나님의 말씀이 **모독**을 당하지 않게 될 것입니다.'"(딛2:3-5) 하고 이렇게 말입니다. 여성 성도가 되신 여러분은 잘 보셨는지요?

성경에는 이렇게 여성들에게 가르치는 일에 대하여, 나이 많은 여성들이 젊은 여성들에게 선한 것을 가르치라고 기록되어 있습니다. 성경에서 그와 같이 가르치는 사람들을 대표적으로 꼽는다면, 디모데의 어머니 유니게를 낳아서 기른 디모데의 할머니 로이스와 그리고 아들 디모데를 낳아 기른 어머니 유니게를 꼽을 수 있습니다.

"나는 그대의 거짓 없는 믿음을 생각하고 있습니다. '**그 믿음은**' 먼저 '**그대의 할머니 로이스와 또 어머니 유니게**'에게 있었던 것입니다.

그리고 '**그대도 지금 그 믿음을 간직하고 있다는 것을 나는 확신합니다.**'"(딤후1:5; 공동번역) 하고 기록된 것과 "그러나 그대는 배워서 확신하고 있는 진리를 따라 계속 생활하시오. '**그대는 누구에게서 이것을 배웠는지**' 알고 있습니다. '**그대가 어릴 때부터 배워 알고 있는 대로**' 성경은 그리스도 예수님을 믿는 믿음을 통해 구원을 받는 지혜를 줍니다."(딤후3:14-15; 현대인의 성경) 하고 그와 같이 기록된 말씀처럼 말입니다. 이렇게 남편에게 복종하고, 자녀를 낳아 기르면서, "하나님의 말씀이 비난과 비방과 모독'을 받지 않도록, 나이가 많은 여자 성도들이 자기 자녀들과 젊은 여자 성도들을 가르치는 일"입니다.

"**이렇게**" "**여자 성도들은 사람 됨됨이를 좌우하는 일로서, 맨 처음 초석이 되는 가르침의 은사를 담당하게 되는 일을 맡게 된 것**"입니다. 이러한 성령의 은사가 여성 성도들에게 작은 일에 속한 것일까요?

그러므로 여러분은 또 보십시오.

자기 자녀들에게 믿음의 어머니의 역할이 얼마나 중요한지를 보여드리겠습니다.

"마싸 왕 르무엘이 그의 어머니에게서 배운 교훈"입니다.

"아들아, 들어라. 내 속에서 나온 아들아, 들어라.

서원을 세우고 얻은 아들아, 들어라.

네 기력을 여자에게 쏟지 말아라. 임금도 그리되면 망한다.

르무엘아, 임금이 해서는 안 될 일이 있다.

포도주를 마시는 것은 왕이 하는 일이 아니다.

독주를 마시는 것은 고관들이 할 일이 아니다.

술을 마시면 법을 잊어버리고, 모든 불쌍한 사람의 권리를 짓밟게 된다.

독주는 죽을 사람에게나 주어라. 포도주는 상심한 사람에게나 주어라. 그것을 마시면 가난을 잊고, 괴로움을 생각지 아니하리라.

너는 할 말 못 하는 사람과 버림받은 사람의 송사를 위해 입을 열어라.

입을 열어 바른 판결을 내려 불쌍하고 가난한 사람들의 권리를 세워 주어라."(잠31:1-9; 공동번역)

이렇게 마싸 왕 르무엘의 어머니가 한 국가를 통치하기 위해서 반드시 알아 두어야 할 몇 가지 지혜의 말씀을 자기의 아들에게 가르친 내용입니다. 이처럼 통치자에게도 지혜로운 왕이 될 만큼 믿음의 어머니의 교훈은 위대한 것입니다. 이렇게 맨 처음 사람의 됨됨이가 되는 기초를 맡게 되는 사람들이, 한 남편의 아내이며, 자녀에게는 어머니가 되는 사람들인 것입니다. 그렇게 위대한 일을 맡게 된 사람들이 바로 하나님을 믿는 믿음의 여성들인 것입니다.

마싸 왕 르무엘처럼 한 나라를 통치하는 지혜로운 왕이라도, 모두가 다 여성들의 교훈을 그렇게 받고 자라나게 되는 것입니다. 그러므로 어떤 어머니의 교훈을 받고 자라나느냐의 따라서, 마싸 왕처럼 지혜로운 왕도 나오고, 그렇지 못한 왕도 나오게 되는 것입니다. 여성들의 역할이 모든 사람에게 있어서 이렇게나 중요한 일인 것입니다. 특히 하나님을 믿는 믿음의 여성들에게는 말입니다.

그러므로 하나님의 아들 우리 주 예수 그리스도를 믿는 여러분은 또 하나의 마싸 왕 르무엘 어머니의 잠언을 보십시오.

"마싸 왕 르무엘이 그의 어머니에게서 배운 지혜로운 교훈 가운데," **"현숙한 아내에 대하여"** 성경에 이렇게 기록하고 있습니다.

"**누가 어진 아내를 얻을까? 그 값은 진주보다 더하다.**

남편은 진심으로 아내를 믿으며 가난을 모르고 산다.

그의 아내는 살아 있는 동안, 오직 선행으로 남편을 도우며, 해를 입히는 일이 없다.

양털과 삼을 구해다가, 부지런히 손을 놀려 일하기를 즐거워한다.

날이 밝기도 전에 일어나서 식구들에게는 음식을 만들어 주고, 여종들에게는 일을 정하여 맡긴다.

밭을 살 때는 잘 살펴본 다음에 사들이고, 제 손으로 벌어 포도원도 사서 가꾼다.

허리를 동인 모습은 힘차고, 일하는 두 팔은 억세기만 하다. 머리가 잘 돌아 하는 일마다 잘 되고, 밤에 등불이 꺼지는 일이 없다.

손수 물레질을 해서, 손가락으로 실을 탄다.

불쌍한 사람에게 팔을 벌리고, 가난한 사람에게 손을 뻗친다.

온 식구를 따뜻하게 입혀서, 눈이 와도 걱정이 없다.

손수 이부자리를 만들고, 모시와 붉은 털로 옷을 짜 입는다.

남편은 마을 원로들과 함께 마을 회관을 드나들며, 사람들의 존경을 받는다.

모시로 옷을 지어(예; 행9:39; 다비다가 속옷과 겉옷 지어) 팔고, 띠를 만들어 상인에게 넘긴다.

자신감과 위엄이 몸에 배어 있고, 미래에 대한 두려움이 없다.

입을 열면 지혜로운 말이 저절로 나오고, 혀를 움직이면 상냥한 교훈이 쏟아져 나온다.

항상 집안일을 두루 살펴보고, 일하지 않고 얻은 양식은 먹는 법이 없다. 그래서 자식들이 일어나서, 어머니의 업적을 찬양하고 남편도 칭찬하여 이르기를 '덕을 끼치는 여자들은 많이 있으나, 당신이 모든 여자 가운데 으뜸이오.' 한다.

아름다운 용모는 잠깐 있다 쓰러지지만, 주님을 경외하는 여자는 칭찬을 받는다.

아내가 손수 거둔 결실은 아내에게 돌려라. 아내가 이룬 공을 성문 어귀 광장에서 포상해 주어라."(잠31:10-31; 새 번역 성경, 공동번역) 하고 말입니다. 그렇습니다.

위의 말씀은 마싸 왕 르무엘의 어머니가 자기 자녀의 현숙한 아내에 대하여, 마싸 왕 르무엘에게 교훈한 것입니다.

위의 말씀과 같이 어진 아내는 살아 있는 동안, 오직 선행으로 남편을 도우며, 해를 입히는 일이 없으며, 부지런히 일하고, 식구들에게 음식을 만들어 주며, 불쌍한 사람에게 팔을 벌리고, 가난한 사람에게 손을 뻗치며, 입을 열면 지혜로운 말이 저절로 나오고 상냥한 교훈이 쏟아져 나오며, 항상 집안일을 두루 살펴보고, 일하기 싫어하는 자는 먹지도 말라는 말씀(살후3:10)과 같이 일하지 않고 얻은 음식은 먹는 일이 없다고 말입니다.

이렇게 하나님을 경외하는 여자는 칭찬을 받는다고 말입니다.

그러므로 주님께서는 마싸 왕 르무엘의 어머니처럼, 나이 많은 여자들은 자기 자녀에게와 젊은 여자들에게 선을 가르치는 사람이 되어야 한다고 하신 것입니다. 그와 같이 나이 많은 여성들은 젊은 여성들을 훈련을 시켜서, 그들이 남편과 자녀를 사랑하고, 절제하며, 순결하고, 부지런히 집안일을 하며, 어질고, 자기 남편에게 순종하게 하여, 마싸 왕 르무엘의 어머니가 어진 아내에 대하여 자기 자녀에게 가르쳐준 교훈처럼, 하나님을 경외하는 어진 아내가 되어야, 하나님의 말씀이 모독과 비난과 비방을 받지 않도록 할 수 있다고(딛2:3-5) 하는 것입니다.

"이렇게" "주님께서는 여전히 오늘날도 사도들 시대와 마찬가지로, '여성들에게 명령하신 일이 바로 여성들은 주님을 경외하는 현숙한 아내가 되어야 한다는 것'"(딛2:4-5)이었습니다.

아브라함의 아내 사라처럼 하나님의 말씀에 순종하는 사람이 되어야 한다는 것(벧전3:5-6)이었습니다. 그와 같이 머리를 땋아 올리거나 금붙이를 달거나 좋은 옷을 차려입거나 하는 그런 겉치장이 아니라, 온유하고 정숙한 정신과 같이 "썩지 않는 것"으로, 마음속에 감추어진 자신을 치장하는 것이라고(벧전3:3-4) 말입니다.

이렇게 썩어질 자신의 육신에 심지 말고, 여러분에게 영원한 생명을 주시는 성령에 심으라고(갈6:8) 말입니다.

예수님께서도 자기의 제자들에게 그와 같이 말씀하시지 않았습니까?

"너희는 세상에 나가 언제까지나 '썩지 않을 열매'를 맺어라."(요15:16) 하고 말입니다. 그렇습니다.

우리는 세상에 나가 언제까지나 "썩지 않을 열매를 맺어야 하는 것"입니다. 입으로만 하나님을 시인하는 사람이 아니라, 마음이 하나님에게서 멀리 떠나있는 사람(마15:8)이 아니라, 마음과 입으로 시인하는 사람(롬10:10)이 되어야만 하는 것입니다.

그러한 믿음이 행동으로 나타나야만 하는 것입니다. 아브라함의 아내 사라처럼(벧전3:6; "예컨대 사라도 아브라함을 주인이라고 부르며 그에게 순종하였습니다." 이렇게) 말입니다. 이러한 사람들이 "온유하고 정숙한 정신과 같이 **'썩지 않는 것으로, 마음속에 감추어진 자신을 치장하는 사람들'**인 것"(벧전3:4)입니다.

이렇게 예수님께서는 우리에게도 그러한 열매를 맺으라고 제자들에게 "너희는 세상에 나가 언제까지나(영원히 남을) '썩지 않을 열매'를 맺어라."(요15:16) 하고 명령하셨던 것입니다. 이처럼 성령님의 인도를 받아 썩지 않을 열매를 맺는 그것이 바로 성령의 열매인 것(갈5:22-23)입니다.

이렇게 그리스도인들은 성령님의 인도를 받아 "사랑과 기쁨과 평안과 인내와 친절과 선과 신실함과 온유와 절제와 같이, **'썩지 않는 것으로, 마음속에 감추어진 자신을 치장'**해야 하는 것"(갈5:22-23, 벧전

3:4)입니다. 이처럼 썩지 않는 것으로, 마음속에 감추어진 자신을 치장하는 사람이 바로, 마음을 새롭게 함으로 변화를 받은 사람인 것(롬12:2)입니다. 이처럼 마음을 새롭게 함으로 변화를 받은 사람이 하나님의 선하시고 기뻐하시고 완전하신 뜻이 무엇인지를 분별할 수 있게 되는 것(롬12:2)입니다. 그런데 말입니다. 위와 같이 분별할 수 있는 사람이 오늘날에 얼마나 있을까요?

주님의 이름으로 말하는 것이
그대로 이루어지지 않으면

저자의 어린 시절만 해도 여자 목사는 볼 수 없었습니다. 그렇다면, 하나님 여호와께서 맨 처음 광야 교회 이스라엘 백성 가운데에서, 하나님을 섬기는 제사장을 세우신 그날부터, 예수님 이후와 사도 시대를 지나 저자의 어린 시절까지만 해도, 하나님 자신을 섬기는 여자 제사장이나, 여자 사도나, 여자 목사로 세우신 일이 없었다는 것이 됩니다.

그런데 지금은 하나님께서 세우셨다고 하는 그러한 여자 목사들이 순식간에 많이 늘어났습니다. 그러므로 여러분은 시대의 징조를 분별(마16:3; "시대의 징조는 왜 분별하지 못하느냐?")해야만 합니다.

맨 처음 이스라엘 백성을 부르신 하나님께서는 제사장 제도를 만드셔서, 모세의 형 아론과 그의 아들들인 나답과 아비후와 엘르아살과 이다말로 시작(출28:1; "나를 섬기는 제사장이 되게 하라.")하여, 무수히 남자 제사장들(말2:7; "제사장은 만군의 여호와의 사자가 됨이라.")만을 세우셨습니다. 예수님 당시에도 남자 제사장들(막14:1, 53-65, 행4:5-6)만 있었고, 예수님께서 오신 이후로도 주님께서도 남자들(마10:1-4)만 사도로 세우셨습니다. 제자들도 원로라고도 하고 장로라고도 하는 직분자들도 남자들(딛1:6, 벧전5:1)이었고, 감독자(딤전3:1-7, 딛1:7-9)도, 그리고 집사(행6:5-6, 딤전3:8-13)도 그러하였습니다.

성경 역사가 이러하듯이, 저자의 어린 시절만 해도 볼 수가 없었던 여자 목사들이, 수천 년이 흘러 오늘날 시대에 와서야, **"갑자기"** 우후죽순으로 생겨난다는 것이 성경적으로 볼 때, 어째 조짐이 심상치 않다는 그러한 생각은 들지는 않으셨습니까?

그러므로 **"하나님의 말씀을 듣는 것'**(고전14:34-35; 여자들은 교회 집회에서 말할 권리가 없으니 말을 하지 마십시오. 하고 말씀하신 말씀을 듣는 것)**보다 '사람들의 말을 듣는 것'**(고전14:34-35; 후대에 첨부되었다거나, 가부장적 관점에서 성경을 해석하는 오류라는 그러한 해석의 말을 듣는 것)**이 '하나님 보시기에 옳은 일인가를 판단해 보십시오."** 우리는 보고 듣고 깨달은 것을 말하지 않을 수 없기 때문입니다. 그리고 여러분은 아래의 말씀을 기억하십시오. 하나님 여호와께서는 선지자 사무엘을 통해서 이렇게 말씀하셨습니다.

"여호와께서 번제와 그 밖의 제사 드리는 것을 **'순종하는 것'**보다 더 좋아하시겠소? **'순종하는 것'**이 제사보다 낫고 여호와의 말씀을 듣는 것이 숫양의 기름보다 더 나은 것이오. 이것은 **'거역하는 것'**은 마술의(점치는 죄) 죄와 같고 **'완고한 고집'**(그분께 대드는 것)은 우상 숭배와 다를 바 없기 때문이오."(삼상15:22-23)라고 하신 말씀을 말입니다. 그러므로 여러분은 잘 보십시오.

성경에 하나님에 대하여 이렇게 기록하고 있습니다.

"하나님은 움직이는 그림자처럼 변하는 일이 없으십니다."(약1:17; 현대인의 성경) 하고 말입니다. 또 이렇게도 기록되어 있습니다.

"이스라엘의 영광이 되신 **'하나님은 거짓말을 하거나 마음이 변하는 일이 없소. 그분은 사람이 아니기 때문이오.'**"(삼상15:29; 현대인의 성경) 하고 말입니다. 우리 하나님 아버지가 이러하신 분이신데요, 이 시대에 와서야 "갑자기" 우후죽순으로 여기저기에서 생겨난다는 것은 여러분은 한 번 깊이 생각해 볼 필요가 있는 것입니다. 그러므로 여러분은 사도 시대 때에 "앞으로 일어날 일에 대한 '조짐'에 대하여" 예언한 것을 보십시오. 신약 성경에, 구약시대 때(민16:1-40)에 하나님을 거역하여 제사장직을 요구하던 고라처럼, 그들도 마찬가지로 제사장직을 요구하며 하나님을 거역할 것에 대하여 아래와 같이 기록되어 있습니다.

"고라처럼 하나님을 거역하여 멸망으로 치닫고 있습니다."(유1:11) 하고 말입니다. 이렇게 앞에 예언과 같이 오늘날에 와서 고라와 같이 제사장직을 요구하는 사람들이 누구입니까? 하나님께서 고라처럼(민16:9) 주님께 가까이하도록 부름을 받은 여성들이 아닙니까?

그런데 그러한 은혜로도 모자라서, 하나님의 권위에 대항하여, 고라처럼 제사장직을 요구하는 것입니다. 아니, 그 은혜로도 모자라서 고라보다 더욱 하나님을 거역(민16:11)하여, 아예, 여자 제사장(롬15:16)이 되어 고라의 소원을 이루어 버린 것입니다.

"**거역하는 것**'은 '**마술의**'(점치는 죄) **죄**'와 같고 '**완고한 고집**'(그분께 대드는 것)은 '**우상 숭배**'와 다를 바 없기 때문"(삼상15:22-23)이라고 이스라엘의 초대 왕 사울에게 그와 같이 선지자 사무엘을 통하여 여호와께서 말씀하셨는데도 말입니다. 그리고 성경에 "**무엇이든지 전에 기록된 것**'은 우리의 교훈을 위하여 기록된 것이니"(롬15:4)라고 주님께서 사도 바울을 통해 말씀하셨는데도 말입니다.

하나님의 말씀이 이러하신데도 유다의 예언과 같이 "고라처럼 '하나님을 거역'하여 멸망으로 치닫고 있는 것입니다." 이렇게 **"주님께서 사도 유다를 통해서 전하신 말씀이 '오늘날' 그대로 이루어진 것입니다."** 정말, 하나님을 두려워해야 할 일이 "실제로 일어난 것입니다."

이렇게 성경에 기록된 말씀 그대로 이루어졌는데도, 그들 가운데에는 하나님 여호와를 두려워하는 사람들이 아무도 없는 것입니다. 하나님 여호와께서는 모세를 통하여 자기의 백성들에게 아래와 같이 말씀하셨는데 말입니다.

"그런데 당신들이 마음속으로, '그것이 주님께서 하신 말씀인지 아닌지를 어떻게 알겠느냐'고 말하겠지만, '예언자가 주님의 이름으로 말하는 것이' '**그대로 이루어지지 않으면**,' '**그 말은 주님께서 하신 말씀이 아닙니다.**' 그러니 당신들은 제멋대로 말하는 그런 예언자를 두려 위하지 마십시오."(신18:21-22; 새 번역 성경) 하고 말입니다. 그렇습니다.

예언자가 주님의 이름으로 말하는 것이 "그대로 이루어지지 않으면," "그 말은 주님께서 하신 말씀이 아닌 것"입니다. 그러나 "반대로" **"예언자가 주님의 이름으로 말하는 것이 그대로 이루어졌다면," "그 말씀은 주님께서 하신 말씀인 것"**입니다.

그러므로 사도 유다를 통해 "고라처럼 하나님을 거역하여 멸망으로 치닫고 있습니다."(유1:11) 하고 예언하신 말씀이 "오늘날 그대로 이루어진 것이라면," 그 말씀은 "하나님 여호와께서 사도 유다를 통해서 하신 말씀이 분명한 것"입니다.

위의 말씀이 그렇다면 자연스럽게도 고린도 전서 14장 34절("여자들은 교회의 집회에서 **'말할 권한(설교할 권한)이 없으니'** 말을 하지 마십시오.")의 말씀도, "하나님 여호와께서 명령하신 말씀이라는 것이 확실하게 **'증명'**이 되는 것"입니다.

누가 그렇게 하라고 시킨 일도 아닐 텐데도, 사도 유다의 예언이 "오늘날" "하나님의 말씀 그대로 이루어진 것을 보면," 여자 목사 여러분뿐만 아니라 누구든지 하나님 여호와를 두려워해야만 맞는 것입니다.

그런데 위의 말씀과 같이, 살아 계신 하나님 여호와께서 선포하신 말씀을 듣고도, 어느 누가 하늘에서 말씀하시는 하나님(히12:25)을 두려워하고(히10:31) 있습니까?

그리고 여러분은 또 보십시오. 신약 성경에 이렇게도 예언하고 있습니다.

"그들에게는 불행이 닥칠 것입니다. '그들은 **가인의 악한 길을 따르고**,' '**돈을 위해 발람의 잘못된 길로 달려갔으며**,'"(유1:11; 현대인의 성경) 하고 말입니다. 그렇습니다.

"위의 말씀도 오늘날 말씀 그대로 이루어진 예언의 말씀입니다."

이렇게 사도 유다의 예언이 여러분이 보고, 듣고, 체험하고 있듯이, 성경을 잘못 해석(벧후3:16)하여 여성 신도들을 멸망으로 치닫게 함으로써 가인의 길을 따르고 있으며, 어느 목사는 수억 원부터 어느 목사는 수십억 원에 이르는 연봉을 받아 챙겨(고후11:12-15) 그렇게 발람의 길을 따름으로써, 멸망으로 치닫고 있다고 하는 사도 유다의 예언(유1:11)이, 오늘날에 그대로 이루어지고 있는 것입니다.

그러므로 사도 베드로도 "불의한 돈벌이를 좋아하는 사람에 대하여" 유다와 같은 예언을 하지 않았습니까?

"그들은 바른길을 버리고 그릇된 길로 갔습니다. '**그들은 부정한 소득을 좋아하던 브올의 아들 발람의 길을 따르고 있습니다.**' 그러나 발람은 자기가 저지른 잘못 때문에 책망을 받았습니다. 말 못 하는 나귀가 사람의 음성으로 말해서 이 예언자의 미친 행동을 막은 것입니다."(벧후2:15-16: 현대인의 성경, 공동번역) 하고 말입니다.

그러므로 여러분은 계속 보십시오. 주님께서는 오늘날 시대에 대하여 사도 바울을 통하여 이렇게도 예언하고 있습니다.

"**때가 이르면**,' 사람들이 건전한 교훈은 받으려 하지 않고, 귀를 즐겁게 하는 말을 들으려고 자기네 욕심에 맞추어 스승을 모아들일 것입니다. '그들은 진리를 듣지 않고, 꾸민 이야기에 귀를 기울일 것입니다.'"(딤후4:3-4; 새 번역 성경) 하고 말입니다. 이렇게 사도 바울의 예언도 오늘날 사람들에게 그대로 적중하고 있는 것입니다. 그리고 또 그는 오늘날에 대하여 이렇게도 예언하고 있지 않습니까?

"'그 무법자는 사탄의 능력으로 나타나서,' 온갖 거짓된 기적과 놀라운 일을 보이며, 멸망할 사람들에게 갖은 속임수를 다 쓸 것입니다. '그들은 진리를 사랑하지 않으므로' 구원을 받지 못해 결국 멸망하고 말 것입니다. 그러므로 '하나님은 그들 가운데 유혹을 보내, 거짓을 믿게 할 것'입니다. '그것은,' '진리를 믿지 않고' '악한 것을 좋아하는 모든 사람들이 심판을 받도록 하기 위한 것입니다.'"(살후2:9-12; 현대인의 성경) 하고 말입니다.

위의 말씀이 그렇다면 무법자는 사탄의 능력으로 어떻게 나타날까요? 그들은 이렇게 나타난다고 주님께서는 사도 베드로를 통해서 말씀하셨습니다.

"바울은 어느 편지에서나 이런 말을 하고 있습니다. 그러나 그중에는 이해하기 어려운 대목이 더러 있어서 '**무식하고 믿음이 확고하지 못한 자들은 다른 성경 구절들을 곡해**(곡해하다; naver korean 사전; 바르지 않게 해석하다)**하듯이 그것을 곡해함으로 스스로 멸망을 불러옵니다.**' 그러므로 사랑하는 여러분은 이것을 미리 알고 '**무법한 자들의 속임수에 빠져들어 가**' 자기의 확신을 잃는 일이 없도록 주의하십시오."(벧후3:16-17; 공동번역 카톨릭 성경) 하고 말입니다. 그렇습니다.

무법자는 위의 말씀과 같이 나타나는 것입니다. 그와 같이 나타나서 "그들은 성경을 제멋대로 해석하는 것"입니다. 주님께서는 사도 베드로를 통해서 "아무도 성경의 모든 예언을 제멋대로 해석해서는 안 된다고 그렇게 강력하게 경고"하셨는데도 말입니다.

"여러분이 무엇보다도 먼저 알아야 할 것은 이것입니다. **'아무도 성경의 모든 예언을 제멋대로 해석해서는 안 됩니다.'**"(벧후1:20; 새 번역 성경) 하고 이렇게 말입니다. 그렇다면 왜 "아무도 성경의 모든 예언을 제멋대로 해석해서는 안 된다고 그렇게 강력하게 경고"를 하셨을까요? 주님께서는 그에 대한 대답을 이렇게 하셨습니다.

"**'예언은'** 언제든지 사람의 뜻에서 나온 것이 아니라, **'사람들이 성령에 이끌려서 하나님께로부터 오는 말씀을 받아서 한 것입니다.'**"(벧후1:21; 새 번역 성경) 하고 말입니다. 그렇습니다.

아무도, 성경의 모든 예언을 제멋대로 해석해서는 안 된다고 그와 같이 강력하게 경고하신 것은, 예언은, 언제든지 사람의 뜻에서 나온 것이 아니라, "사람들이 성령에 이끌려서 하나님에게서 오는 말씀을 받아서 전한 것이기 때문인 것"입니다.

이렇게 성경의 모든 예언의 말씀이 사람들이 성령에 이끌려서 하나님에게서 오는 말씀을 받아서 전한 말씀인데도, "**고린도 전서 14장 34절에서 35절 말씀이 후대에 첨부**"되었다고 하거나, "**여성 안수 반대에 대한 성경적 근거는 가부장적 관점으로 성경을 해석하는 오류**"라고 하며, 구약시대에는 여성 사사가 있었고, 예수님의 제자 중에도 마리아 등등 여성들이 있었다고, 그렇게 주장하며 제멋대로 해석하는 것입니다.

여성 사사들이 제사장도 아니었고, 예수님의 제자 중에도 마리아 등등 여성들도 사도들처럼 사도로 세움을 받지도 않았는데도 말입니다.

그렇게 성경에 예언한 말씀대로 무법한 자들(벧후3:17)이 나타나 성경의 모든 예언의 말씀을 제멋대로 해석하는 것(벧후1:20, 3:16)입니다. 그와 같이 성경을 잘못 해석함으로써, 스스로 파멸을 불러들이고 있는 것(벧후3:16)입니다.

"또 **'내가 말하라고 하지 않은 것을,' '제 마음대로 내 이름으로 말하거나'** 다른 신들의 이름으로 말하는 예언자는, **'죽임을 당할 것이다.'**"
(신18:20; 새 번역 성경) 이렇게 말씀하셨는데도 말입니다.

이처럼 오늘날, 거룩한 사도들이 성령에 이끌려서, 하나님께로부터 오는 말씀을 받아서 전한 예언이 그대로 이루어지고 있는데도, 시대의 징조를 분별하지 못하는 사람들이 있는 것입니다.

오늘날 그만큼이나 시대의 징조를 분별할 줄을 모르는 사람이 많은 것(마16:3)입니다.

이처럼 하나님의 말씀에 불순종하는 사람들이 스스로 파멸을 불러들이고 있는 것은, 하나님께서 위의 말씀과 같이 "진리를 사랑하지 않는 사람들 가운데 유혹을 보내, 거짓을 믿게 하시기 때문"인 것입니다. 그와 같이 진리를 사랑하지 않는 사람들이 거짓을 믿게 하시는 것은, "진리를 믿지 않고 악한 것을 좋아하는 모든 사람들이 **'심판을**

받도록 하기 위한 것"(살후2:11-12; 현대인의 성경)이라고, 사도 바울은 주님께 말씀을 받아서 전하고 있는 것입니다.

그러기에 성경에 "그들이 받을 심판을 옛날에 **미리** 적어놓았습니다."(유1:4; 새 번역 성경) 하고 그렇게 기록하고 있지 않습니까?

주님의 말씀이 그러하기에 성경에 "**그들은 진리를 사랑하지 않으므로 구원을 받지 못해 결국 멸망하고 말 것입니다.**"(살후2:10) 하고 그와 같이 기록하고 있지 않습니까?

이렇게 "성경은 앞으로 어떤 일이 일어날 것인지를 미루어 알게 하는 일에 대하여, '**그 조짐**'을 시대에 따라 '**미리**' 소상하게 알려 주고 있건만," 시대의 징조를 분별하지 못하고 있는 것입니다.

이처럼 성경에 기록된 예언의 말씀을 잘못 해석함으로써, 그들은 스스로 멸망을 재촉하고 있는 것(벧후3:16)입니다.

"이렇게" "무법한 자들이 성경을 잘못 해석하여 속임수를 쓰고 있기에," 히브리서 기자는 "형제 여러분 중에는 죄의 속임수에 넘어가 고집부려, 믿지 않는 악심을 품고, 하나님에게서 떨어져 나가는 사람이 없도록 조심하라고 하지 않았습니까?

"형제 여러분, 여러분 중에는 **믿지 않는 악한 마음을 품고 살아 계신 하나님께로부터 떨어져나가는 사람이 없도록 조심하십시오.** 성경에 '**오늘**'이라고 한 말은 우리에게도 해당하는 말이니 날마다 서로 격려해서 아무도 **죄의 속임수에 넘어가 고집부리는 일**(삼상15:23; '**견고한 고집**'은 우상 숭배와 다를 바 없기 때문이오. 말씀과 같이 우상 숭배 하는 일)**이 없**

도록 하십시오."(히3:12-13; 공동번역) 하고 말입니다.

그러므로 여러분은 또 보십시오. 위에서도 말씀을 드렸습니다만, 주님께서는 "하나님의 말씀에 불순종하는 사람들이 머릿돌에 걸려 넘어지는 사람에 대하여" 아래와 같이 말씀하시지 않았습니까?

"그러므로 믿는 여러분에게는 그분이 가장 귀중하지만, 믿지 않는 사람들에게는, 쓸모없는 돌에 불과합니다. 이것은 '건축자들이 버린 돌이 집 모퉁이의 머릿돌이 되었다'는 말씀과 그리고 '걸려 넘어지게 하는 돌과 바위가 되었다'는 말씀과 같습니다. **'그들이 걸려 넘어지는 것은' '하나님의 말씀에 불순종하기 때문이며,'** 또한 **'그렇게 되도록 정해 놓으셨기 때문입니다.'**"(벧전2:7-8; 새 번역 성경, 현대인의 성경) 하고 말입니다. 그렇습니다.

무법한 자들의 속임수에 빠져들어 가 자기의 확신을 잃고 하나님의 말씀에 불순종하기 때문에 그들은 걸려 넘어지는 것입니다. 그리고 하나님의 말씀에 불순종하는 그들은, 그렇게 걸려 넘어지도록 하나님께서 정해 놓으셨기 때문에 또한 그들은 걸려 넘어지는 것입니다.

그러므로 여러분은 보십시오. 그와 같이 그들이 하나님의 말씀에 불순종하여, "자기를 구원하여 줄 진리에 대한 사랑을 받아들이지 않기 때문에," 성경에 "그러므로 하나님은 그들 가운데 유혹을 보내, 거짓을 믿게 할 것"이라고 하시지 않았습니까?

"멸망을 받을 자들이 '자기를 구원하여 줄 진리에 대한 사랑을 받아들이지 않기 때문'입니다. **'그러므로 하나님은 그들 가운데 유혹을 보**

내, 거짓을 믿게 할 것입니다.'"(살후2:11) 하고 말입니다. 그렇다면 하나님께서는 그들 가운데 유혹을 보내, 거짓을 믿게 하시는 이유가 무엇이라고 하셨습니까? "그것은 진리를 믿지 않고 악한 것을 좋아하는 모든 사람들이 심판을 받도록 하기 위한 것"이라고 하시지 않았습니까?

"그것은,' '진리를 믿지 않고' '악한 것을 좋아하는 모든 사람들이' '심판을 받도록 하기 위한 것입니다.'"(살후2:9-12; 현대인의 성경) 이렇게 말입니다. 그렇습니다.

위의 말씀과 같이 진리를 믿지 않고, 악한 것을 좋아하는 모든 사람들이 심판을 받도록 하려고 **"거짓을 믿게 하시는 것"**(예를 들어서 고전14:34-35절의 말씀을 후대에 첨부되었다고 하거나, 가부장적 관점에서 해석하는 오류라고 하는 그러한 거짓을 믿게 하시는 것)입니다. 그리고 무법한 자들의 속임수에 빠져들어 가 자기의 확신을 잃고, 하나님의 말씀에 불순종하는 사람들 또한, 머릿돌에 걸려 넘어지도록 하려고 하나님께서는 그렇게 정해 놓으신 것입니다.

그러므로 누구든지 무법한 자들의 속임수에 넘어가 자기의 확신을 잃는 일이 없도록 조심해야만 하는 것(벧후3:17)입니다. 그것은 목사라고 해서 다 "참 목사"가 아니기 때문입니다.

그러하기에 그들이 하는 말이 이루어지지 않거나 일어나지 않으면, 그 말은 주님께서 하신 말씀이 아니라, 그 목사가 제멋대로 말하는 것(신18:22)입니다. 그러므로 여러분은 그와 같이 제멋대로 말하는 사람을 두려워하지 마십시오.

하나님의 나라는 말에 있는 것이 아니라, "**능력**"(고전4:20)에 있기 때문입니다.

주님의 말씀이 이러함으로 어떤 목사가 주님의 이름으로 말한 것이 그대로 "**이루어지지 않거나 일어나지 않으면,**" 그것은 그가 제멋대로 말하는 것이므로, 여러분은 그러한 무법한 사람을 무서워하지 말라고(신18:22) 하신 것입니다.

그러나 "반대로" "예언자가 주님의 이름으로 말씀을 선포하여 '**선포한 말씀대로 이루어지거나 일어났다면,**' 그 말씀은 주님께서 하신 말씀(고전14:37: '**주님의 명령을 받고**')이므로, 여러분은 그 예언자를 두려워해야만 하는 것"입니다. 그것은 그 예언자가 성령에 이끌려서 하나님께로부터 오는 말씀을 받아서 선포한 것(벧후1:21)이기 때문입니다.

그러므로 여러분은 보십시오. 하나님께서 여자에게 이렇게 말씀하셨습니다.

"그리고 여자에게 이렇게 말씀하셨다. '나는 네가 임신하여 커다란 고통을 겪게 하리라. 너는 괴로움 속에서 아이를 낳으리라.'"(창3:16) 하고 말입니다. 이렇게 예언자 모세를 통해 전한 말씀의 능력이, 하와 때부터 오늘날에 이르기까지도 여전히 여성들에게 이루어졌거나 일어나고 있습니다. 이렇게 하나님의 능력이 여성들에게 나타났다면 누가 하신 말씀이라고 하였습니까? 그렇습니다.

하나님 여호와께서 예언자 모세를 통해서 전하신 말씀이라고 하신 것입니다. 그리고 이어서 하나님께서는 여자에게 이렇게 말씀하셨습니다.

"너는 네 남편을 갈망하고 그는 너의 주인이 되리라."(창3:16) 하고 말입니다. 이렇게 예언자 모세를 통해서 전한 말씀의 능력도 창세 때부터 예수님이 오시기까지도, 그리고 예수님이 하늘로 승천하신 후 사도 시대를 거쳐, 2000년이 흐른 오늘까지도 여러분이 보시다시피, 온 세상 사람들이 남편을 가장으로 하여 여성들에게 이루어졌거나 일어나고 있습니다. 이렇게 하나님의 능력이 여성들에게 나타났다면 누가 하신 말씀이라고 하였습니까? 그렇습니다.

하나님 여호와께서 예언자 모세를 통해서 전하신 말씀이라고 하신 것입니다. 그러므로 또 여러분은 보십시오. 위에서도 말씀을 드렸지만 사도 유다는 이렇게 예언하였습니다.

"고라처럼 하나님을 거역하여 멸망으로 치닫고 있습니다."(유1:11) 하고 말입니다. 오늘날 누가 제사장직(롬15:16)을 요구하며 반역을 일으킨 고라(민16:1-3)처럼 하나님을 거역하고 있습니까?

"여자들은 교회 집회에서 말할 권리가 없으니 말을 하지 마십시오."(고전14:34) 하고 명령하신 "주님의 명령"(고전14:37)에 불순종하는 여성들이 아닙니까?

"나(주님께서)는 여자가 남을 가르치거나 남자를 다스리는 것을 허락하지 않습니다. 여자는 조용해야 합니다."(딤전2:11-12)라고 명령하신 하나님의 말씀에 불순종하는 여성들이 아닙니까?

그리하여 오늘날 사도 유다의 예언대로 우후죽순처럼 여자 목사들이 생겨나서, 고라처럼 하나님을 거역하여 "하나님의 권위를 멸시"(벧후2:10)하고 있지 않습니까?

이렇게 예언자 유다를 통해 전한 예언이, "오늘날 하나님의 말씀에 불순종하는 여성들에게 이루어졌거나 일어나고 있습니다." 이렇게 하나님의 능력이, 말씀에 불순종하는 여성들에게 이루어졌다면 누가 하신 말씀이라고 하였습니까? 그렇습니다.

하나님 여호와께서 하늘에서 예언자 유다를 통해서 그리고 거룩한 사도들을 통해서 전하신 말씀이라고 하신 것(신18:22)입니다. 하나님의 말씀이 이러한데도, 하늘에서 말씀하시는 하나님(히12:25)을 두려워하지 않고, 오히려 여자 목사들이 더 많이 생겨나서 하나님의 권위를 멸시(벧후2:10)하고 있는 것입니다.

다윗은 시편에서 "하나님을 거역하는 자들에 대하여" 죄인으로 단정해 달라고 하였고, 그들로 자기 꾀에 빠지게 해 달라고 하였으며, 그들의 죄악이 많으니 추방해 달라고 그렇게 주님께 기도하고 있는데도 하나님을 두려워하지 않는 것입니다.

"하나님이시여, 그들을 죄인으로 단정하시고 그들로 자기 꾀에 빠지게 하소서. 그들이 죄악이 많으니 그들을 추방하소서. **'그들이 주를 거역하였습니다.'**"(시5:10) 하고 말입니다. 그리고 사도 바울은 "우리는 주님을 두려워하는 것이 어떤 것인지 알기 때문에 사람들에게 권합니다."(고후5:11) 하고 주님에 대하여 선포하고 있는데도 말입니다. 히브리서 기자도 "살아 계신 하나님의 심판의 대상이 된다는 것은 정말 무서운 일입니다."(히10:31) 하고 살아 계신 하나님에 대하여 선포하고 있는데도 말입니다.

"여러분은 속지 마십시오. 악한 친구와 사귀면 좋은 버릇마저 그르치게 됩니다. 그러므로 여러분은 정신을 똑바로 차리고 죄를 짓지 마십시오. **'여러분 가운데 하나님을 제대로 알지 못하는 사람이 있기에'** 부끄럽게 하려고 이 말을 합니다."(고전15:33-34; 현대인의 성경) 하고 사도 바울은 하나님을 제대로 알지 못하는 신도들에 대하여 말씀을 선포하고 있는데도 말입니다.

그러므로 여자 목사들은 육체에 머물러 있는 동안에 회개하고 하나님께로 돌아서십시오. 그리하여 살아 계신 하나님의 심판의 대상이 되지 마십시오. 그리고 여러분은 하나님을 두려워하고 다시 죄를 짓지 마십시오.

이제부터는 하나님을 공경한다고 고백하는 여자답게 진리에 순종하십시오.

그와 같이 진리에 순종하는 일은 온유하고 정숙한 정신과 같이 썩지 않는 것으로 마음속에 감추어진 자신을 치장하는 일인 것(벧전3:4)입니다. 그리고 누구든지 진리에 순종하는 일은 자신의 영혼을 정결하게 치장하는 일인 것(벧전1:22)입니다.

그러므로 아내들은 사라처럼 자신의 남편에게 순종함으로 마음속에 감추어진 자신을 치장하십시오.

"전에 하나님께 희망을 두고 살던 거룩한 부인들도 남편에게 순종하며 이렇게 자신을 치장하였습니다. 예컨대, 사라도 아브라함을 '주인'이라고 부르며 그에게 순종하였습니다."(벧전3:5-6) 하고 말입니다. 이렇게 사라는 하나님 여호와의 말씀(창3:16; "그는 너의 주인이 되리라.")에 절대적으로 순종하여, 마음속에 감추어진 자신을 치장했던 것입니다.

그리고 성경에 "여성들의 몸가짐과 마음가짐에 대하여" 이렇게 기록하고 있습니다.

"여자들은 정숙하고 단정한 옷차림을 해야 합니다. 머리를 지나치게 꾸미거나 금이나 진주로 치장을 하거나 비싼 옷을 입지 말고 **'오직 착한 행실로써 단장해야 합니다.'** 그래야 하나님을 공경한다는 여자에게 어울립니다."(딤전2:9-10; 공동번역) 하고 말입니다. 그리고 이렇게도 기록하고 있습니다.

"그러나 여자가 자녀를 낳아 기르면서 믿음과 사랑과 거룩함을 지니고 정숙하게 살아가면 구원을 받을 것입니다."(딤전2:15) 하고 말입니다. 그렇습니다.

"머리를 땋아 올리거나 금붙이를 달거나 좋은 옷을 차려입거나 하는 겉치장을 하지 말고, **'온유하고 정숙한 정신과 같이 썩지 않는 것으로 마음속에 감추어진 자신을 치장하는 것'**"(벧전3:3-4; 카톨릭 성경)입니다. 이렇게 마음속에 감추어진 자신을 치장하는, 이것이야말로 하나님 앞에서 귀중한 것(벧전3:4)이라고 말씀하신 것입니다.

그러므로 여러분도 하나님께 소망을 두고 사는 사람이라면, 사라와 같이(벧전3:5; "전에 하나님께 희망을 두고 살던 거룩한 부인들도 남편에게 순종하며 이렇게 자신을 치장하였습니다.") 자기 남편에게 순종함으로 마음속에 감추어진 자신을 치장하십시오. 그와 같이 남편에게 순종하는 일이 곧 하나님 여호와의 말씀에 순종하는 일이고, 여러분이 "선을 행하는 일"이며, "마음속에 감추어진 자신을 치장하는 일"인 것입니다.

그러므로 성경에 "여러분도 **선을 행하고**"(벧전3:6) 그와 같이 기록하셨고 "하나님을 공경한다고 고백하는 여자답게 **'선행으로 치장하십시오.'**"(딛2:10) 그와 같이 기록하셨으며 "나이 많은 여자들도 이와 같이 거룩한 생활을 하며 남을 헐뜯거나 술을 좋아하지 말고 **'선한 것을 가르치라고 하십시오.'**"(딛2:3) 하고 그와 같이 기록하신 것입니다. 그리고 "선한 것을 가르치는 종목"에는 이러하다고 성경에 기록되어 있습니다.

"그러면 그들이(나이 많은 여자들이) 젊은 여자들에게 남편과 자녀를 사랑하고, 절제하며, 순결하고, 부지런히 집안 살림을 잘하며, 친절하고, 자기 남편에게 복종하라고 교훈할 수 있을 것입니다."(딛2:4-5) 하는 것들입니다. 이와 같이 여자들이 행하는 일들이 선을 행하는 일이고, 선행으로 치장하는 일이며, 선한 것을 교훈하는 일인 것입니다.

이렇게 디모데의 할머니 로이스처럼 그리고 그의 어머니 유니게(딤후1:5)처럼 "여자가 자녀를 낳아 기르면서 믿음과 사랑과 거룩함을 지니고 정숙하게 살아가면 구원을 받는 것"(딤전2:15)입니다. 이와 같이 성경적 가부장 제도는 하나님께서 세우신 것(창3:16-17, 엡5:21-33)입니다.

그러므로 사랑하는 자매 여러분, 이제부터는 주님의 말씀에 순종하십시오. 그리하여 마음속에 감추어진 자신을 치장하십시오. 그것이 하나님께서 보시기에 매우 귀한 일이고, 귀중한 것이며, 값진 일인 것(벧전3:4)입니다.

여러분은 우리의 주님이시며 구세주이신 예수 그리스도의 은혜를 입고 그리스도를 앎으로 계속 자라가십시오.

그리스도를 믿는 여러분 모두에게 은혜와 평화가 충만하기를 빌며, 이제 와 영원토록 하나님께서 영광을 받으시기를 우리 주 예수 그리스도의 이름으로 기도합니다. 아멘.